AF747230

FISCALITÉ PROVINCIALE EN R.D. CONGO

Regard sur les mécanismes de mise en œuvre et de performance de la décentralisation fiscale

NGOY NDJIBU Laurent
Professeur à la Faculté de Droit
Université de Lubumbashi (R.D. Congo)

FISCALITÉ PROVINCIALE EN R.D. CONGO

Regard sur les mécanismes de mise en œuvre et de performance de la décentralisation fiscale

L'Harmattan

© L'Harmattan, 2022
5-7, rue de l'École-Polytechnique 75005 Paris

http://www.librairieharmattan.com

ISBN : 978-2-343-25548-4
EAN : 9782343255484

Sommaire

Préface

Ces temps de périls où à travers le monde, les Etats et les populations se bousculent aux portions de la paix, autant qu'à la recherche de la nourriture, à la suite particulièrement de crise de covid-19 et de la guerre d'agression de Russie contre l'Ukraine ; traiter de la fiscalité provinciale et locale pourrait paraître anodin.

Pourtant rien est anodin quand on sait qu'en temps de paix ou en temps de guerre, la fiscalité désigne l'ensemble des règles, lois et mesures régissant le domaine fiscal d'un Etat ou d'une province.

Autrement dit, la fiscalité révèle une pratique utilisée par un Etat ou une collectivité, pour percevoir des impôts et autres prélèvements obligatoires.

Le but de la fiscalité est de procurer des recettes à l'Etat ou à la province et surtout combattre la l'oisiveté en obligeant les redevables à se procurer l'argent nécessaire au paiement de l'impôt, forçant ainsi les autochtones à abandonner l'économie de substance et à développer une économie de marché.

Plusieurs branches de la fiscalité éclairent d'un jour nouveau le champ des possibles. Il en est ainsi de la fiscalité des personnes regroupant la TVA, les impôts sur le revenu, sur les droits de timbres ou d'enregistrements et de documents officiels, etc.

Quant à la fiscalité des affaires, elle concerne les taxes payées par les entreprises.

En tant qu'État moderne, la République démocratique du Congo n'échappe pas aux contradictions de cette fiscalité fondée sur le principe de territorialité de l'impôt.

Ainsi, si tous les impôts provinciaux et locaux faisant l'objet de cet ouvrage reflètent l'article 171 de la constitution séparant les finances du pouvoir central des finances des provinces, il y a lieu de constater que les provinces autant que les Entités Territoriales Décentralisées, sont logées à la même enseigne.

En effet, les provinces autant que les entités territoriales décentralisées, sont dotées d'une personnalité juridique ainsi que d'une autonomie de gestion, doublée d'une personnalité juridique, selon l'article 3 de la constitution de 18 février 2006.

Le souci de rapprocher l'administration des administrés, est le centre d'intérêt de la décentralisation politique en général et de la décentralisation fiscale en particulier.

C'est ici qu'il sied de saluer la lucidité de l'auteur de cet essai, pour avoir suggéré la fusion de l'impôt sur les revenus locatifs avec l'impôt foncier en un seul impôt portant le titre **D'IMPÔT SYNTHÉTIQUE IMMOBILIER.**

L'enjeu de cette fusion est de rationaliser la collecte de l'impôt et d'optimiser l'affectation des recettes aux autorités compétentes à l'échelle provinciale.

Il est plausible que les autorités fiscales se heurtent pour longtemps encore, aux pesanteurs administratives des fonctionnaires routiniers qui, depuis des années, tirent les marrons du feu, en dilapidant ou en détournant les recettes fiscales provinciales.

Néanmoins, la fusion de ces deux impôts est une opportunité pour les autorités provinciales si elles veulent maximiser les recettes et les affecter à bon escient.

MWAYILA TSHIYEMBE
Docteur d'état en droit, université de Nice Sophia Antipolis
Docteur en science politique, université de Nancy II
Professeur ordinaire
Doyen de la faculté de droit,
Université de Kisangani

Introduction

Le présent ouvrage a pour objet, l'étude de la fiscalité provinciale de la République Démocratique du Congo. Nous focaliserons nos efforts non pas sur toute la structure de la fiscalité provinciale, mais sur deux principaux impôts qui la composent, à savoir : l'impôt sur les propriétés bâties ou non bâties (impôt foncier) et l'impôt sur les revenus locatifs.

Un problème de recherche se conçoit comme un écart conscient que l'on veut combler entre ce que nous savons, jugé insatisfaisant et ce que nous désirons avoir, jugé désirable[1]. Il s'inscrit alors dans une problématique de l'avancement des connaissances : le chercheur choisit son objet en fonction des manques qu'il décèle dans le corpus constitué des sciences sociale et avant qu'il ne passe à la construction proprement dite de son objet de recherche, une question s'impose à son esprit. Elle peut être générale ou précise, plus simple au début et plus complexe par la suite, mais elle n'a pas la précision que revêtira l'objet de recherche en fin de course[2].

De nos jours, la notion d'objet construit est couramment employée, mais elle est devenue une notion équivoque. « On parle d'objet construit en trois sens différents. Dans un premier sens, cette notion désigne la construction d'un objet disciplinaire. On dit ici que chaque discipline construit son objet. Dans un deuxième sens, la notion d'objet construit renvoie au phénomène de la pré-construction sociale de l'objet d'étude. La pré- construction, suppose que l'objet a été conçu par un travail de l'esprit, ou créé d'une certaine façon par le biais d'institutions et de pratiques sociales, avant que le chercheur entreprenne sa recherche sur cet objet. Dans un troisième sens, la notion d'objet construit désigne aussi la démarche méthodologique du chercheur. En effet qu'on le veuille ou non, le chercheur sélectionne

---

[1] La situation désirable correspond au but avoué de la recherche et à sa finalité selon le point de vue adopté.

[2] CHEVRIER, J., « La spécialité de la problématique », in *La recherche sociale : de la problématique à la collecte des données*, 5éd., PUQ, Québec, 2008, p.54.

des faits, choisit ou définit des concepts, interprète ses résultats, etc. Bref, il construit à son tour son objet techniquement et théoriquement »[3]. Le développement qui suit, s'inscrit dans les deux derniers sens de l'objet de recherche.

A ce propos, nous souscrivons au principe selon lequel, toute société humaine a, pour se développer et s'épanouir, besoin des institutions susceptibles de gérer la chose publique et de bien organiser le pouvoir. D'où la nécessité et la raison d'être de l'Etat, appelé à organiser tous les secteurs de la vie nationale et à déterminer les grandes orientations de la communauté. La tâche qui lui incombe est immense et exige d'importants moyens matériels, humains et financiers. C'est ainsi que le droit fiscal a été institué pour lui permettre de se procurer les moyens nécessaires pour la couverture de ses besoins. C'est pour cette raison que « *les finances publiques sont conçues comme étant une science de moyens par lesquels l'Etat et les collectivités publiques se procurent et utilisent les ressources nécessaires à la couverture des dépenses publiques par la répartition entre les individus des charges qui en résultent* »[4].

En tant qu'Etat moderne, la RDC n'échappe pas à cette logique. Son effort d'édification exige le concours de tous. Sur le plan fiscal, le principe d'imposition consacré, qui est celui de la territorialité de l'impôt, veut que soient imposables toutes les activités, tous les revenus réalisés sur le territoire national ou les biens immobiliers qui y sont situés, quel que soit le lieu de résidence de leurs détenteurs ou des bénéficiaires des revenus.

A cet égard, nous notons avec BAKANDEJA Wa Mpungu que la détérioration de la gestion budgétaire en République Démocratique du Congo observée au cours des années antérieures a fait sentir

---

[3] PIRES, A., « De quelques enjeux épistémologiques d'une méthodologie générale pour les sciences sociales », in *La recherche qualitative, enjeux épistémologiques et méthodologiques*, éd. Chenelire éducation, Montréal, 1997, p 19 -20.
[4] DUVERGER, M., *Finances publiques*, 8ième éd., PUF, Paris, 1975, p. 106.

l'importance capitale des dépenses publiques et la nécessité pour les pouvoirs publics d'avoir une attention soutenue dans ce domaine[5].

De façon générale, les finances publiques portent sur les questions d'argent qui constituent l'un des problèmes fondamentaux de tout Etat moderne. Aujourd'hui l'impôt est devenu l'un des moyens d'intervention de l'Etat dans la vie économique et sociale et tout Etat qui se veut fort et stable doit compter sur lui. L'on comprendra par-là que si la perception de l'impôt est compromise, la conduite de tout le programme de développement économique national ou provincial devient aléatoire[6].

Ainsi, si tous les impôts qui constituent le système fiscal congolais sont importants, les impôts provinciaux et locaux qui font l'objet du présent ouvrage le sont, de manière particulière. Depuis son accession à l'indépendance, la RDC ne cesse, à travers ses différentes Constitutions, de chercher une forme de l'Etat pouvant lui permettre d'atteindre un développement intégré de son peuple et de son territoire. Déjà, la loi fondamentale du 19 mai 1960 et toutes réformes qui ont suivi, ont été guidées par le souci de rapprocher l'Administration de l'administré, en vue d'une Administration territoriale du développement. Malheureusement, plus de 50 ans après, d'aucuns pensent que cet objectif n'a pas été atteint. Parmi les raisons qui explique cet échec, on peut évoquer le paradoxe entre les réformes entreprises et le refus de donner des moyens suffisants à l'Administration décentralisée pour résoudre ainsi les problèmes locaux et régionaux. Aujourd'hui, le même souci du développement à la base demeure.

---

[5] BAKANDEJA wa mpungu, *Droit des finances publiques*, éd. Noraf, Kinshasa, 1997, p. 33.

[6] Sur ce lien entre la fiscalité et le développement, lire notamment ARDANT G., *Histoire de l'impôt*, Livre II, Fayard, Paris, 1972, p. 835 : parmi les instruments contribuant au développement d'un pays, la fiscalité occupe une place significative. Si cette évidence est perceptible pour les pays développés, elle l'est davantage encore pour les pays en voie de développement. Mais, La fiscalité présente dans les pays en voie de développement plus d'importance que dans les sociétés industrielles.

D'ailleurs, en son article 3, la Constitution du 18 février 2006 dispose que « les Provinces et les entités territoriales décentralisées de la République Démocratique du Congo sont dotées de la personnalité juridique et sont gérées par les organes locaux. Elles jouissent de la libre administration et de l'autonomie de gestion de leurs ressources économiques, humaines, financières et techniques ». L'article 171 sépare, quant à lui, les finances du pouvoir central et de celles des Provinces.

Il ressort de ces articles que la Constitution du 18 février 2006 pose les bases de l'autonomie financière des Provinces. Et pour matérialiser cette décentralisation financière, le constituant reconnaît aux Provinces une compétence exclusive sur certains impôts, dont l'impôt foncier et l'impôt sur les revenus locatifs. Considérée il y a quelques années comme un coût à subir passivement, la fiscalité est devenue un paramètre nécessaire à la gestion de toute organisation, paramètre dont l'utilisation judicieuse procure une richesse certaine du fait, essentiellement, des incidences qu'il peut avoir en termes de flux de trésorerie.

Les impôts qui leur sont reconnus[7] et qui sont censés constituer les sources de revenus les plus importants des Provinces butent sur des problèmes dans l'évaluation de la matière imposable et dans le recouvrement. A ce titre, par exemple, l'ancien ministre des finances de l'ancienne province du Katanga, MWANDO Nsimba, avait soutenu que parmi les recettes encadrées par la Direction des Recettes du Katanga (DRKAT), celles touchant essentiellement aux personnes physiques (l'impôt foncier et l'impôt sur les revenus locatifs)

---

[7] Il convient de retenir que c'est le décret-loi 089 du 10 juillet 1998 portant fixation de la nouvelle nomenclature des taxes autorisées aux entités administratives décentralisées, des recettes administratives d'intérêt commun et des recettes fiscales cédées par l'État aux entités, qui a reconnu la compétence exclusive de certains impôts aux entités administratives décentralisées. Mais, ce décret a été abrogé par l'Ordonnance-loi n°013/001 du 23 février 2013 fixant la nomenclature des impôts, droits, taxes et redevances des provinces et des entités territoriales décentralisées ainsi que leurs modalités de répartition. Ainsi, son article trois dispose que : « Les impôts provinciaux et locaux comprennent notamment : l'impôt sur la superficie des propriétés bâties et non bâties ; l'impôt sur les véhicules automoteurs ; l'impôt sur les revenus locatifs ; l'impôt personnel minimum.

connaissent des difficultés de croissance. La mobilisation de ces actes nécessite un encadrement renforcé et des moyens humains et matériels conséquents[8].

De ce constat, il ressort que la mise en œuvre de la fiscalité provinciale en RDC est très difficile et il faut, à tout prix, solutionner la question d'évaluation efficiente de cette fiscalité à travers une analyse économique du droit afin de permettre aux Provinces d'améliorer qualitativement et quantitativement le rendement des deux impôts provinciaux. Ce défi est soutenu par N. Delalande et A. Spire qui estiment que « la fiscalité a mauvaise presse. Perçu souvent comme un sujet technique et rébarbatif, l'impôt a de quoi rebuter plus d'un contribuable »[9].

Dans les lignes qui suivent, cinq points seront développés, qui porteront : primo, sur une réflexion sur les notions préliminaires, plus précisément les notions sur la décentralisation fiscale, sans lesquelles l'on ne pourra parler d'une quelconque fiscalité provinciale ; secundo, sur un examen du système fiscal, tout en dégageant les éléments nécessaires pour une fiscalité provinciale efficace et efficiente ; tertio, sur une analyse de la structure de la fiscalité provinciale de la RDC, tout en insistant sur les deux impôts provinciaux qui font l'objet du présent ouvrage ; quarto, sur une étude portant sur l'analyse économique de l'impôt et quinto, sur une analyse des principaux problèmes ou obstacles qui bloquent la mise en œuvre de la fiscalité provinciale.

---

[8] MWANDO NSIMBA KABULO, C., *Analyse de la situation de la Direction des Recettes du Katanga*, Ministère Provincial des finances, économie et commerce, Province du Katanga, Lubumbashi, 2014, pp. 13-14.

[9] DELALANDE, N et SPIRE, A., *Histoire sociale de l'impôt*, La Découverte, Paris, 2010, p.3.

Chapitre I. Les prolégomènes sur la décentralisation fiscale

Ce chapitre propose de passer en revue les théories de la décentralisation fiscale en vue de cerner les éléments essentiels qui concourent à la réussite d'une décentralisation fiscale. Nous allons y développer cinq points essentiels : l'aperçu sur la décentralisation, le contexte de la décentralisation, la théorie économique de la décentralisation fiscale, les obstacles de la décentralisation fiscale, et la décentralisation fiscale en RDC.

Section I. Aperçu sur la décentralisation

§.1. Notions

1. Définition

R. Maes estime que « le concept de la décentralisation n'est pas une notion aisée. Il est frappant de constater que ce n'est pas seulement lors des débats politiques, dans les déclarations gouvernementales ou dans les programmes de partis que la notion de décentralisation se révèle imprécise et ambiguë. Une certaine confusion terminologique se trouve également dans les publications scientifiques »[10].

Malgré des divergences, un point semble faire l'unanimité : la décentralisation implique un mouvement qui va du centre vers la périphérie et qui aboutit à une réduction, une redistribution de compétences ou de moyens appartenant au pouvoir central au profit des organes ou des institutions politiques ou administratives qui sont :

- Soit responsables pour une certaine portion de territoire : *la décentralisation territoriale* ;
- Soit responsables pour l'une ou l'autre fonction publique spécifique : *la décentralisation fonctionnelle (technique)* ;

[10] MAES, R., *La décentralisation territoriale*, éd. Diffusion, Bruxelles, 1985, p.3.

- Soit responsables pour l'un ou l'autre prélèvement obligatoire : *la décentralisation fiscale.*

Le terme décentralisation peut englober des phénomènes tels que l'existence de Provinces et de Communes, la formation d'une fédération d'Etats, l'organisation de services déconcentrés de l'Etat, et la création d'institutions publiques autonomes de l'Administration centrale[11].

Autrement dit, la décentralisation est le transfert d'autorité et de responsabilités en matière de fonctions publiques, de l'Administration centrale vers les autorités intermédiaires ou locales, ou vers des organismes gouvernementaux quasi autonomes et/ou vers le secteur privé. Il s'agit d'un concept complexe et à multiples facettes.

En RDC, au regard de sa Constitution[12], les Provinces étant des organes politiques (régionalisme politique), la décentralisation est organisée à l'intérieur de celles-ci, du simple fait qu'on y trouve les compétences législatives et les compétences exécutives.

2. Evolution de la décentralisation

Dans sa définition la plus élémentaire, la décentralisation désigne le transfert d'une partie des compétences du pouvoir central à des instances régionales ou locales. Du point de vue de l'action publique, l'impératif d'unité de cette action correspond à la centralisation, et la revendication de diversité, à la décentralisation. Toutes les deux coexistent dans les différents systèmes politiques. Un consensus a paru se dégager, plus nettement au cours des années 80 et 90, pour reconnaître qu'un excès de centralisation ou une autonomie locale absolue seraient également déplorables et qu'il faut œuvrer à la

---

[11] *Ibidem,* p. 4.

[12] Article 3 : Les provinces et les entités territoriales décentralisées de la République Démocratique du Congo sont dotées de la personnalité juridique et sont gérées par les organes locaux. Article 195 : Les institutions provinciales sont : 1. l'Assemblée provinciale ; 2. le Gouvernement provincial.

mise en place d'une meilleure collaboration entre les centres de décision nationaux, régionaux et locaux[13].

La première grande tendance de la décentralisation a consisté en la déconcentration administrative qui veut que les différents ministères sectoriels transfèrent une partie de leurs fonctions et compétences à des antennes régionales et/ou locales. Cette forme limitée de la décentralisation ne vise que les rapports entre les organes centraux et leurs divers échelons[14]. La déconcentration maintient le pouvoir de décisions au sommet, les autres échelons n'ayant qu'un rôle de transmission de demandes et d'exécution desdites décisions. Si le pouvoir de décision sur les questions décisives reste au sommet, les échelons déconcentrés peuvent disposer d'un pouvoir de décision par délégation sur des questions moins importantes.

Si d'un point de vue conceptuel, la déconcentration, se doit être une forme de décentralisation, elle est en réalité, un processus foncièrement distinct de l'autre : la déconcentration consiste, pour le pouvoir central, à remettre des pouvoirs de décision à ses propres agents locaux, alors que dans la décentralisation au sens strict, le transfert des pouvoirs concerne des organes ou personnes élus par les populations locales. Autrement dit, la décentralisation implique la gestion des affaires locales par les populations et leurs élus.

Les expériences de déconcentration, suivies ou pas d'une avancée vers la décentralisation au sens strict, se vivent aussi bien dans les pays développés que dans les pays en développement avec, toutefois, une temporalité différente. A quelques exceptions près, la naissance des Etats-nations a toujours pris la forme d'un Etat fort et d'une administration centralisée. Depuis le XIXème siècle dans la plupart des pays développés, et au cours de la seconde moitié du XXème siècle dans les pays en développement, plusieurs vagues de

[13] FAO-SDA, « Expériences de la FAO en matière de développement rural décentralisé », *Coll. Décentralisation et Développement rural*, N° 1, FAO-SDA, Rome, 1997, p.10.
[14] A ce propos lire aussi : BANQUE MONDIALE, *Decentralization, Fiscal Systems, and Rural Development.*

déconcentration se sont attaqués à ces deux caractéristiques des Etats-nations, donnant ainsi lieu à un nouveau partage du pouvoir de décision entre l'Etat central et ses antennes régionales et locales[15]. Historiquement, la décentralisation se focalise, selon PH. Derycke, sur trois questions majeures[16] : la localisation (où), la justification (pourquoi) et la modalité (comment).

A. Localisation

Dans quels pays, dans quel contexte historique et institutionnel la décentralisation a-t-elle pris naissance ? La décentralisation semble s'accélérer avec l'implosion des pays de l'Est et des pays du Tiers monde. Mais le cas de pays en voie de développement semble discutable. Selon PH. Derycke, des auteurs pensent que le niveau exagéré du centralisme dans certains pays bloque l'épanouissement économique. D'autres affirment plutôt qu'il faut un minimum du seuil de développement pour penser à la décentralisation (cas du Maroc, de la Tunisie et de la Côte d'ivoire).

Quant aux pays de l'Est qui avaient connu une économie en transition, ils sont butés à un problème de graduation de la décentralisation entre une réforme graduelle (qui, entre autres, laisserait plus ou moins inchangée la trame actuelle des découpages territoriaux) et une réforme non échelonnée.

Dans les pays développés, par contre, on assiste à un partage plus large des taxes fiscales entre l'Etat central et les provinces.

On peut conclure avec PH. Derycke, que la lecture de l'histoire nous livre en quelque sorte trois types de décentralisation[17] :

- Le fédéralisme nord-américain, empirique, souple, pragmatique, mais déjà ancien, très dépendant des critères et des

---

[15] FAO-SDA, *op.cit.*, p.15.

[16] DERYCKE, PH., « Les théories du fédéralisme fiscal : hier et aujourd'hui », *in Finances publiques régionales et fédéralisme fiscal*, Presses Universitaires de Namur, Namur, 1994, pp.19-20.

[17] *Ibidem*, p.22.

considérations purement économiques, mais finalement assez peu transposable en dehors des Etats-Unis, du Canada ou de l'Australie ;

- La décentralisation à la française, processus plus normatif, hiérarchisé qui est conduit à partir de l'État central (qui peut d'ailleurs reprendre d'une main ce qu'il a naguère concédé) et qui ne laisse que peu de place à l'initiative locale dans la conduite de la décentralisation ;
- Le fédéralisme européen, encore en devenir, incertain dans ses contours, dépendant du contenu plus ou moins large qui sera donné au principe de subsidiarité dans la construction européenne qui conditionne l'avenir de la Communauté.

Au regard de sa Constitution, la RDC se rapproche du modèle français, mais s'en éloigne du fait qu'entre le pouvoir central et les entités décentralisées[18], s'intercalent les Provinces, entités politiques qui exercent la tutelle sur les entités décentralisées.

Ceci revient à dire que les collectivités, administrées par les représentants élus pour assumer les responsabilités déléguées par l'Etat[19], reçoivent, par délégation, certaines compétences qui devraient revenir aux provinces.

B. Justification

Plusieurs arguments soutiennent le bine-fondé de la décentralisation, notamment :

- Qu'elle est un remède à la croissance des dépenses et des déficits publics ;
- Qu'elle est un remède de l'efficacité. La décentralisation des dépenses et des ressources équivaudrait à une meilleure

[18] Article 3 de la constitution de la RDC : Les provinces et les entités territoriales décentralisées de la République Démocratique du Congo sont dotées de la personnalité juridique et sont gérées par les organes locaux. Ces entités territoriales décentralisées sont la ville, la commune, le secteur et la chefferie.

[19] ASHTA, A., Le fédéralisme fiscal : Australie, Canada, Inde, USA, les aspects fiscaux du droit budgétaire, ANRT, Paris, 2003, p.17.

information des décideurs sur l'appréciation exacte de besoins des administrés et de leurs capacités contributives. C'est à l'échelon le plus proche du citoyen que cette information est sans doute la plus exacte et la plus abondante : la décentralisation serait donc garante d'une plus grande efficacité dans les processus d'affectation des ressources aux objectifs poursuivis par la collectivité[20]. Mais, il faut observer que la poursuite de cette efficacité pourra battre en brèche le souci d'équité ;

- Qu'elle est un remède de localisme. La décentralisation doit s'inspirer d'un choix local du personnel politique, mais il faut que ces élites locales choisies aient le souci de l'intérêt général et d'équité.

C. Modalité

La décentralisation se réalise par la répartition des trois fonctions entre l'Etat central et les collectivités territoriales : la fonction d'affectation, la fonction de redistribution et la fonction de stabilisation.

Ainsi, la décentralisation véritable n'est pas une simple formule de gestion par laquelle des administrations locales et régionales prennent le relais de l'Etat central. Elle doit être, davantage, considérée comme « un processus qui attribue à des collectivités de base le caractère d'entités politiques avec pouvoir de décision dans la gestion administrative locale. Ces nouvelles entités acquièrent ainsi dans leurs champs de responsabilités une autonomie relative par rapport au gouvernement central »[21].

La décentralisation consiste donc en un transfert de compétences entre deux personnes morales distinctes. Au sens large, elle décrit tous les types de transfert de compétences ou d'activités (actions, planification, choix et décisions, gestion, supervision) vers la

---

[20] DERYCKE, PH., *op.cit.*, p.24.

[21] SUZANNE, R., Quelques réflexions sur la décentralisation et le développement démocratique en guinée : le cas d'un projet pilote d'appui aux collectivités décentralisées, Centre canadien d'Études et de Coopération Internationale, Montréal, p. 103.

périphérie. Pour ce faire, « la décentralisation est perçue comme la voie permettant d'améliorer l'efficacité, actuellement faible, de l'intervention publique en faveur du développement des pays. Toutefois, la décentralisation ne réussira que si des ressources suffisantes sont mises à la disposition des collectivités locales pour fournir un niveau approprié de services publics aux populations »[22]. Autrement dit, la politique de décentralisation se traduit, au niveau le plus bas, par un processus de planification auprès des communautés de base, processus pour lequel on travaille ensemble pour résoudre les problèmes dans la perspective d'un type de développement qui favorise explicitement les plus pauvres.

Mais la décentralisation n'est pas une panacée, car elle connaît des limites qui tiennent compte de la mosaïque des contraintes culturelles, historiques, économiques, juridiques et financières que connaissent les pays. Restaurer ou établir un équilibre des pouvoirs et des responsabilités entre les différents niveaux de gouvernement s'accompagne généralement des défis politiques et administratifs importants. Pour en tirer le plus grand bénéfice, la décentralisation doit respecter les critères d'efficacité et d'équité. Ce respect peut procurer les avantages suivants :

- Permettre, dans les limites de la loi, de choisir la personne, de la récompenser ou de la sanctionner en fonction de son travail, de maintenir sa motivation et son rendement dans des limites raisonnables ;
- Encourager la responsabilité des décideurs en les rapprochant de la population ;
- Améliorer la qualité de la planification en rapprochant la population des structures de décision et de suivi et en lui permettant de choisir ses propres priorités ;
- Améliorer l'engagement et la responsabilisation de la population locale dans l'exécution des projets de développement et dans leur suivi ;

---

[22] VERGNE, C., *Décentralisation Fiscale en Afrique Francophone : Note sur les Transferts Intergouvernementaux*, Division Réforme du Secteur Public et Renforcement des Capacités (AFTPR), Région Afrique, 2009, p.3.

- Aider à mobiliser les ressources locales, inciter la population et le personnel à surveiller leur usage et à limiter les gaspillages ;
- Permettre une meilleure coordination ;
- Maintenir la stabilité politique par une participation massive de tous les groupes sociaux et par la baisse des tensions entre les classes.

Ces avantages de la décentralisation sont traduits en RDC à travers l'exposé de motif de la Constitution en termes de développement à la base et de centres d'impulsion. Pour réaliser cet objectif, la RDC est structurée administrativement en 25 provinces, entités politiques dotées de la personnalité juridique, à l'intérieur desquelles sont organisées les entités territoriales décentralisées et exerçant des compétences de proximité énumérées dans la loi organique n° 08-16 du 07 Octobre 2008 portant composition, organisation et fonctionnement des entités territoriales décentralisées et leurs rapports avec l'État et les provinces[23].

§.2. La pertinence de la décentralisation

Le développement de la démocratie et de la décentralisation fait l'objet d'un intérêt croissant au niveau planétaire et constitue, depuis la fin des années 80, la préoccupation de plusieurs pays, même s'il n'existe pas de modèle standard. Au contraire, les processus et les procédures diffèrent selon les buts et les objectifs de départ, et en fonction des arrangements institutionnels et des mécanismes de mise en œuvre.

La décentralisation du secteur public vise, notamment, l'accroissement de l'efficience et de l'efficacité en permettant aux collectivités locales de renforcer leur sensibilité, leur responsabilité à l'égard des citoyens. Le processus de décentralisation est essentiel pour

---

[23] Exposé de motif de la Constitution de la RDC de 2006 : Dans le but d'une part, de consolider l'unité nationale mise à mal par des guerres successives et, d'autre part, de créer des centres d'impulsion et de développement à la base, le constituant a structuré administrativement l'Etat congolais en 25 provinces, plus la ville de Kinshasa, dotées de la personnalité juridique et exerçant des compétences de proximité énumérées dans la présente Constitution. En sus de ces compétences, les provinces en exercent d'autres concurremment avec le pouvoir central et se partagent les recettes nationales avec ce dernier respectivement à raison de 40 et de 60%.

que les instances locales puissent jouer un rôle actif et important en termes de gouvernance locale[24].

Cités par M. Mougeot, Derycke et Gilbert avancent cinq arguments qui appuient une décentralisation au bénéfice des collectivités locales[25] :

- L'offre décentralisée d'un service public local est plus efficace, à coûts d'information donnés, qu'une offre centralisée car elle permet la prise en compte des disparités locales de préférences ;
- Une offre décentralisée de service collectif local est moins coûteuse en information qu'une offre centralisée ;
- L'incitation à gérer efficacement une collectivité publique croît avec le nombre de collectivités locales rivales ;
- La décentralisation favorise l'innovation en matière de services collectifs locaux ;
- La multiplication de collectivités locales aux compétences étendues facilite la transparence des choix de localisation.

Ces auteurs précisent également que ces arguments en faveur d'une décentralisation locale entrainent trois conséquences immédiates[26] :

- Le choix du niveau de décision doit correspondre à celui du territoire bénéficiant du bien collectif : les biens consommés par les habitants d'une ville doivent être financés par des impôts municipaux, les biens consommés dans une région par des impôts régionaux, etc. C'est le principe de décentralisation qui détermine le partage de compétences ;
- La formation des collectivités est liée à un processus de mobilité des agents ;

---

[24] FAO, Etudes sur les régimes fonciers. La décentralisation et l'impôt sur la propriété rurale, Rome, 2004, p.1.

[25] MOUGEOT, M., « Economie publique locale et théorie économique », in *Revue économique*, vol. 41, n°1,1990, p.156.

[26] *Ibidem*, p. 157

- La décentralisation optimale du point de vue de l'efficacité est en conflit avec certains principes d'équité, les différentes collectivités territoriales étant caractérisées par des paniers « biens publics locaux -impôts locaux » différents.

1. Forme de la décentralisation

La décentralisation peut revêtir plusieurs formes. Elle peut être politique, administrative ou fiscale[27]. Même si chaque type de transfert a ses propres caractéristiques, son système et ses implications d'ordre politique, tous devraient avoir pour effet l'amélioration de la qualité de vie de la population.

A. La décentralisation politique

Elle vise à donner aux citoyens et à leurs représentants élus un plus grand pouvoir décisionnel, ce qui suppose un transfert de pouvoirs d'élaboration de politiques et de législation aux collectivités locales. La décentralisation politique est donc souvent associée au pluralisme politique et à la représentativité gouvernementale. Une telle approche peut nécessiter des réformes constitutionnelles ou législatives, la mise en place d'un régime politique pluraliste, le renforcement des législatures, la création d'entités politiques locales et des mesures encourageant la mise sur pied de groupes d'intérêt public efficaces.

B. La décentralisation administrative

Elle vise à répartir les pouvoirs, les responsabilités et les ressources financières entre différents paliers de gouvernement. Elle peut s'effectuer de deux manières : la répartition fonctionnelle et la répartition territoriale. La répartition fonctionnelle consiste à transférer des pouvoirs à des organismes spécialisés qui exercent leurs activités dans toutes les juridictions. On peut à titre illustratif, mentionner la création de bureaux locaux ou régionaux au sein de ministères nationaux responsables de la santé, de l'éducation et du transport. La

---

[27] EBEL, R. et YILMAZ, S., *Concept de la décentralisation fiscale et survol mondial, symposium international,* commission sur le déséquilibre fiscal, Québec, 2001, pp. 25-27.

répartition territoriale, quant à elle, vise à transférer la responsabilité de fonctions publiques à des institutions à l'intérieur d'un territoire géographique ou politique déterminé.

C. La décentralisation fiscale

Elle englobe généralement les fondements politiques, économiques et institutionnels des relations fiscales intergouvernementales, et va de l'examen de l'efficacité des institutions publiques au développement d'une infrastructure financière durable, en passant par la rationalisation des mécanismes de transfert fiscal et le soutien du réseau de sécurité sociale. En conséquence, une politique de décentralisation fiscale soigneusement conçue devrait non seulement accroître l'autonomie locale des gouvernements infranationaux (c'est-à-dire le pouvoir d'agir en toute indépendance dans leur propre sphère de compétence en vue de l'élaboration de politiques relatives aux revenus et aux dépenses), mais également promouvoir l'imputabilité politique, l'efficacité économique et la transparence.

Dans un régime fiscal décentralisé, les paliers de gouvernement infranationaux sont autorisés à adopter des politiques différentes pour respecter les préférences de leurs citoyens. De plus, la décentralisation fiscale rapproche le gouvernement des citoyens ; et un gouvernement représentatif est plus efficace quand il est plus près des gens. L'argument théorique invoqué en faveur de la décentralisation fiscale peut donc être formulé comme suit : « *chaque service public devrait être fourni par le pouvoir public exerçant un contrôle sur le territoire géographique minimum permettant d'internaliser les coûts et les avantages d'une telle prestation* »[28].

§.3. Les fondements de la décentralisation

1. Fondement politique

Les institutions responsables et la participation sont des éléments clés du succès d'une prise de décision décentralisée. « Dans

---

[28] EBEL, R. et YILMAZ, S., *op.cit.*, p. 3.

un système décentralisé, comme les gouvernements locaux sont proches de leurs citoyens, ils sont en mesure de mieux répondre à leurs besoins et d'aligner efficacement les dépenses publiques sur les besoins privés. Cela suppose l'établissement d'institutions et de mécanismes permettant aux citoyens de se faire entendre ou de sortir du système. Des élections régulières, des référendums locaux, des conseils permanents et d'autres structures institutionnelles constituent quelques-uns des outils facilement identifiables et efficaces qui peuvent améliorer la capacité des gouvernements locaux de déterminer les préférences des citoyens et d'y donner suite dans un contexte décentralisé »[29].

La décentralisation qui cherche à renforcer la démocratie en rapprochant le niveau de prise de décisions de ceux qui sont le plus touchés par les mesures gouvernementales, a un fondement politique. L'espoir est que la prestation de services sera meilleure si une réponse aux exigences et aux besoins divers de la population est donnée par des fonctionnaires locaux disposant d'informations plus précises concernant ces souhaits. La décentralisation devrait être alors caractérisée par « la reddition de comptes publics afin que les autorités locales puissent faire l'objet d'un contrôle démocratique. Les citoyens devraient ainsi influer sur les décisions prises par les conseils locaux élus. D'un point de vue politique, la décentralisation devrait améliorer la planification et la délivrance des services publics en tenant compte des exigences et des conditions locales, tout en répondant aux objectifs régionaux et nationaux »[30].

Une décentralisation peut poursuivre divers d'objectifs politiques, selon le contexte dans lequel elle se définit. La décentralisation, telle qu'elle exécutée en RDC, nous permet de retenir les objectifs suivants :

- Permettre à la population locale de participer au processus décisionnel (initiation, exécution et suivi des décisions la

---

[29] *Ibidem*, p. 19.
[30] FAO, *op.cit.*, p.6.

concernant) et cela, en transférant les pouvoirs et les ressources au niveau local ;

- Renforcer la responsabilité et la transparence en demandant aux dirigeants locaux de rendre directement compte aux communautés qu'ils servent et en créant une liaison claire entre les impôts payés par les contribuables et les services financés par ces impôts ;
- Augmenter la capacité de réponse et la sensibilité de l'administration publique à l'environnement local planifiant, finançant et gérant les services au point où ils sont fournis ;
- Renforcer, au niveau local, une capacité durable de planification et de gestion du développement économique comme moteur du développement permettant d'alléger la pauvreté ;
- Renforcer l'efficience et l'efficacité des services en déplaçant la responsabilité de planifier et de gérer du Gouvernement central au point où ressent les besoins et on fournit les services.

2. Fondement économique

Le point de départ idéal d'un débat sur la centralisation ou la décentralisation des pouvoirs est la structure du gouvernement. Dans une structure centraliste, « le pouvoir décisionnel est concentré entre les mains des fonctionnaires du gouvernement central, tandis que dans un régime décentralisé, les gouvernements infranationaux peuvent décider des questions qui ont une incidence sur la vie de leurs citoyens. Même si la décentralisation revêt différentes formes, les aspects politiques et économiques du débat centralisation-décentralisation sont inexorablement liés entre eux. Pour que la décentralisation produise des gains économiques, il faut décentraliser le pouvoir décisionnel politique »[31].

Les défenseurs de la décentralisation pensent qu'elle donne lieu à une redistribution économique et efficace : les décisions relatives aux dépenses publiques, prises à un niveau administratif plus sensible aux besoins des administrés et qui est proche d'eux, ont plus de chances de

---

[31] EBEL, R. et YILMAZ, S., *op.cit.*, p. 10.

refléter la demande des services locaux que des décisions prises par un gouvernement central lointain. Un autre avantage de la décentralisation est que les administrés sont plus disposés à payer pour des services qui, selon eux, répondent à leurs priorités, surtout s'ils ont participé à la prise de décision sur le paiement de ces services.

Presque dans tous les pays du monde, la décentralisation est instituée pour de besoins économiques afin de promouvoir le développement à la base. Cette promotion du développement à la base ne pourra être concevable qu'avec une autonomie financière.

A. Autonomie financière

L'autonomie est le droit de se gouverner soi-même. Un territoire se dit autonome s'il est administré librement, se gouverne par ses propres lois, à l'intérieur d'une organisation plus vaste dirigée par un pouvoir central ou selon des règlements particuliers. L'essence même du fondement économique de la décentralisation consiste à accorder aux gouvernements infranationaux le pouvoir et la responsabilité d'autofinancer des services publics locaux supplémentaires. Une autonomie fiscale complète en matière de revenus exige, en principe, que les gouvernements locaux puissent modifier les taux d'imposition et établir l'assiette fiscale.

L'autonomie financière des collectivités consiste à respecter l'attribution d'une part minimum de ressources propres et elle ne se réduit pas en une autonomie de la dépense et suppose que les collectivités peuvent fixer librement le volume de leurs recettes. Elle suppose donc une véritable autonomie fiscale qui est une composante de l'autonomie financière.

Cette autonomie financière se révèle donc être « un point de convergence des différentes lignes directrices de la décentralisation qui demeurent elles-mêmes modulables sous l'influence du pouvoir politique. Ce neutron juridique souvent insaisissable, mais placé au cœur du processus de décentralisation, demeure un véritable concept à géométrie variable ».[32] Elle ne peut à son tour se concevoir sans l'autonomie fiscale. C'est dans cette optique qu'on parle de la décentralisation fiscale. Pour certains auteurs, l'autonomie financière peut se confondre avec l'autonomie fiscale et l'autonomie budgétaire.

A cet effet, M. Bourgeois dégage quatre perspectives qui permettent de bien appréhender la notion d'autonomie fiscale[33] :

- L'autonomie fiscale normative consiste, pour une autorité, de créer ses propres impôts et de fixer le régime juridique de ceux-ci (objet, redevables, base imposable, taux, exemptions, règles procédurales d'établissement et de recouvrement, règles relatives au contentieux, etc.) ;
- L'autonomie fiscale exécutive a trait, elle, à la mise en œuvre concrète de l'impôt à son service administratif (établissement, perception et recouvrement *in concreto* de l'impôt) ainsi qu'à la gestion du contentieux administratif ;
- L'autonomie fiscale de perception pose la question de savoir à quelle entité budgétaire le produit des impôts prélevés revient finalement et effectivement ;
- L'autonomie financière se mesure en fonction du degré de liberté dont l'entité fédérée ou décentralisée dispose pour fixer les dépenses auxquelles les recettes des impôts préalablement prélevés (le cas échéant, par une autre collectivité politique) et attribués se destinent (liberté de disposer du produit de l'impôt).

Il faut observer que dans la plupart des pays en voie de développement dont la RDC, les réformes en matière de décentralisation sont effectuées sans mécanismes de soutien juridiques et institutionnels et sans accords fiscaux intergouvernementaux appropriés visant à appuyer le système décentralisé. Dans ces pays, les gouvernements infranationaux n'ont pas été à la hauteur des attentes, et

---

[32] PILONE, C., *L'autonomie financière des Collectivités locales et le juge constitutionnel*, ATER à l'Université Paul Valéry Montpellier III – UFR IV, p.2.

[33] BOURGEOIS, M., « La décentralisation fiscale et financière en République Démocratique du Congo : éléments économiques et juridiques », in *Doctrine, Larcier*, Bruxelles, 2011, p.391.

l'instabilité macroéconomique, les disparités régionales et les inefficacités du secteur public ont été mises sur le compte de la décentralisation[34].

Section II. La théorie économique de la décentralisation fiscale

§.1. L'Objet de la théorie économique de la décentralisation

La théorie économique étudie plutôt, de manière abstraite, les facteurs qui peuvent conduire à la décentralisation à la lumière, d'une part, de la demande pour les biens et les services publics et d'autre part, de l'offre de ces biens et services. L'action politique est, dans cette optique, le résultat d'un choix rationnel, soigneusement posé, en vue d'atteindre aussi efficacement que possible un objectif déterminé, après analyse des produits et des charges[35]. Autrement dit, la théorie économique de la décentralisation fiscale étudie le partage des compétences et des ressources budgétaires entre les différents niveaux de pouvoir. Le point de départ de ces réflexions se situe dans le questionnement élémentaire des économistes sur la meilleure manière de distribuer les richesses au sein d'une collectivité et sur le rôle que l'Etat peut jouer dans ce cadre[36].

La décentralisation fiscale se définit donc comme le transfert, vers les administrations locales, des pouvoirs de décisions relatives à la mobilisation des ressources en vue de l'exécution des responsabilités dévolues au gouvernement central. Elle peut promouvoir l'efficacité, l'innovation, le développement des ressources humaines, l'entreprenariat et le dynamisme local qui sont les éléments clés d'une politique de réduction de la pauvreté.

La définition d'un champ fiscal propre aux collectivités locales se retrouve dans la plupart des lois de décentralisation. Généralement

---

[34] EBEL, R. et YILMAZ, S., *op.cit.*, p. 13.

[35] MAES, R., *La décentralisation territoriale*, éd. Diffusion, Bruxelles, 1985, p.121.

[36] BOURGEOIS, M., op.cit., pp. 377-378

en Afrique, cette fiscalité propre s'appuie, notamment, sur les quatre impôts locaux de base :

- Le foncier bâti ;
- Le foncier non bâti ;
- La taxe d'habitation ;
- La patente.

A ces impôts locaux, peuvent s'ajouter des taxes spécifiques liées au contexte du développement des différentes localités.

La décentralisation fiscale compte plusieurs principes de base, dont : l'adéquation des ressources et des responsabilités, l'efficacité, l'équité, la transparence, l'imputabilité, la motivation et la sanction.

Parmi ces principes, l'efficacité est la principale raison invoquée par les économistes en faveur de la décentralisation fiscale. Comme les préférences individuelles en matière de services publics varient dans un régime fiscal décentralisé, les citoyens choisissent de vivre dans une collectivité qui tient compte de leurs préférences, ce qui leur assure une meilleure qualité de vie. L'argument de l'efficacité économique découle de cette évidence que les gouvernements locaux, du fait de leur proximité avec les citoyens, sont en mesure de répondre aux divers besoins et intérêts des citoyens et d'allouer les ressources plus efficacement qu'un gouvernement central[37].

La pérennité du processus exige l'appropriation et la participation effective des populations. Pour ce faire, le comportement et l'attitude des autorités et agents impliqués dans la décentralisation sont déterminants. La gestion des finances et de la fiscalité locale doit se faire dans une totale transparence. De plus, les décideurs ainsi que les agents d'exécution de la politique doivent rendre compte devant les populations qu'ils servent. Des dispositions doivent être mises en place pour inciter l'excellence au travail chez les agents d'exécution, et servir, en cas de nécessité (corruption, détournement des deniers publics,

[37] EBEL, R. et YILMAZ, S., op.cit., p.11.

négligence, incompétence, etc.) en appliquant des sanctions prévues par la loi avec rigueur pour maintenir la crédibilité du processus de la décentralisation[38].

Pour atteindre cet objectif, c'est-à-dire obtenir un développement communautaire réel, l'on devra adopter des mécanismes de bonne gouvernance politique, économique et administrative, et respecter de façon constante le principe de la gestion démocratique par des compétences reconnues de la chose publique dans l'intérêt général. Il s'établit ainsi un contrat social entre l'Etat et la population locale sur base duquel l'Etat a l'obligation de céder une parcelle de ses pouvoirs et de donner les moyens nécessaires et suffisants.

§.2. Les piliers de la décentralisation fiscale

La théorie économique de la décentralisation fiscale étudie le partage des compétences et des ressources budgétaires entre les différents niveaux de pouvoir. Un des objectifs poursuivis par la décentralisation fiscale consiste en l'attribution aux collectivités territoriales des compétences propres et distinctes de celles exercées jusque-là par le représentant de l'Etat[39]. Cette répartition comporte des compétences exclusives et concurrentes.

La RDC s'appui, en cette matière de répartition des compétences, sur la Constitution qui, en son article 201 dispose que : « *La répartition des compétences entre le pouvoir central et les Provinces est fixée par la présente Constitution. Les matières sont, soit de la compétence exclusive du pouvoir central, soit de la compétence concurrente du pouvoir central et des Provinces, soit de la compétence exclusive des Provinces* ».

[38]BOKO, S., « Un aperçu sur la décentralisation fiscale et les finances locales en Afrique francophone », in *Forum d'Action pour la Gouvernance Locale en Afrique Francophone*, 2008, p.3.

[39] Il faut observer que c'est la même théorie économique qui s'applique soit à la décentralisation fiscale, soit encore au fédéralisme fiscal

Les compétences exclusives du pouvoir central ainsi que celles des Provinces et les compétences concurrentes sont énumérées par la Constitution[40] sur les listes qui reflètent les préoccupations d'unification économique et territoriale.

Il faut préciser que la décentralisation de finances se fait différemment selon qu'on est en présence d'un système fédéral ou unitaire de l'Etat. Les pays à système unitaire n'ont pas d'administrations infranationales dotées de compétences (conférées par la Constitution) dans un domaine particulier de fonctions gouvernementales ou de services. Ils sont caractérisés par une hiérarchie du même type d'administration (par exemple, gouvernement central, provincial, administration de district). Un tel régime repose sur trois piliers majeurs : la répartition des compétences en matière de dépenses, la répartition des compétences en matière de taxation, et les transferts intergouvernementaux.

Ces piliers de la décentralisation, comme l'affirme Bird cité par R. Ebel et S.Yilmaz, ont pour objectif de favoriser l'organisation optimale de l'Etat en matière budgétaire : « *les objectifs poursuivis devraient inclure non seulement l'efficacité, la transparence et*

---

[40] Article 202 : Sans préjudice des autres dispositions de la présente Constitution, les matières suivantes sont de la compétence exclusive du pouvoir central : 1. les affaires étrangères comprenant les relations diplomatiques ainsi que les traités et accords internationaux ; 2. la réglementation du commerce extérieur ; 3. la nationalité, le statut et la police des étrangers ; 4. l'extradition, l'immigration, l'émigration et la délivrance des passeports et des visas ; 5. la sûreté extérieure ; 6. la défense nationale ; 7. la police nationale ; 8. la fonction publique nationale ; 9. les finances publiques de la République ; 10. L'établissement des impôts sur le revenu, des impôts sur les sociétés et des impôts personnels conformément à l'article 174 ; etc. Article 203 : Sans préjudice des autres dispositions de la présente Constitution, les matières suivantes sont de la compétence concurrente du pouvoir central et des Provinces : 1. la mise en œuvre des mécanismes de promotion et de sauvegarde des droits humains et des libertés fondamentales consacrés dans la présente Constitution; 2. les droits civils et coutumiers ; 3. les statistiques et les recensements ; 4. la sûreté intérieure ; 5. l'administration des cours et tribunaux, des maisons d'arrêt et de correction et des prisons; 6. la vie culturelle et sportive ; 7. l'établissement des impôts, y compris les droits d'accise et de consommation, à l'exclusion des impôts visés à l'article 174 ; etc. Article 204 : Sans préjudice des autres dispositions de la présente Constitution, les matières suivantes sont de la compétence exclusive des Provinces : 1. le plan d'aménagement de la province ; 2. la coopération interprovinciale ; 3. la fonction publique provinciale et locale ; 4. l'application des normes régissant l'état civil ; 5. les finances publiques provinciales ; 6. la dette publique provinciale ; 7. les emprunts intérieurs pour les besoins des provinces ; etc.

l'imputabilité en matière de finances publiques, mais également le maintien de l'intégrité nationale et de la stabilité politique»[41].

Mais, comme le fait remarquer C. Roig, quatre principes doivent être observés pour que les piliers de la décentralisation fiscale promeuvent la transparence, l'imputabilité et ma prévisibilité[42] :

- Le premier est fondé sur une distinction entre les affaires locales et les affaires nationales, les unes relevant de la compétence des autorités locales, les autres de la compétence des autorités centrales. Nul ne l'a mieux formulé que Tocqueville quand il écrivait : « *Certains intérêts sont communs pour toutes les parties de la nation tels que la formation des lois générales et les rapports du peuple avec les étrangers. D'autres intérêts sont spéciaux à certaines parties de la nation, telles que, par exemple, les entreprises communales* ».
- Le deuxième est relatif à l'autonomie juridique et financière dont bénéficient les organes périphériques par rapport à l'organe central.
- Le troisième principe est bâti à partir d'une définition politique : l'élection des agents. A. Hauriou adoptait ce critère sans restriction. Pour lui, la décentralisation consiste en la création de centres d'administration publique autonomes où la nomination des agents provient du corps électoral de la circonscription et où ces agents forment des agences collectives ou des assemblées.
- Le quatrième principe est relatif au problème des formes d'Etats et des autres collectivités politiques, de leur structure unitaire (simple) ou composée (divisée). Ce critère fait appel aux notions de la décentralisation fiscale et du fédéralisme fiscal.

---

[41] EBEL, R. et YILMAZ, S., *op. cit.*, p.30.

[42] ROIG, C., « Théorie et réalité de la décentralisation », in *Revue française de science politique*, 16e année, n°3, Paris, 1966, pp.446-450.

1. La répartition des compétences en matière de dépenses

L'attribution des compétences en matière de dépenses constitue la première étape de la conception d'un régime fiscal décentralisé. Concevoir les composantes « *revenus et transferts* » d'un régime fiscal décentralisé sans définir concrètement les responsabilités relatives aux dépenses affaiblirait le processus de décentralisation.

L'absence de définition claire des responsabilités infranationales a, pour trois raisons importantes, une incidence négative. Premièrement, si les responsabilités sont mal définies, les revenus requis correspondants le seront aussi. Deuxièmement, sans responsabilités précises, les représentants des gouvernements infranationaux pourraient préférer investir dans des projets populistes qui leur profiteront à court terme plutôt que dans des projets ayant un impact à long terme sur l'économie de la région (infrastructures, éducation, etc.). Troisièmement, on ne saura pas vraiment si les dépenses infranationales sont dictées par des priorités locales ou par des programmes établis par le gouvernement central[43].

Cette répartition des dépenses repose sur ces trois fonctions de l'Etat : les fonctions d'allocation, de redistribution et de stabilisation.

Ces trois fonctions de l'Etat sont interdépendantes, bien qu'il soit admis qu'elles peuvent être mises en œuvre chacune séparément. Cette interdépendance s'explique par le fait qu'il existe une infinité d'allocations optimales des ressources qui oblige l'Etat à opérer des choix en fonction, par exemple, des préférences sociales pour la justice. Par conséquent, une solution d'allocation sera souhaitable uniquement si la répartition des revenus est considérée comme optimale pour la société. D'où l'intérêt, pour la théorie de taxation optimale, d'effectuer un arbitrage entre les critères d'efficacité et d'équité pour définir un système fiscal optimal. Enfin, la fonction « *stabilisation* » est optimale si elle n'interfère pas avec l'optimalité de l'allocation des ressources ou la juste répartition des revenus. Mais, malgré leur interdépendance, ces

[43] EBEL, R. et YILMAZ, S., *op. cit.*, p. 30.

fonctions sont séparables dans leur mise en application au travers de chaque niveau d'Etat[44].

A. La fonction d'allocation

Le problème économique naît de la confrontation des besoins humains, multiples et quasi insatiables à la rareté des ressources disponibles. D'où, la nécessité pour tout Etat de penser à la fonction d'allocation des ressources pour palier à ces besoins.

L'allocation des ressources est un concept économique qui se rapporte à l'utilisation des ressources rares comme les facteurs de production (travail, capital, matières premières) pour satisfaire à court et long terme les besoins de consommation de la population. Cette allocation est à la fois, tributaire des agents économiques privés et des pouvoirs publics qui effectuent des dépenses et prélèvent des impôts pour financer des services « *non marchands* » comme la justice, la police, certaines infrastructures communes (voirie…) indispensables au fonctionnement de la société.

Qu'il s'agisse du contexte restreint ou du cadre général, le système doit, lors de l'affectation des ressources aux agents, garantir une allocation qui soit à la fois équitable et efficace. Or, ces deux objectifs « l'efficacité et l'équité » sont contradictoires. Il parait évident que l'on ne saurait satisfaire au mieux un agent sans nuire à la satisfaction des autres agents. En effet, souvent les objectifs individuels d'efficacité des agents sont opposés. Il en est de même pour l'objectif d'équité qui peut lui aussi tirer dans le sens opposé de l'objectif d'efficacité. La tension entre efficacité et équité est inhérente à tout problème d'allocation de ressources impliquant plusieurs agents, lorsque chacun d'eux retire de chaque décision possible une satisfaction propre[45].

---

[44]AURELIEN, B., « Théorie de la taxation optimale et politique de stabilisation : Une incompatibilité théorique » in *Centre d'économie de la Sorbonne et Université Paris I Panthéon-Sorbonne*, Paris, 2009, p. 5-6

[45] ESTIVIE, S., Allocation de Ressources Multi-Agents : Théorie et Pratique, thèse, Université Paris dauphine, Paris, 2006, p.4.

R.A. Musgrave recense cinq raisons jusqu'alors reconnues par l'analyse économique pour justifier une intervention de l'Etat dans l'allocation des ressources[46] :

- La définition des règles et des droits qui permettent le jeu le plus efficace de la libre concurrence à chaque fois que les marchés concurrentiels constituent la solution la plus efficace ;
- La présence de rendements croissants qui fait que la concurrence oblige à pratiquer des prix inférieurs au coût moyen de production. Les activités utiles à la collectivité sont ainsi condamnées à disparaitre, faute de rentabilité, ne peuvent être maintenues que par un monopole ou un oligopole. L'Etat est censé intervenir, soit pour sauvegarder des productions nécessaires, soit pour réguler l'action des monopoles ou oligopoles, dans un sens conforme à l'allocation efficace des ressources ;
- Les effets externes qui s'expriment par une situation dans laquelle les choix d'un individu modifient le bien-être des autres individus sans que les mécanismes du marché ne le poussent à considérer ces effets sur la collectivité ;
- Les biens collectifs purs qui se caractérisent par la consommation collective et la non exclusion des usagers qui ne veulent pas payer ;
- Les biens tutélaires qui sont spontanément produits sous des formes et dans des proportions conformes à la demande effective des utilisateurs, mais pour lesquels l'autorité publique interfère avec la souveraineté du consommateur et impose un usage plus important ou, au contraire, plus modéré (alcool, tabac, hygiène, éducation, santé . . .). Ces biens tutélaires sont remplis par des services soumis au principe d'exclusion et sont satisfaits par le marché, dans les limites de la demande réelle.

[46]MUSGRAVE, R.A., *Public Finance in Theory and Practice*, New York, McGraw-Hill, extraits, 1959.p.5

De ces cinq raisons, seuls les quatre dernières ne concernent que des situations où la libre concurrence ne permet pas d'assurer « l'optimum de Pareto[47] ».

La fonction d'allocation concerne donc « la fourniture de biens publics nécessaires pour pallier les défaillances des marchés et les organiser afin d'atteindre une meilleure allocation des ressources. Les principaux outils de la fonction allocative sont la promotion et la réglementation de la concurrence sur les marchés, les aides publiques au secteur privé et la production de biens et services collectifs »[48].

La promotion, le maintien et l'organisation de la concurrence doivent relever de la compétence de l'autorité centrale ou supranationale[49].

Les aides publiques au secteur privé, quant à elles, peuvent être décentralisées, lorsque les situations économiques des entités décentralisées sont amplement distinctes les unes des autres, ce qui obligera chaque entité à supporter le coût de ses politiques[50] et permettra d'éviter la mise en œuvre d'un système complexe de compensation entre les entités décentralisées qui octroient ces aides et celles qui n'en octroient pas[51].

---

[47] Un optimum de Pareto, nommé d'après l'économiste italien Vilfredo Pareto dans son Manuel d'économie politique est un état de la société dans lequel on ne peut pas améliorer le bien-être d'un individu sans détériorer celui d'un autre. Autrement, il est un état économique dans lequel il n'est plus possible d'améliorer la situation d'un individu sans dégrader celle d'un autre au moins. Toute situation qui améliore le sort d'au moins un individu sans détériorer celle des autres, peut être qualifiée d'amélioration au sens de Pareto. La notion d'optimum de Pareto permet de diviser en deux l'ensemble des états possibles de la société. On peut ainsi distinguer : ceux qui sont uniformément améliorables : il est possible d'augmenter le bien-être de certains individus sans réduire celui des autres et ceux qui ne sont pas uniformément améliorables : l'augmentation du bien-être de certains individus implique la réduction du bien-être d'au moins un autre individu. Voir aussi : GENEREUX J., « Les trois fonctions de l'Etat de MUSGRAVE R., » extrait de *L'économie Politique,* Jacques Généreux, Editions Larousse Bordas, 1996, mise en ligne par Lemennicier, 1998.

[48] DECOSTER, A. et VALENDUC, C., *op.cit.*, p.215.

[49] BOURGEOIS, M., *op. cit.*, p. 381.

[50] *Ibidem*, p. 381.

[51] DECOSTER, A. et VALENDUC, C., *op.cit.*, p.215.

Quant à la production des biens et services elle peut bien être décentralisée. Le concept de bien public[52] est associé par une autorité publique à la production de certains biens et services. Le qualificatif « *public* » évoque à la fois l'idée d'Etat et celle d'accessibilité au plus grand nombre. Pour les économistes[53], un bien public pur a deux caractéristiques : l'indivisibilité et la non exclusivité. L'indivisibilité (ou non rivalité dans la consommation), sous-entend que la consommation d'un bien par une personne ne diminue pas la quantité disponible pour les autres consommateurs ; elle est donc non rivale de celle des autres consommateurs. Le coût marginal engendré par l'utilisateur supplémentaire étant nul, le rationnement (par le prix ou tout autre moyen) n'est pas justifié du point de vue de l'allocation optimale. La non exclusivité signifie que le fournisseur ou le propriétaire d'un bien ne peut en réserver l'utilisation seulement à ceux qui sont disposés à payer pour en user. Une fois produit, le bien est à la disposition de tous.

Les biens publics purs sont rares (l'éclairage public, la défense nationale, la justice). On retrouve plutôt, dans la réalité, des biens qui présentent plus ou moins l'une ou l'autre caractéristique. La fragilité

---

[52] BOURGEOIS, M., *op. cit.*, pp. 381-382.

[53] Lire à ce sujet : GADREY, J., Les biens communs : une notion au service des projets de l'ESS, in *Alternatives Economiques,* en ligne, 2013 *:* Les biens communs désignent des qualités de ressources ou patrimoines collectifs jugés fondamentaux, aujourd'hui et pour le futur (biens communs naturels, cultures populaires, connaissances…) et, par extension, des qualités sociétales et des droits universels car ce sont également des ressources collectives dont la qualité doit être gérée en commun (l'égalité des femmes et des hommes dans de nombreux domaines, la sécurité professionnelle des travailleurs, la santé publique…). La qualification d'un enjeu comme bien commun n'a rien de naturel. Les biens communs sont des construits sociaux. Ils doivent être institués. Et c'est un combat, qui met en cause des régimes de propriété, d'appropriation et de responsabilité. Les biens communs envisageables sont, certes, très hétérogènes et très nombreux à première vue. Mais leur mobilisation devient plus circonscrite et plus gérable dans des projets précis. CORDONNIER L., « Eclairages sur la notion de biens communs », in : *A theory of Public Finance*, New York, Mc Graw Hill, 1959, pp. 1-2 : L'existence de biens publics fournit donc une des raisons essentielles qui légitiment l'intervention des pouvoirs publics. Cette raison procède du caractère particulier des biens collectifs. A la différence d'un bien privé pur, un bien collectif pur présente deux caractéristiques essentielles (presque par nature) : il n'entraîne pas de rivalité et il ne peut faire l'objet d'une exclusion d'usage. Les biens qui présentent ces deux propriétés ne seraient pas fournis correctement si on laissait faire le marché. Du fait que chacun peut accéder sans perte d'utilité à leur consommation (quel que soit le nombre d'utilisateurs) et sans payer, personne ne livrerait spontanément sa quotepart pour couvrir le coût de production du bien.

des catégorisations suscite, à cet égard, de nombreuses discussions quant à l'opportunité ou non de la décentralisation.

B. La fonction de la redistribution

La redistribution (ou répartition) consiste à modifier la répartition des revenus qui résultent de l'activité économique de façon à permettre à tous d'en profiter et à corriger ainsi en partie les inégalités de revenu. La redistribution vise principalement « à corriger la distribution primaire des revenus entre les citoyens. On intègre, entre autres, dans le champ de cette fonction, le système de sécurité sociale, certaines aides publiques, les impôts à vertu redistributive, tels que l'impôt progressif sur les revenus, ou encore, les politiques de lutte contre la pauvreté »[54], la caisse de péréquation[55], etc., pour permettre la meilleure redistribution des richesses. Autrement dit, la fonction de distribution (ou de répartition) vise à corriger la répartition spontanée des revenus et des richesses en vue d'instaurer ce que la société considère comme une juste répartition.

L'État garantit à la population un minimum de bien-être, notamment à travers la protection sociale par l'assurance et l'assistance. À l'instar des dépenses effectives, les dépenses de transfert (sécurité sociale, assistance, subvention) augmentent de plus en plus »[56]. A titre illustratif, Beaucoup de fonctionnaires de l'Etat méritent la retraite en RDC au vu de leur âge, d'où l'importance de garantir les moyens suffisants pour la sécurité sociale.

---

[54] BOURGEOIS, M., *op. cit.*, p.388.

[55] En RDC, cette caisse de péréquation est prévue par la Constitution en son article 181 même si, jusque-là, elle reste une caisse de nom : Il est institué une Caisse nationale de péréquation. Elle est dotée de la personnalité juridique. La Caisse nationale de péréquation a pour mission de financer des projets et programmes d'investissement public, en vue d'assurer la solidarité nationale et de corriger le déséquilibre de développement entre les provinces et entre les autres entités territoriales décentralisées. Elle dispose d'un budget alimenté par le Trésor public à concurrence de dix pour cent de la totalité des recettes à caractère national revenant à l'Etat chaque année.

[56] NTAGOMA Kushinganine et BALYAHAMWABO Tulinabo, « Problématique de la décentralisation des finances publiques au Sud-Kivu », in *Afrique des grands lacs*, annuaire 2008-2009, p.327.

La redistribution modifie le revenu disponible des ménages (revenu primaire, impôts directs et cotisations sociales et prestations) affecté à la consommation et à l'épargne. Pour atteindre ces objectifs, l'Etat utilise différents instruments tels que la fiscalité, les transferts sociaux et les services publics, justifiant ainsi son rôle « *d'Etat providence* ». La puissance publique cherche ainsi à réduire les inégalités économiques et sociales (dans une logique de solidarité) et à assurer une couverture des risques sociaux (dans une logique d'assurance). La redistribution vise à atteindre un double objectif[57] :

- Les objectifs économiques : par la redistribution, la puissance publique peut affecter le niveau de la consommation des ménages en altérant la propension marginale à consommer puisque la consommation est l'un des moteurs de la croissance, et de ce fait, une variable de la politique économique. L'Etat peut favoriser la consommation en période de croissance ralentie, contribuant ainsi à la relance de l'activité économique. Réciproquement, en période de surchauffe et de tension inflationniste, l'Etat peut modérer la croissance des revenus disponibles et stabiliser en conséquence la conjoncture en exerçant une pression sur la demande.
- Les objectifs sociaux : quand elle accroît le revenu disponible des agents les plus pauvres, la puissance publique cherche à maintenir, à un niveau jugé supportable par l'ensemble de la population, la cohésion sociale en contrôlant les inégalités de revenus. Par ailleurs, l'offre de services publics non marchands autorise la consommation de services sans distinction de revenu. Enfin, l'accroissement de l'offre de certains de ces services (tel que l'éducation nationale) permet, par exemple, d'élever le niveau de formation, gage d'une meilleure insertion professionnelle future.

[57] GENEREUX, J., « Les trois fonctions de l'Etat de MUSGRAVE R., », extrait de GENEREUX, J., *L'économie Politique*, éd. Larousse Bordas, 1996, mise en ligne par Lemennicier, 1998.

Plusieurs auteurs pensent aussi que la fonction de redistribution devrait relever de la compétence de l'Etat central (centralisation), car la décentralisation de cette fonction pousserait la population la plus démunie en matière de sécurité sociale à se déplacer à sa guise vers les entités décentralisées qui offrent la sécurité sociale avantageuse, alors que la population la plus nantie chercherait à fuir ces entités. Ceci impliquerait, dans les entités où le système de redistribution est très développé, une demande accrue de redistribution accompagnée d'une réduction sévère de la base fiscale nécessaire à son financement. A terme, on s'acheminerait vers une disparition pure et simple de la politique de redistribution[58].

C. La fonction de la stabilisation

Une économie de marché, sans contrôle, risque de subir des fluctuations plus ou moins importantes des prix et de l'emploi, à court comme à long terme. Livré à lui-même, le marché peut engendrer des crises. L'Etat doit donc, par une action stabilisatrice, intervenir pour atténuer les fluctuations. Cette fonction régulatrice concourt au maintien d'un niveau d'emploi élevé et à la stabilité des prix. L'Etat mène donc une politique économique qui se compose d'une politique structurelle qui vise, à long terme, à changer la façon dont fonctionne l'économie, et d'une politique conjoncturelle qui, à court terme, pour but de corriger les déséquilibres temporaires (inflation, chômage, croissance économique, échanges extérieurs).

La politique fiscale est nécessaire à la stabilisation de l'économie, étant donné que le plein emploi et la stabilité des prix qui ne vont pas de soi dans une économie de marché, doivent être guidés par une politique publique. Sans elle, l'économie peut être sujette à de substantielles fluctuations et vivre des périodes prolongées d'inflation et de chômage. Pour conduire cette politique publique, il est nécessaire de prendre en compte ces contingences, ce qui n'exclut pas la possibilité

---

[58] DECOSTER, A. et VALENDUC, C., *op. cit.*, p.216.

qu'une telle politique, mal menée, jouisse en elle-même avoir des effets déstabilisants[59].

Les économistes sont d'accord que cette fonction reste dans les commandes du pouvoir central. Bayenet et al, cité par A. Decoster et C. Valenduc, résument en trois points les raisons qui justifient le maintien, au niveau central, des compétences relatives à la fonction de stabilisation[60] :

- En cas de choc économique, la centralisation de la fonction de stabilisation permet de garantir la coordination entre toutes les entités décentralisées. Si cette fonction devait être décentralisée, on s'exposerait à des comportements opportunistes où aucune entité ne mettrait en œuvre les mesures coûteuses qui lui incomberaient en espérant profiter des effets de débordement engendrés par les interventions des autres entités. Si toutes les entités jouent ce jeu, il est fort possible de converger vers un équilibre sous optimal dans lequel personne ne réagit. L'effet négatif de cette absence de réaction serait catastrophique.
- L'effet multiplicateur qui existe au niveau national est nettement moins important si des politiques de stabilisation économique sont prises en charge au niveau sous-national pour la simple raison que la hausse de la consommation qui devrait résulter de l'accroissement des dépenses d'investissement et du revenu, obtenue notamment par un déficit public de l'entité décentralisée, serait limitée par le fait qu'une partie de l'effet sur la demande aurait lieu en dehors de l'entité.
- Il est important de rappeler qu'une bonne politique monétaire est l'un des outils majeurs de la stabilité économique. Décentraliser la politique monétaire risquerait de causer de fortes poussées inflationnistes, puisque les entités décentralisées

[59] MUSGRAVE, R.A., *op.cit.*, pp.7-13.
[60] DECOSTER, A. et VALENDUC, C., *op.cit.*, p.216.

pourraient faire tourner la planche à billets pour financer leurs dépenses plutôt que de recourir à la taxation.

En somme, la théorie de G.A. Musgrave sur la répartition des compétences en matière de dépenses privilégie la centralisation, l'Etat étant jugé plus apte à le faire que les ETD.

2. La répartition des compétences en matière de taxation

Du point de vue de la théorie du fédéralisme budgétaire, lorsqu'on s'intéresse au problème de taxation, on s'appesantit sur sa structure verticale. Plus précisément, l'on s'intéresse à la répartition des compétences en matière de taxation entre les différents niveaux de pouvoir (pouvoir central, régional, local, etc.)[61]. L'essence même de la décentralisation consiste à accorder aux gouvernements infranationaux le pouvoir et la responsabilité d'autofinancer des services publics locaux supplémentaires. « *Une autonomie fiscale complète en matière de revenus exige en principe que les gouvernements locaux puissent modifier les taux d'imposition et établir l'assiette fiscale* »[62].

Cette répartition des compétences en matière de taxation ne doit se faire qu'après celle des compétences en matière des dépenses afin d'avoir une taxation qui réponde aux besoins des collectivités locales. B. Afflon et T. Madiès soutiennent cette démarche en ces termes [63] :

- Si les responsabilités incombant aux divers niveaux de gouvernement sont mal définies, alors, de façon évidente, les ressources seront, elles aussi définies, de façon inadéquate eu égard aux montants requis pour financer les dépenses et à la nature de celles-ci.
- Ensuite, si les responsabilités ne sont pas définies clairement ou le sont de manière imprécise, il y a à craindre un pouvoir discrétionnaire trop important des différents gouvernements.

---

[61] *Ibidem*, p.217.
[62] EBEL, R. et YILMAZ S., *op. cit.*, p.36.
[63] DAFFLON, B. et MADIES, T., *Décentralisation : quelques principes issus de la théorie du fédéralisme financier*, Agence Française de Développement, Université de Fribourg, Suisse, 2008, pp.29-30.

Cela pourrait les conduire à déformer leurs choix budgétaires en fonction des considérations stratégiques ou partisanes au détriment des dépenses, pour le long terme (moins visibles), qui contribueraient à améliorer la croissance de l'économie régionale. D'où la nécessité que les grands principes qui fondent la décentralisation soient enchâssés dans une loi fondamentale et que le cadre juridique qui régule les relations entre échelons de gouvernement soit bien défini.

- Enfin, seule une répartition claire des compétences permet de mettre en œuvre le principe de responsabilité. Dans le cas (malheureusement très fréquent) de chevauchements de compétences entre échelons de gouvernements, certains niveaux, dont ceux qui sont les plus distants du contribuable « *électeur* », peuvent accaparer des rentes de situation ou profiter d'inefficacités tout en se cachant derrière les échelons les plus proches.

La répartition des compétences en matière de taxation dépend, comme dit plus haut, des trois fonctions de l'Etat[64]. Plus précisément, les taxes relatives à une des fonctions de l'Etat doivent être gérées par le niveau de pouvoir en charge de cette fonction[65]. En clair, les taxes ayant trait à la stabilisation et à la redistribution doivent être prises en charge par le pouvoir central.

Il faut observer que les taxes basées sur le « *principe de bénéfice*[66] » sont les seules à pouvoir être facilement décentralisées. Mais, sur la question plusieurs auteurs ont tracé un canevas à suivre pour décentraliser d'autres types de taxes, dont l'application dépendra largement du contexte local et des choix politiques de chaque pays. C'est le cas, notamment, de R. Bird et F. Vaillancourt qui précisent « que le principal critère de partage des recettes est la mobilité de l'assiette fiscale, c'est-à-dire sa capacité de se déplacer d'une juridiction fiscale à une autre pour se soustraire en tout ou en partie à ses

[64] Fonction d'allocation, fonction de redistribution et la fonction de stabilisation.
[65] DECOSTER, A. et VALENDUC, C., *op.cit.*, p. 218.
[66] Ce sont des taxes que l'on paye pour l'usage direct d'un service public ou d'un bien public.

obligations fiscales. Plus l'assiette est mobile, plus elle devrait être taxée à un niveau supérieur de gouvernement pour éviter la concurrence fiscale et les déplacements de fardeau entre Etats locaux »[67].

A ce titre, l'assiette fiscale de l'impôt sur la propriété est, par définition, immobile. Elle est alors une bonne source de financement pour les services locaux. Cependant, elle n'est pas facile à estimer puisqu'il est difficile, par exemple, de tenir à jour l'évaluation des biens. Ces types de recettes ont d'autres inconvénients comme le relèvement du taux, qui est quasiment impossible pour augmenter leur rendement en période de crise.

C'est cette situation que vit la RDC. Raison pour laquelle il nous paraît opportun, comme le recouvrement et l'évaluation de la matière imposable de l'IF et de l'IRL posent problème, de réfléchir sur une autre imposition de ces impôts pour de matérialiser la décentralisation fiscale qui, à notre avis, reste la seule clé de développement de la RDC.

3. les transferts intergouvernementaux

Un système des transferts intergouvernementaux doit répondre à cette double interrogation : combien et comment transfère-t-on ? Ces questions ouvrent la voie à une réponse plurielle, étant donné les objectifs géographiques (développement et intégration des régions frontalières pour assurer la sécurité nationale), politiques (équilibre ethnolinguistique pour assurer l'harmonie et éviter ou réduire les tendances sécessionnistes) ou économique (assurer un niveau minimal ou égal de services sur l'ensemble du territoire)[68] diffèrent selon les Etats. Quant au montant total à transférer (combien), il est déterminé de l'une des trois façons suivantes selon R. Bird et F. Vaillancourt[69] :

- Un pourcentage fixe, soit de l'ensemble des recettes du gouvernement central, soit d'une partie des recettes tirées d'une ou de quelques taxes spécifiques ;

---

[67]BIRD, R. et VAILLANCOURT, F., *op.cit.*, p.347.
[68] BIRD, R. et VAILLANCOURT, F., *op.cit*, p.348
[69] *Ibidem*, pp. 348-349.

- Un montant fixe déterminé annuellement comme toute autre dépense, avec ou sans consultation des gouvernements locaux ;
- Un montant variable déterminé par une formule (un pourcentage des dépenses des récipiendaires ou un montant dépendant des caractéristiques de la population : âge, éducation, etc.).

L'attribution des compétences en matière de dépenses et de revenus engendre des déséquilibres verticaux et horizontaux dans les finances intergouvernementales d'un pays, l'aspect vertical concernant la répartition des revenus entre les gouvernements central et locaux, et l'aspect horizontal se rapportant à la répartition des ressources financières entre les unités bénéficiaires[70].

Il y a déséquilibre vertical lorsque les responsabilités en matière de dépenses des gouvernements infranationaux ne correspondent pas à leur pouvoir de production de revenus. Par contre, il y a déséquilibre horizontal lorsque la capacité fiscale propre de financer les mêmes fonctions varie d'un gouvernement infranational à un autre. Ainsi, l'on observe que tous les pays corrigent ces déséquilibres au moyen de divers mécanismes de transfert conçus pour permettre aux gouvernements infranationaux de s'acquitter des fonctions qui leur sont confiées : partage des revenus et des assiettes fiscales, établissement de systèmes de subventions.

Le gouvernement central et les gouvernements infranationaux peuvent se partager les revenus en fonction d'une formule établie ou partager une assiette fiscale en ajoutant une surtaxe. Le choix du mécanisme de transfert dépend des objectifs des politiques intergouvernementales. Si, « le gouvernement se soucie uniquement de combler l'écart fiscal vertical, il peut y parvenir au moyen d'un partage des revenus ou de subventions inconditionnelles. Les péréquations qu'un gouvernement central verse à un gouvernement infranational

[70] EBEL, R. et YILMAZ, S., *op. cit.*, p.38.

constituent également une façon d'atténuer les déséquilibres horizontaux »[71].

C. Vergne donne une quadruple justification des transferts intergouvernementaux[72] :

- L'équilibre des budgets des collectivités locales. Dans les pays d'Afrique francophone, le déséquilibre vertical est très important dans la mesure où les collectivités locales ne disposent que de très peu de ressources propres. Ainsi, les collectivités locales n'ont pas un niveau de ressources propres leur permettant de mener à bien les nombreuses compétences, porteuses de lourdes charges financières, qui leur sont transférées.
- La péréquation qui vise à réduire les disparités excessives des ressources entre les collectivités locales. Cette disparité est d'autant plus grande dans les pays d'Afrique francophone qu'elle est étroitement liée à l'urbanisation. Dans ces pays, on observe une concentration des ressources locales propres au profit des plus grandes agglomérations urbaines. En RDC, le constituant a prévu une caisse de péréquation constituée de 10 % des recettes à caractère national.
- L'internationalisation des externalités. L'externalité caractérise le fait qu'un agent économique crée, par son activité, un effet externe en procurant à autrui, sans contrepartie monétaire, une utilité ou un avantage de façon gratuite, ou au contraire une désutilité, un dommage sans compensation. De la sorte, un agent économique se trouve en position d'influer consciemment ou inconsciemment sur la situation d'autres agents, sans que ceux-ci soient partie prenante à

[71]VERGNE, C., *Décentralisation Fiscale en Afrique Francophone : Note sur les Transferts Intergouvernementaux,* Division Réforme du Secteur Public et Renforcement des Capacités (AFTPR), Région Afrique, Septembre 2009, p.39.
[72]*Ibidem*, pp.2-3.

la décision : ces derniers ne sont pas forcément informés et/ou consultés au préalable, participent pas à la gestion de ses conséquences par le fait qu'ils ne reçoivent (si l'influence est négative), ni ne paient (si l'influence est positive) aucune compensation.

- L'amélioration des performances des collectivités locales en matière de gestion interne et de prélèvement des ressources propres.

Section III. Les obstacles à la décentralisation fiscale et les défis à relever

§.1. Les obstacles

L'équilibre entre les recettes et les dépenses des entités décentralisées est une condition sine qua non pour la réussite de la décentralisation fiscale. Il est certain que « le pouvoir central est largement responsable du déficit des entités décentralisées en gardant plus des recettes qu'il n'en a besoin. Il est clair que la politique du pouvoir central à l'égard des finances provinciales et communales revient seulement à réduire les moyens. Les autorités décentralisées ne peuvent atténuer les conséquences de cette politique que très partiellement, les possibilités d'augmentations des taxes étant limitées ou interdites, selon le cas »[73].

Dans un régime fiscal décentralisé où l'on encourage la participation des citoyens à la prise de décisions, les élus locaux ont les pouvoirs nécessaires pour s'acquitter du mandat que leur ont confié les électeurs. En conséquence, une évaluation de la décentralisation fiscale doit tenir compte des caractéristiques clés d'un régime fiscal décentralisé comme l'existence d'un conseil local élu et d'un budget approuvé à l'échelon local, d'un pouvoir d'emprunt des autorités locales et d'une capacité de percevoir des impôts.

[73] MAES, R., *op.cit.*, p.206.

D'après les données disponibles, les transferts intergouvernementaux sont plus faibles en Afrique francophone que dans la plupart des pays en développement. Ces transferts en faveur des collectivités ne représentent qu'entre 1 et 3% des dépenses de l'Etat central dans ces pays. Par ailleurs, les critères d'allocation de ces transferts demeurent encore trop souvent peu transparents[74]. Cette situation crée bon nombre d'obstacles qui ralentissent la décentralisation fiscale dans les pays en voie de développement. Pour ce qui est de la RDC, le constituant a prévu une retenue à la source, par les provinces, de 40 % sur les recettes à caractère national. Cette retenue est, malheureusement, restée lettre morte.

De ce fait, le niveau de recouvrement de la fiscalité propre est assez bas à cause d'une fiscalité qui n'est pas réaliste et qui ne favorise pas un meilleur rapport entre le niveau de fiscalisation et celui de richesse locale. La faiblesse des ressources des collectivités locales se justifie du fait que les impôts locaux sont divers, peu rentables et certains autres impôts et taxes non recouvrés.

C'est pourquoi la décentralisation fiscale se bute, dans son application, à plusieurs problèmes, dont S. Boko[75] nous présente les pertinentes :

- Le niveau général des ressources des Administrations locales est faible et il existe de grandes disparités au niveau de la mobilisation des recettes entre les communautés locales. Les revenus des gouvernements infranationaux sont inférieurs à leurs dépenses dans les pays tant unitaires que fédéraux. Le déséquilibre vertical est financé au moyen de transferts intergouvernementaux. Toutefois, dans de nombreux pays, le système de transferts intergouvernementaux ne repose pas sur une formule établie, et le montant des transferts relevant de la discrétion du gouvernement central. N'étant pas transparent, le système de transferts intergouvernementaux de nombreux pays

---

[74] VERGNE, C., *op.cit.*, p.6.
[75] BOKO, S., *op.cit.*, p.8.

fait en conséquence l'objet de tractations politiques, ce qui est une source d'incertitude pour les gouvernements infranationaux. Une telle incertitude décourage la planification fiscale et l'établissement de budgets efficaces[76] ;

- La base des recettes des Administrations locales est très étroite, et les recettes, qui sont statiques, n'évoluent pas en fonction du niveau d'activités des contribuables. De plus, les grandes activités économiques établies dans la juridiction locale ne sont pas souvent soumises à l'imposition locale et, par conséquent, elles ne contribuent pas directement aux flux financiers locaux ;
- Les investissements que les communautés locales inscrivent dans leurs budgets de développement sont généralement d'ordre social et comprennent des éléments tels que les achats de véhicule, la construction ou la rénovation des bureaux, des écoles, des centres de santé, des marchés, etc. Sans sous-estimer l'importance de ces investissements sociaux, force est de constater que les budgets de développement des Communautés locales ne sont pas souvent élaborés sur la base des stratégies locales de développement économique qui soutiendraient la création de l'emploi dans le secteur privé et l'élargissement de l'assiette de l'impôt au niveau local ;
- Les systèmes de gestion financière au niveau local ne remplissent pas encore les normes internationales et demeurent inadéquats vis-à-vis des responsabilités accrues qui accompagnent la décentralisation. De plus, les systèmes de contrôle (audit interne et externe) sont encore très faibles ;
- L'accès du public à l'information en tant qu'outil de contrôle est encore faible.
- Le manque de coordination effective entre les Ministères sectoriels et les Administrations locales limite l'efficacité des services rendus aux populations ;

---

76 EBEL, R ET YILMAZ, S., *op.cit.*, p.8.

- Les ressources du gouvernement central affectées en appui aux entités décentralisées n'atteignent pas les structures proches des populations ;
- Les capacités des ressources humaines à tous les niveaux sont faibles ;
- Les ressources destinées au développement local n'arrivent pas à être entièrement absorbées ;
- Le manque de clarté dans la politique de la décentralisation fiscale de la part du Gouvernement.

§.2. Les défis à relever

Le défi majeur de la décentralisation auquel est confrontée la fiscalité est l'amélioration du niveau de mobilisation des ressources locales. L'examen de la multitude d'impôts et taxes dédiés aux collectivités locales peut faire croire que celles-ci disposent de ressources financières suffisantes alors qu'il se constate une extrême faiblesse des ressources locales propres dans la plupart des pays en général.

Dans sa logique, la fiscalité locale cherche à promouvoir l'efficacité dans la provision des services au niveau local, le développement durable, la croissance économique et la réduction de la pauvreté. Le développement durable implique une gestion efficace des ressources locales (et nationales), une croissance dynamique de l'économie, le tout basé sur un partenariat entre le secteur public, le secteur privé et la société civile. La décentralisation fiscale et financière peut donc promouvoir l'efficacité, l'innovation, le développement des ressources humaines, l'entreprenariat et le dynamisme local. Ce sont là les éléments clés d'une politique de réduction de la pauvreté.

Une politique de décentralisation fiscale se conçoit dans un cadre juridique qui définit clairement les responsabilités dévolues au niveau local ainsi que les sources de revenu décentralisées. La décentralisation fiscale doit être accompagnée par des réformes institutionnelles et la mise à jour des lois.

Comme principes de base de la décentralisation fiscale, on peut citer l'adéquation entre les ressources et les responsabilités, l'équité, la transparence, l'imputabilité, la motivation et la sanction. L'application d'une telle politique se renforce à travers une approche participative qui implique toutes les couches socio-économiques locales dans le processus de prise de décision. Une politique de décentralisation fiscale se conçoit et s'applique aux fins de promouvoir l'équilibre dans le processus de développement des communautés locales. Il revient donc au gouvernement de mettre à la disposition des Administrations locales des ressources adéquates pour l'exécution des responsabilités accrues qui leur sont attribuées et de distribuer de façon équitable les ressources centralisées allouées aux communautés locales.

Dans un contexte de gouvernance, la décentralisation fiscale vise à promouvoir l'efficacité de la gestion des affaires publiques dans les collectivités et met en évidence, face à la crise de confiance des populations vis-à-vis de l'Etat, le lien entre les impôts et taxes et les services rendus.

Ainsi, A. Shah dénombre trois principaux défis que la décentralisation devra relever pour qu'elle parvienne à surmonter les obstacles[77] :

- La répartition des compétences fiscales : la révolution de l'information et la globalisation présentent des défis très spécifiques aux obligations constitutionnelles des nations. Le fonctionnement du gouvernement sous les feux de l'actualité, de la révolution, de l'information permet aux citoyens d'exiger plus de responsabilité de la part de leurs instances dirigeantes. Dans ce rééquilibrage des compétences au sein des nations, deux tendances sont à observer : une érosion continuelle du rôle des provinces (collectivités territoriales) et une redéfinition et un renforcement du rôle des collectivités locales dans la

[77]SHAH, A., Equité, « quelques réflexions comparatives quant aux nouveaux défis posés au fédéralisme fiscal », in *Dialogue sur la pratique du fédéralisme fiscal, perspectives comparatives*, éd. Forum des fédérations et IACFS, Canada, 2007, pp.49-55.

gouvernance à niveaux multiples. C'est de cette seconde tendance qui pourrait s'appliquer le mieux au cas de la RDC pour mettre la décentralisation fiscale au service d'un développement durable ;

- Combler le fossé financier entre les entités décentralisées : cela tient au fait que des services publics de niveaux raisonnablement comparables encouragent la mobilité des personnes, des capitaux et des biens, et permettent d'assurer une union économique. Ces disparités fiscales peuvent être comblées dans la plupart de cas par les programmes de péréquation financière ;
- La prudence et la discipline budgétaires : l'indiscipline budgétaire au niveau infranational devient un sujet de préoccupation dans la décentralisation financière et dans le fédéralisme fiscal si l'on tient compte de l'autonomie infranationale considérable, jointe au possible recours à une intervention du gouvernement fédéral en cas de dérive budgétaire. Pour ainsi encourager la discipline budgétaire, la coordination des politiques budgétaires doit s'opérer à la fois dans la décentralisation exécutive et législative, sur base des règles fiscales, tant officielles qu'officieuses. Ces règles fiscales prennent souvent la forme de contrôle de l'équilibre budgétaire, de restriction d'endettement, de contrôle des impôts ou des dépenses et de référendum sur les nouvelles initiatives en matière de taxation de dépenses.

Section IV. La décentralisation en RDC

Avec plus d'une décennie de conflits incessants, des millions de victimes, un Etat déliquescent, une partition territoriale de fait, personne n'aurait parié, devant un tableau aussi sombre il y a 5 ans, sur la possibilité d'initier un processus de pacification régionale et de reconstruction de l'Etat congolais. En dépit de redoutables difficultés, qu'elle a vécues depuis la signature, à Sun City, le 2 avril 2003, de l'Acte final du dialogue inter-congolais, la RDC n'a pourtant cessé d'avancer dans la bonne direction[78]. Une nouvelle Constitution, par exemple, a été est adoptée qui modifie profondément les structures de la RDC avec un choix du constituant en faveur d'un Etat décentralisé.

Il sied de noter que plusieurs réformes administratives ont été réalisées depuis la période coloniale en RDC, premier découpage territorial et administratif intervenu en 1888, avec plus de 500 décrets, lois et ordonnances ayant tenté à modifier l'organisation[79].

Si toutes ces réformes ont principalement porté sur le nombre d'entités territoriales (régionales et locales), sur leur statut juridique, et très souvent, sur leurs appellations respectives, elles n'ont presque jamais été motivées par le souci d'en modifier le contenu sociologique et de faire des entités territoriales des vrais acteurs de développement. De façon générale, l'objectif de ces réformes demeure confus, hésitant entre amélioration technique de la production et de la rentabilité administratives, et transformation radicale et globale de l'organisation politique et sociale de l'Etat[80].

Par conséquent, la décentralisation territoriale et administrative demeure jusqu'à ce jour, un sujet éternel de débat qui se trouve exacerbé par l'immensité de son territoire face à l'archaïsme de ses voies de communication. Ce qui entraine un enclavement qui ne saurait favoriser le développement durable. D'ailleurs plusieurs échecs enregistrés sur le plan de la gestion de l'Etat ont été souvent justifiés, dans l'opinion, par l'éloignement de l'Administration par rapport aux administrés, alors que depuis 1982, la RDC s'était engagée (théoriquement bien sûr) sur la voie de la décentralisation avec la promulgation de l'Ordonnance-loi n° 82/006 du 25 Février 1982[81].

---

[78] LIEGEOIS, M., « Acteurs et enjeux du processus de décentralisation » : *in Réforme au Congo (RDC) : attentes et désillusions*, Cahier Africa, n°76, Harmattan, Paris, 2009, p.67.
[79] KABUYA, C., *Conflits de l'Est du Zaïre, repères et enjeux*, éd. SECCO, Kinshasa, 1996, p. 121.
[80] DARBON, D., « Réformer les Administrations projetées des Afriques ? Entre routine anti politique et ingénierie politique contextuelle » in *Revue française d'Administration Publique*, n° 105/106, 2003, p. 136.
[81] KOMBO YETILO, « La sous-administration territoriale en RDC. Etat des lieux et

§.1. Administration territoriale en RDC

La République Démocratique du Congo, comme nombre de pays africains, a choisi la voie de la décentralisation pour assurer un développement à partir de la base. De la lecture du texte constitutionnel se dégage deux formes qui d'Etat se superposent : si d'une part la Constitution institue une forme de régionalisme constitutionnel, elle prévoit, d'autre part, des entités décentralisées que sont la Ville, la Commune, le Secteur et la Chefferie. Celles-ci sont dotées de la personnalité juridique et jouissent d'une autonomie renforcée en matière, notamment, de la gestion de leurs ressources[82]. La Constitution détermine le statut des Provinces et des entités territoriales décentralisées, procède à une répartition des compétences ainsi qu'à un partage des ressources entre le pouvoir central et les Provinces et interdit formellement de façon significative toute révision constitutionnelle ayant pour objet ou pour effet de réduire les prérogatives des Provinces et des entités décentralisées.

Toutefois, le professeur Vunduawe, cité par M. Bourgeois, soutient qu'en vertu de l'article 1er de la Constitution[83], la RDC continue d'être régie par les principes traditionnels d'unité et d'indivisibilité. Ces deux fondements sont tempérés par les nouvelles règles constitutionnelles relatives au régionalisme politique et à la décentralisation territoriale et administrative. Ce régionalisme politique ne peut être comparé à la souveraineté locale des anciennes Provinces qui, dans la Constitution de 1964, se profilaient comme de véritables entités fédérées, ayant vocation à disposer de leur propre Constitution. L'adoption et le maintien de la forme d'Etat unitaire décentralisée en RDC ont été maintes fois motivés par diverses raisons dont les principales sont :

---

perspectives », in *Revue du centre d'études et de recherches en administration publique*, Pyramides, 2010, P.106.

[82] KABAMBA, B., « Décentralisation en République démocratique du Congo », in *Cellule d'appui politologique en Afrique centrale*, Université de Liège, Liège, 2010, p.1.

[83] Article 1er : La République Démocratique du Congo est, dans ses frontières du 30 juin 1960, un Etat de droit, indépendant, souverain, uni et indivisible, social, démocratique et laïc.

- L'immensité de l'étendue du territoire du pays avec ses 2.345.000 km² ;
- Le pluralisme ethnique et culturel ;
- La complexité de ses composantes géographiques ;
- La richesse de ses ressources naturelles et humaines ;
- L'échec du système unitaire, la volonté réelle de changement et surtout le développement des entités de base par la prise en charge de leur destin[84].

Dans la pratique, comme l'affirme une étude d'Open Society Initiative for Southern Africa (OSISA), le régionalisme politique congolais est soumis à une rude épreuve des faits. La réforme actuelle sur la décentralisation dépouille l'Etat d'une part substantielle de ses prérogatives régaliennes au profit des Provinces qui, lorsqu'elles ne sont pas bien encadrées, risquent de caresser des velléités indépendantistes[85].

1. Le contexte historique

La réforme introduite par la constitution du 18 février 2006 en matière de décentralisation était l'aboutissement d'un débat politique ancien sur le choix du meilleur mode de gestion administrative du vaste territoire national, débat à l'origine des clivages entre unitaristes et fédéralistes.

A l'indépendance du pays, la loi fondamentale du 19 mai 1960 qui a organisé l'exercice du pouvoir était d'essence fédérale, même si elle évitait d'employer expressis verbis le terme « fédéralisme ». La sécession du Katanga du 11 juillet 1960 et la proclamation de l'Etat autonome du Sud Kasaï du 8 août 1960 accentuèrent les tendances fédéralistes qui s'étaient manifestées lors de la lutte pour l'indépendance[86].

---

[84] BOURGEOIS, M., *op.cit.*, p.396.

[85] AFRIMAP et OSISA, République Démocratique du Congo. Démocratie et participation à la vie politique : une évaluation des premiers pas dans la IIIème République, OSISA, Johannesburg, 2010, p.198.

[86] TOENGAHO Lokundo, Les Constitutions de la République Démocratique du Congo. De

La Constitution du premier août 1964, dite « Constitution de Luluabourg », consacra le fédéralisme comme forme de l'Etat assorti d'une large décentralisation des entités locales. Aux termes des articles 4 et 5, les Provinces qui passèrent de six en 1960 à vingt et un en 1964 furent reconnues comme entités autonomes, dotées de leurs personnalités juridiques. Les articles 48 et 49 déterminaient respectivement les compétences exclusives du pouvoir central et celles des Provinces. L'article 140, quant à lui, consacrait le principe de la séparation des finances entre les deux niveaux de pouvoir et les articles 143 à 149 réglaient en détail la question de la répartition des ressources entre le pouvoir central et les Provinces.

Le coup d'Etat militaire du 24 novembre 1965 entraina, malheureusement, une réorganisation territoriale et administrative dans le sens de la centralisation des pouvoirs de décision en vue de conjurer le désordre consécutif à la création des provincettes dont le fonctionnement était problématique, par manque de ressources suffisantes et du fait de la prolifération de territoires dits contestés[87].

La décentralisation administrative ne sera amorcée qu'au cours des années 80 avec la promulgation de l'ordonnance-loi du 25 février 1982, dite « *loi sur la décentralisation* » portant organisation territoriale, politique et administrative de la République et fixant statut de la ville de Kinshasa. Ainsi, les Régions, les Villes, les Zones urbaines, les Zones rurales et les Collectivités furent décentralisées et donc dotées de la personnalité juridique et de l'autonomie de gestion. Par contre, les sous-régions, les cités, les groupements, les localités et les quartiers ne furent que de simples circonscriptions administratives.

La réforme territoriale de 1995 introduite par l'acte constitutionnel de la Transition du 9 avril 1994 issu de la Conférence Nationale Souveraine avait consacré la forme unitaire de l'Etat, mais le projet de Constitution de la Troisième République issu de la Conférence Nationale Souveraine en 1992 avait opté pour la forme fédérale de

---

Joseph Kasavubu à Joseph Kabila, PUC, Kinshasa, 2008, p.14.

[87] AFRIMAP et OSISA, *op.cit.*, p. 200

l'Etat et préconisé le découpage territorial en 25 Provinces, plus la Ville de Kinshasa.

2. La réforme actuelle

Conformément aux dispositions de l'article 130 de la Constitution, c'est au Parlement et au gouvernement que revient l'initiative des lois indispensables à la mise en œuvre de la politique de décentralisation. Mais le rôle essentiel en matière d'élaboration des projets de lois prévus par la Constitution et indispensables pour la mise en œuvre de la politique de la décentralisation incombe au Gouvernement, plus précisément au ministre de la Décentralisation et Aménagement du Territoire. Les structures administratives actuelles de la RDC sont régies par la Constitution ainsi que par les lois d'application relatives à l'exercice et à la répartition des compétences entre le Pouvoir central, les Provinces et les entités territoriales décentralisées.

La loi n° 008/012 du 31 juillet 2008 portant principes fondamentaux relatifs à la libre administration des Provinces prévoit que les Provinces, comme les ETD qu'elles supervisent et coordonnent, sont dotées de la personnalité juridique et jouissent de l'autonomie de gestion de leurs ressources humaines, économiques, financières et techniques, et possèdent des compétences exclusives et concurrentes qui leur sont attribuées par la Constitution. Elle se fonde, pour ce faire, sur les sept principes suivants : subsidiarité, autonomie, efficacité, proximité, valorisation, participation et solidarité.

L'article 200 de la Constitution crée la Conférence des Gouverneurs dont la mission consiste à émettre des avis et à formuler des suggestions sur la politique à mener et sur la législation à édicter par la République. La loi organique n°08/015 du 7 octobre 2008, fixe les modalités d'organisation et de fonctionnement de cette Conférence des Gouverneurs des Provinces comme cadre de concertation régulière entre les Provinces et le pouvoir exécutif national qui est convoquée et présidée par le Chef de l'Etat. Cette conférence rassemble autour du chef de l'Etat, le Premier Ministre, le Ministre de l'intérieur et les

Gouverneurs de Province. Tout autre membre du Gouvernement peut y être invité. Ses réunions se tiennent à tour de rôle dans chaque province.

L'article 3 de la Constitution du 18 février 2006 réaffirme non seulement le principe de la personnalité juridique dont doivent jouir les Provinces et les entités territoriales décentralisées, mais aussi le principe de leur gestion par des organes locaux. A ces ETD qui sont : la ville, la commune, le secteur et la chefferie, entités auxquelles le constituant reconnaît le droit de jouissance de la libre administration et de l'autonomie de gestion de leurs ressources économiques, humaines, financières et techniques.

La loi organique n° 10/011 du 18 mai 2010 portant fixation des subdivisions territoriales à l'intérieur des Provinces reconnaît comme entités déconcentrées, le Territoire, le Quartier, le Groupement et le Village. Quant au District et au Poste d'Encadrement Administratif, ils sont appelés à disparaître.

3. Les institutions provinciales et locales

La décentralisation en RDC repose sur deux piliers fondamentaux : un consensus politique et un partage des compétences entre l'Etat central et les Provinces[88].

Pour ce qui est du consensus politique, la Constitution de la troisième République, adoptée par le référendum du 18 février 2006, se distingue par l'option décentralisatrice dans l'organisation des institutions. Elle traduit une vision consensuelle des principales forces politiques dans le mode de gestion des affaires publiques du pays, et a opté clairement pour la décentralisation comme mode de gestion des affaires locales après plusieurs décennies de centralisation de tous les pouvoirs à Kinshasa, comme le stipule clairement l'exposé des motifs[89].

---

[88] BANQUE AFRICAINE DE DEVELOPPEMENT, *Etude économique et sectorielle développement économique régional au bas Congo dans le contexte de la décentralisation en RDC*, ORCE, 2009, p.5.

[89] Dans le but, d'une part, de consolider l'unité nationale mise à mal par des guerres successives et, d'autre part, de créer des centres d'impulsion et de développement à la base, le constituant a structuré administrativement l'Etat congolais en 25 provinces, plus la ville de Kinshasa, dotées de la personnalité juridique et exerçant des compétences de proximité énumérées dans

Quant au partage des compétences, les articles 201 à 205 de la Constitution qui fixent les principales compétences de l'Etat et des Provinces les subdivisent en trois : les compétences exclusives de l'Etat, les compétences concurrentes du pouvoir central et des Provinces et les compétences exclusives des Provinces.

La Constitution de la RDC consacre la libre administration et l'autonomie de gestion des provinces et des entités territoriales décentralisées. Le principe de libre administration veut que toute collectivité doit disposer d'un conseil élu doté d'attributions effectives et l'autonomie dont jouissent en droit la Province et les entités territoriales décentralisées et implique la gestion des affaires locales par des élus locaux qui ne dépendent que de leurs populations[90].

Si la Province est dirigée par deux organes qui sont l'Assemblée provinciale et le Gouvernement provincial, les entités territoriales décentralisées par contre possèdent deux types d'organes : les organes délibérants qui sont le Conseil urbain et le Conseil communal, et le Conseil de chefferie et les exécutifs locaux.

§.2. La décentralisation fiscale en RDC

Comme nous le savons, il est inutile de doter à une entité de l'autonomie si elle est privée des ressources financières nécessaires pour l'assurer. A cet égard, la RDC a prévu des mécanismes pour doter les Provinces de l'autonomie financière.

Le fédéralisme ou la décentralisation est un partage des responsabilités entre deux niveaux : le niveau central et le niveau local dont le principe est l'autonomie fiscale normative des ressources. Cette autonomie financière permet à chaque entité fédérée d'exercer une

la présente Constitution". La constitution du 18 février 2006 est, en fait, un savant dosage, un compromis entre les deux conceptions à travers la mise en place d'un régionalisme politique qui a créé de nouvelles provinces et une décentralisation au sein des provinces avec la création de nouvelles Entités territoriales décentralisées (ETD), à savoir la ville, la commune, le secteur et la chefferie. Elle institue deux échelons d'exercice du pouvoir d'Etat : le pouvoir central et la province à l'intérieur de laquelle se meuvent des ETD.

[90] AFRIMAP et OSISA, *op.cit.*, p. 210

fiscalité complète à l'intérieur de sa juridiction. Par contre, la décentralisation fiscale connait une autonomie fiscale dérivée, dans le sens où le pouvoir central ne laisse très souvent aux entités locales que le seul pouvoir de recouvrer l'impôt.

L'autonomie normative peut consister « en la reconnaissance aux entités concernées de la possibilité d'intervenir, seules ou avec d'autres, dans le processus législatif de détermination de tout ou partie des éléments constitutifs de certains impôts ; de modifier, vers le haut ou vers le bas, le montant des impôts concernés par l'autonomie ; ou encore de déterminer les règles relatives à leur administration ou à la procédure fiscale contentieuse »[91].

Dans l'autonomie dérivée, par contre les collectivités locales ne jouissent pas d'un pouvoir autonome de création d'impôts qui reste du ressort de l'organe législatif, elles ne peuvent que fixer, dans le cadre des lois et règlements en vigueur, le mode d'assiette, les tarifs et les règles de perception de diverses taxes, redevances et droits divers auxquels elles ont droit. La fiscalité décentralisée n'est donc, en réalité que le prolongement local de la fiscalité d'Etat.

La décentralisation financière en RDC repose sur la décentralisation territoriale et se fonde sur des textes juridiques qui définissent les rapports entre le pouvoir central, les provinces et entités administrativement décentralisées et qui déterminent les compétences et ressources respectives.

Pour matérialiser cette décentralisation fiscale, les Provinces ainsi que les entités territoriales décentralisées disposent des ressources propres qui comprennent notamment les impôts provinciaux et locaux constitués de l'impôt sur la superficie des propriétés bâties et non bâties, l'impôt sur les véhicules automoteurs, l'impôt sur les revenus locatifs et l'impôt personnel minimum[92].

---

[91] BOURGEOIS, M., *op.cit.*, p. 412.

[92] Article 3 de l'Ordonnance-loi n° 13/001 du 23 février 2013 fixant la nomenclature des impôts, droits, taxes et redevances des Provinces et des Entités Territoriales Décentralisées ainsi que

Comme le soutient M. Bourgeois, le nouveau cadre juridique de la décentralisation fiscale et financière en RDC nous donne une forme atypique du fédéralisme fiscal congolais, de telle sorte qu'on ne parvient pas à se situer entre la décentralisation fiscale et le fédéralisme fiscal[93].

En effet, le nouveau cadre normatif de la décentralisation fiscale congolaise vise à concéder une certaine autonomie de gestion dans le chef des Provinces et des ETD. Cette autonomie gestion doit, notamment, se concrétiser par l'octroi à ces collectivités d'une certaine marge d'autonomie fiscale normative.

De ce fait, les finances du pouvoir central sont distinctes de celles des Provinces. La Constitution de la RDC prévoit une rétrocession de 40% de revenus générés à la Province génératrice et les 60% restants au niveau central, 10% des recettes sont destinés à alimenter la Caisse Nationale de Péréquation.

Le principe de prélèvement à la source est censé permettre aux Provinces de disposer des ressources dans les meilleurs délais et à l'Etat central d'exercer un véritable pouvoir de contrôle pour s'assurer de la juste répartition des recettes, le pouvoir de prélever l'impôt reste national.

Conformément aux prescrits de l'article 204[94] de la Constitution congolaise, il est établi que les Provinces sont financées notamment par les recettes propres constituées principalement par les impôts, les taxes et les droits provinciaux et locaux, dont l'impôt foncier, l'impôt sur les revenus locatifs et l'impôt sur les véhicules automoteurs. Le même article 204 précise que ces ressources propres relèvent, sans préjudice des autres dispositions constitutionnelles, de la compétence exclusive

leurs modalités de répartition.

[93] BOURGEOIS, M., *op.cit.*, p. 409.

[94] Article 204.5 : Sans préjudice des autres dispositions de la présente Constitution, les matières suivantes sont de la compétence exclusive des provinces : les finances publiques provinciales ; la dette publique provinciale ; les emprunts intérieurs pour les besoins des provinces ; les impôts, les taxes et les droits provinciaux et locaux, notamment l'impôt foncier, l'impôt sur les revenus locatifs et l'impôt sur les véhicules automoteurs.

des autorités provinciales. Dans la même perspective, l'article 47 de la loi n°08/012 du 31 juillet 2008 portant principes fondamentaux relatifs à la libre administration des Provinces énonce que « l'impôt est établi conformément à la législation provinciale ».

A certains égards donc, les impôts, taxes et droits provinciaux et locaux en droit congolais constitueraient, selon M. Bourgeois, à tout le moins pour partie, une forme d'autonomie fiscale dérivée : les Provinces seraient, dorénavant, exclusivement compétentes pour fixer certains éléments constitutifs (base imposable, taux, exonérations, déductions et réductions, à l'exclusion de la matière imposable) des impôts désignés par de la loi n°08/012 du 31 juillet 2008 portant principes fondamentaux relatifs à la libre administration des Provinces, prélèvements qui existaient auparavant au niveau de l'Etat central[95].

Les impôts, taxes et droits provinciaux et locaux comprennent également les taxes spécifiques à chaque Province, dans la mesure où elles ne concernent pas des matières déjà imposées par le Pouvoir central conformément à l'article 51 de la loi n°08/012 du 31 juillet 2008 portant principes fondamentaux relatifs à la libre administration des Provinces. Peut-on soutenir une fois de plus avec M. Bourgeois qu'une autonomie fiscale pure est, conceptuellement parlant, octroyée aux Provinces[96].

Il est encore intéressant de rappeler que l'article 105 de la loi précitée et l'article 4 de l'Ordonnance-loi n°013/001 du 23 février 2013 fixant la nomenclature des impôts, droits, taxes et redevances des Provinces et des entités territoriales décentralisées ainsi que leurs modalités de répartition[97] confirment cette existence de la compétence

---

[95] BOURGEOIS, M., *op.cit.*, p. 413.

[96] *Ibidem*, p. 413.

[97] Article 105 : Les ressources financières d'une entité territoriale décentralisée comprennent les ressources propres, les ressources provenant des recettes à caractère national allouées aux provinces, les ressources de la Caisse nationale de péréquation ainsi que les ressources exceptionnelles. L'entité territoriale décentralisée établit les mécanismes propres de leur recouvrement. Article 4 : Les règles relatives à l'assiette, au taux et aux modalités de recouvrement des impositions de toute nature sont fixées par le parlement dans les lois de finances initiales ou rectificatives. Toutefois, les lois de finances peuvent décider de déléguer

exclusive des Provinces en matières fiscales. Au regard de ce qui précède, l'on observe clairement que par sa constitution, la RDC nage entre le fédéralisme fiscal contrôlé et la décentralisation fiscale pure. D'où, sa forme atypique du fédéralisme fiscal.

§.3. Les obstacles à la décentralisation fiscale de la RDC

Dans un pays aussi vaste que la RDC, le processus de décentralisation, si nécessaire soit-il, comporte des risques que l'on aura d'autant plus de chance de prévenir qu'ils auront été pris en compte dès le début du processus.

L'analyse des concepts de base ainsi que l'examen sommaire du contenu du cadre juridique et institutionnel de la décentralisation financière révèlent qu'une prise en charge par les populations locales de leurs propres affaires suppose que certains préalables que l'on ne peut contourner sans porter atteinte à la substance de la réforme, auront été remplis. Ces préalables sont, notamment : la mise en place des autorités locales, le transfert officiel et effectif des compétences reconnues par les textes aux autorités locales démocratiquement élues, l'attribution des moyens d'action conséquents aux Provinces et ETD, ainsi que la définition, par les populations locales elles-mêmes, des objectifs prioritaires à atteindre dans le cadre de leur propre plan de développement. Ce qui suppose, pour la réalisation de ces derniers, l'implication effective des acteurs du processus. Or, ces préalables n'en demeurent pas sans obstacles.

La décentralisation fiscale de la RDC rencontre plusieurs obstacles que nous ne saurions développer en totalité. Dans le cadre de cette étude, nous en épinglons des obstacles de deux ordres : législatif et financier.

---

aux Assemblées Provinciales et aux organes délibérants des Entités Territoriales Décentralisées, le pouvoir de fixer le taux ou les modalités de recouvrement de certains impôts, taxes provinciaux et locaux dans les conditions fixées par lesdits assemblées ou organes délibérants.

1. Les obstacles législatifs

Comme évoqué ci-haut, le nouveau cadre normatif de la décentralisation fiscale congolaise vise à concéder une certaine autonomie de gestion aux Provinces et ETD. Cette autonomie de gestion doit se concrétiser notamment par l'octroi, à ces collectivités, d'une certaine marge d'autonomie fiscale normative.

En effet, l'article 201 du chapitre deuxième du Titre III de la Constitution congolaise indique que « la répartition des compétences entre le pouvoir central et les Provinces est fixée par la présente Constitution. Les matières sont, soit de la compétence exclusive du pouvoir central, soit de la compétence concurrente du pouvoir central et des Provinces, soit de la compétence exclusive des Provinces »[98]. Quant à L'article 203.7 de la Constitution, il dispose que : « sans préjudice des autres dispositions de la présente Constitution, les matières suivantes sont de la compétence concurrente du Pouvoir central et des Provinces : l'établissement des impôts, y compris les droits d'accise et de consommation, à l'exclusion des impôts visés à l'article 174[99] ».

Selon le Professeur Scholsem que M. Bourgeois, la portée de l'exclusion relative aux impôts visés à l'article 174 soulève de sérieuses interrogations. Il estime que s'il ne peut être établi d'impôt que par la loi, le texte ne peut raisonnablement s'interpréter comme établissant le monopole de l'Etat central en matière de taxation. En effet, la clause d'exclusion inscrite à l'article 203.7 précité, et une bonne lecture de l'article 174 selon laquelle seule la loi centrale pourrait établir l'impôt

---

[98] Selon BOURGEOIS, M., *op.cit*, p. 397, le constituant congolais s'est inspiré nettement de la Constitution allemande avec sa catégorisation entre les compétences exclusives du pouvoir central (art. 202), les compétences exclusives des provinces (art. 204) et les compétences concurrentes du pouvoir central et des provinces (art. 203).

[99] Article 174 de la Constitution : Il ne peut être établi d'impôts que par la loi. La contribution aux charges publiques constitue un devoir pour toute personne vivant en République Démocratique du Congo. Il ne peut être établi d'exemption ou d'allègement fiscal qu'en vertu de la loi.

priveraient les Provinces de facto de toute autonomie fiscale normative[100].

Dans manière restrictive, l'expression « *à l'exclusion des impôts visés à l'article 174* » se limiterait à confirmer le maintien dans le giron du Pouvoir central des impôts sur le revenu et sur les sociétés, ainsi que des impôts personnels, qui relèvent, conformément à l'article 202.10 de la Constitution[101], de la compétence exclusive du Pouvoir central. Par voie de conséquence, le terme « loi », tel qu'évoqué à l'article 174 de la Constitution et qui est le fondement du principe de la légalité de l'impôt en droit congolais, se verrait-il attribuer un sens générique désignant à la fois les lois nationales et les édits adoptés par les législateurs central ou provinciaux, chacun dans la sphère de ses attributions fiscales[102] ?

Nous estimons que les Provinces légifèrent à travers les édits qui équivalent aux lois au niveau national. A ce titre, l'article 175 de la Constitution soutient notre position en disposant que : « *le budget des recettes et des dépenses de l'Etat, à savoir celui du pouvoir central et des Provinces, est arrêté chaque année par une loi* ». Or, cette loi budgétaire est, au niveau provincial, synonyme de l'édit budgétaire.

Encore faut-il combiner cette interprétation avec celle d'une autre disposition constitutionnelle, l'article 122, qui prévoit notamment que «la loi fixe les règles concernant : l'assiette, le taux et les modalités de recouvrement des impositions de toute nature ». Ce dernier texte n'en demeure pas moins édicté « sans préjudice des autres dispositions de la présente Constitution », ce qui laisse entrevoir une soupape de sûreté en cas de constat d'incohérence[103].

---

[100] BOURGEOIS, M., *op.cit*, p.397.

[101] Article 202 de la Constitution : Sans préjudice des autres dispositions de la présente Constitution, les matières suivantes sont de la compétence exclusive du pouvoir central : 10. L'établissement des impôts sur le revenu, des impôts sur les sociétés et des impôts personnels conformément à l'article 174.

[102]BOURGEOIS, M., *op.cit.*, p.398.

[103] *Ibidem.*

L'article 204, de la Constitution qui reconnaît aux Provinces une compétence exclusive sur certaines matières, établit, quant à lui, que les finances publiques provinciales, la dette publique provinciale, les emprunts intérieurs pour les besoins des Provinces et les impôts, les taxes et les droits provinciaux et locaux, notamment l'impôt foncier, l'impôt sur les revenus locatifs et l'impôt sur les véhicules automoteurs, sont de la compétence exclusive des Provinces. Ce dispositif confirme, selon JC. Scholsem, que du point de vue constitutionnel, l'existence d'impôts provinciaux, décidés à ce niveau et dont les recettes bénéficient à ces entités[104].

L'article 205 de la Constitution renforce cette compétence exclusive des Provinces sur les impôts provinciaux lorsqu'il dispose qu'« une Assemblée provinciale ne peut légiférer sur les matières de la compétence exclusive du pouvoir central. Réciproquement, l'Assemblée nationale et le Sénat ne peuvent légiférer sur les matières de la compétence exclusive d'une province. Toutefois, l'Assemblée nationale et le Sénat peuvent, par une loi, habiliter une Assemblée provinciale à prendre des édits sur des matières de la compétence exclusive du pouvoir central. Lorsque l'Assemblée nationale et le Sénat mettent fin à la délégation de pouvoir ainsi donnée à l'Assemblée provinciale, les dispositions des édits provinciaux promulgués en des matières de la compétence exclusive du pouvoir central, en vertu de cette délégation de pouvoir, demeurent cependant en vigueur dans la Province intéressée jusqu'à ce qu'une loi nationale ait réglé ces matières. Pareillement, une Assemblée provinciale peut, par un édit, habiliter l'Assemblée nationale et le Sénat à légiférer sur des matières de la compétence exclusive de la Province. Lorsque l'Assemblée provinciale met fin à la délégation de pouvoir ainsi donnée à l'Assemblée nationale et au Sénat, les dispositions des lois nationales promulguées en des matières de la compétence exclusive des Provinces, en vertu de cette délégation de pouvoir, demeurent cependant en

[104] *Ibidem,* p.398.

vigueur dans la Province intéressée jusqu'à ce qu'un édit provincial les ait réglées ».

Mais, l'article 9 de la loi n°11/011 du 13 juillet 2011 relative aux finances publiques remet en cause cette compétence exclusive en matière fiscale, lorsqu'il dispose que « Il ne peut être établi d'impôts que par la loi. Il ne peut être établi d'exemption ou d'allégement fiscal qu'en vertu de la loi. La loi fixe la nomenclature des autres recettes locales et les modalités de leur répartition. Conformément à l'article 122 point 10 de la Constitution, les règles relatives à l'assiette, au taux et aux modalités de recouvrement des impositions de toute nature sont fixées par la loi. Les Assemblées provinciales, les organes délibérants des entités territoriales décentralisées ne peuvent créer ni impôt, ni taxe, ni droit ou redevance. Toutefois, dans les conditions prévues par la présente loi, l'Assemblée nationale et le Sénat peuvent, conformément à l'alinéa 2 de l'article 205 de la Constitution[105], habiliter par une loi, les Assemblées provinciales et les organes délibérants des entités territoriales ».

De ce qui précède, il ne serait pas osé d'insinuer ou de soutenir que l'article 9 de la loi relative aux finances publiques est contraire à la Constitution de la RDC dans ses articles 204 qui reconnaît aux Provinces des matières à compétence exclusive et 205 qui interdit à une Assemblée Provinciale de légiférer sur les matières de la compétence exclusive du pouvoir central et réciproquement, l'Assemblée nationale et le Sénat ne pouvant pas non plus légiférer sur les matières de la compétence exclusive d'une Province. Il s'avère alors illogique que cette disposition soumette les Provinces à une loi d'habilitation sur une matière à compétence exclusive, malgré que cette dernière se fonde sur l'article 122, point 10 de la Constitution[106].

---

[105] Alinéa 2 de l'article 205 : toutefois, l'Assemblée nationale et le Sénat peuvent, par une loi, habiliter une Assemblée provinciale à prendre des édits sur des matières de la compétence exclusive du pouvoir central.

[106] Sans préjudice des autres dispositions de la présente Constitution, la loi fixe les règles concernant : l'assiette, le taux et les modalités de recouvrement des impositions de toute nature.

Il reste que la coordination des différents textes constitutionnels consacrant l'autonomie fiscale des Provinces demeure délicate. L'avis des constitutionnalistes congolais pourra certainement nous éclairer, à l'avenir, sur ces diverses questions.

2. Les obstacles financiers

La RDC s'est engagée formellement, depuis 1982, dans son processus de décentralisation, lequel se trouve aujourd`hui conforté et relancé par la Constitution de 2006. Mais, en dépit de son institutionnalisation, la décentralisation en RDC reste confrontée à de multiples problèmes essentiellement ceux d'ordre financier. Ces obstacles financiers sont de deux ordres : la retenue à la source de 40 % des recettes à caractère national et la caisse nationale de péréquation de 10%.

Pour prévenir les grandes disparités qui pourraient résulter de la répartition des recettes, la Constitution prévoit une caisse nationale de péréquation, qui vise à corriger les écarts de développement entre les Provinces[107].

A. La retenue à la source de 40% des recettes à caractère national

La décentralisation et l'autonomie financière des Provinces sont parmi les innovations les plus concrètes et les plus porteuses dans le nouvel ordre politique en République Démocratique du Congo. En effet, selon l'article 175 de la Constitution « la part des recettes à caractère national allouée aux Provinces est établie à 40%. Elle est retenue à la source ». Cette disposition vise à mettre fin au vieux régime de la rétrocession, selon lequel la totalité des recettes publiques était d'abord versée au gouvernement central pour être par la suite rétrocédée au niveau local selon une clé de répartition fixée par la loi. Dans la pratique, la rétrocession, malheureusement était rarement respectée. Ce

[107] KABAMBA, B., *op.cit.*, p.1.

qui ouvre toute une série de possibilités d'action politique, de développement et de débat civique au niveau provincial.

Aux termes de l'article 55 de la Loi n° 08/012 du 31 juillet 2008 portant principes fondamentaux relatifs à la libre administration des Provinces, sont à caractère national, les recettes administratives, judiciaires, domaniales et de participation, les recettes des douanes et accises ainsi que les recettes provenant des impôts recouvrés sur les grandes entreprises, des pétroliers producteurs ainsi que les autres impôts pouvant être perçus à leur lieu de réalisation.

Aujourd'hui, le pouvoir central est en train de vider cette disposition de tout son sens, et l'absence de dispositions fixant les mesures d'application permet maintenant de vider de son contenu l'idée de rétention de recettes. Les informations[108] émises sur la retenue à la source d'une partie des recettes du Trésor en faveur des Provinces et des Entités Territoriales Décentralisées ainsi que sur l'utilisation qu'en font les autorités locales, montrent en fait que l'impact socio-économique de la décentralisation financière n'est pas perceptible sur terrain. De même, cet impact sur la fiscalité locale laisse apparaitre des écarts évidents et persistants entre les textes et la réalité, entre les promesses et les réalisations, entre la théorie et la pratique, alors que l'importance des finances publiques dans l'équation du développement local n'est pas à démontrer *« tant elles sont le plus souvent considérées comme l'épine dorsale, la colonne vertébrale, le nerf, les poumons, le thermomètre, la toile de fond, la pierre angulaire ou mieux l'âme de la décentralisation »*[109].

La réalité sur terrain est que la retenue à la source est devenue hypothétique pour des raisons qui sont liées tantôt au remboursement des dettes extérieures du pouvoir central, tantôt aux charges contraignantes de l'Etat, alors que la population qui a voté la

---

[108] Il est à noter que, jusque-là, une rétrocession de 22% sur les 40% prévus est effectuée par le pouvoir central au profit des provinces, à la place de la retenue à la source.
[109] EPEE, G. et OTEMIKONGO, M. « Entités territoriales décentralisées et financement public du développement local au Zaïre » ; in *Zaïre-Afrique* ; n° 266. 1992, p.347.

Constitution par voie référendaire fonde son espoir sur une justice distributive, gage d'une bonne gouvernance.

Au regard de l'article 3[110] de la Constitution, il y a lieu de constater la violation fragrante de la loi fondamentale et la mise en fourrière de l'autonomie financière des Provinces. Ce qui, par voie de conséquence, empêche le développement intégré et intégral du pays à partir de la base.

B. La caisse de péréquation de 10%

La Constitution prévoit, à l'article 181, la mise en place d'une Caisse Nationale de Péréquation. Cette Caisse a pour mission de financer des projets et programmes d'investissement public en vue d'assurer la solidarité nationale et de corriger le déséquilibre de développement entre les différentes Provinces, et aussi entre les autres Entités Territoriales Décentralisées. Cette caisse est alimentée, chaque année, à la hauteur de 10% des recettes annuelles de l'Etat sur la part dévolue au Pouvoir central.

L'absence d'organisation et de fonctionnement de cette Caisse Nationale de Péréquation a également favorisé l'enlisement de la décentralisation financière en RDC, alors que les disparités socio-économiques entre les Provinces et à l'intérieur de ces dernières ne font qu'accroitre. La loi organique qui devrait organiser cette caisse tarde à venir et l'on ne sait où sont logés et à quoi servent les recettes de cette caisse.

Si cette caisse fonctionnait comme sa théorie l'indique, elle devrait être considérée comme le ciment qui maintiendrait la cohésion de l'ensemble de la décentralisation. Mais en pratique, cette caisse de péréquation suscite beaucoup de problèmes. M. Liégeois, affirme que « le gouvernement Congolais a fait valoir, à juste titre, que

---

[110] Les Provinces et les entités territoriales décentralisées de la République Démocratique du Congo sont dotées de la personnalité juridique et sont gérées par les organes locaux. Elles jouissent de la libre administration et de l'autonomie de gestion de leurs ressources économiques, humaines, financières et techniques.

l'application immédiate et sans correctifs de la règle des 40% aboutirait à des aberrations et à des inégalités colossales entre les provinces. Une part substantielle des recettes fiscales est, en effet, générée par le transit des marchandises et par des droits d'exploitation, ce qui concentre géographiquement leur perception dans les points de passage obligés que sont, notamment, le port de Matadi et le poste frontière de Kasumbalesa au Katanga. Quant à Kinshasa, son statut de capitale du pays lui permet de fiscaliser les ressources naturelles (pétrole du Bas Congo, diamant des deux Kasaï et bois de l'Équateur). Sans correction, la mise en œuvre de la règle des 40% aurait donc pour conséquence de concentrer plus de 80% des ressources attribuées aux Provinces dans ces trois seules entités, toutes les autres devant se partager les 20% restants, certaines recevant moins de 1% »[111].

[111] LIEGEOIS, M., *La décentralisation en RDC : enjeux et défis*, GRIP, Bruxelles, 2008, p.11.

Chapitre II. Le système fiscal

Ce chapitre se propose d'étudier les principes de base du système fiscal qui peuvent permettre la réussite d'une décentralisation fiscale des pays en voie de développement. Pour y arriver, nous allons analyser les points ci-après : le principe d'égalité devant l'impôt ; le fondement du système fiscal ; la politique fiscale et l'instauration du système fiscal.

Section I. Le principe d'égalité devant l'impôt

§.1. Fondement et portée du principe

1. Fondement du principe

Le principe d'égalité devant l'impôt est une notion essentielle qui, pour beaucoup, est sans doute la condition du consentement à l'impôt. Malgré toutes les ambiguïtés qu'il peut comporter, le principe d'égalité constitue le cadre juridique à la fois protecteur et contraignant du droit fiscal.

L'impôt est une charge qui pèse sur les contribuables. Pour que ces derniers n'échappent pas à cette obligation, l'imposition doit être également répartie entre tous les citoyens en raison de leurs facultés contributives ; et, la loi doit être la même pour tous, qu'elle protège, ou qu'elle punisse[112]. Pourtant, il n'est pas interdit d'établir de réductions en faveur de certaines catégories, à condition que cette distinction ne soit pas arbitraire, c'est-à-dire non susceptible de justification[113]. Ce principe qui ne consacre nullement une uniformité de traitement, a pour vocation d'interdire les discriminations injustifiées, basés sur des critères tels que la religion ou l'ethnie, et permet donc, a contrario, une discrimination en fonction des capacités contributives de chacun, des situations familiales, des professions, etc.

---

[112] COLLET, M., *L'impôt confisqué*, Collection Corpus, Paris, p.33.

[113] SEPULCHRE, V., « Le principe d'égalité devant l'impôt », in L'évolution des principes généraux du droit fiscal, 20é anniversaire de la maitrise en gestion fiscale, Larcier, Bruxelles, 2009, p. 5.

En effet, le principe d'égalité fiscale est établi d'abord par la Déclaration des Droits de l'homme et du citoyen de 1789 qui en son article premier affirme l'égale liberté de tous les hommes[114]. L'article deuxième[115], qui introduit la propriété parmi les droits naturels et imprescriptibles, autorise, comme l'écrit C. Larrere, à placer la doctrine fiscale dans le prolongement de la doctrine de la propriété[116]. L'article sixième[117] énonce le principe général de l'égalité devant la loi. L'article treizième[118] prône la contribution commune en ce qui concerne la force publique selon les capacités contributives. L'article quatorzième[119] complète ce dernier en ce qu'il met en place le principe de consentement et de la participation active à la détermination de l'impôt et au contrôle de sa perception et de son emploi.

Ce principe a été mentionné dans toutes les constitutions qui ont régi la RDC. La dernière en date, celle de 2006 souligne ledit principe à son article 174 qui dispose que : *« la contribution aux charges publiques constitue un devoir pour toute personne vivant en République Démocratique du Congo »*[120].

Le principe d'égalité fiscale consiste également en l'égalité des contribuables devant la loi fiscale, découle des articles 1 et 6 de la Déclaration universelle des droits de l'homme qui proclament respectivement l'égalité des hommes et l'égalité devant la loi. Un même régime fiscal doit alors s'appliquer à tous les contribuables placés dans

---

114 Article 1 : Tous les êtres humains naissent libres et égaux en dignité et en droits. Ils sont doués de raison et de conscience et doivent agir les uns envers les autres dans un esprit de fraternité.

115 Article 2 : Toute personne, aussi bien seule qu'en collectivité, a droit à la propriété. Nul ne peut être arbitrairement privé de sa propriété.

116LARRERE, C., *L'égalité fiscale : une invention Républicaine*, in Penser le droit, Bruylant, Bruxelles, 2006, p.89.

117 Article 6 : Tous sont égaux devant la loi et ont droit sans distinction à une égale protection de la loi. Tous ont droit à une protection égale contre toute discrimination qui violerait la présente Déclaration et contre toute provocation à une telle discrimination.

118 Article 13 : pour l'entretien de la force publique, et pour les dépenses d'administration, une contribution commune est indispensable.

119 Article 14 : Tous les Citoyens ont le droit de constater, par eux-mêmes ou par leurs Représentants, la nécessité de la contribution publique, de la consentir librement, d'en suivre l'emploi et d'en déterminer la quotité, l'assiette, le recouvrement et la durée.

120 Constitution de RDC du 26 Février 2006.

la même situation. La Constitution de la RDC confirme ce principe d'égalité devant la loi à son article 12 en ces termes : « Tous les Congolais sont égaux devant la loi et ont droit à une égale protection des lois ».

2. Portée du principe

Il est admis que les systèmes fiscaux du monde sont guidés par la recherche perpétuelle de l'égalité et de l'équité face à l'impôt. Et comme toutes les dépenses publiques sont effectuées dans l'intérêt de la collectivité, il est équitable que chaque citoyen les supporte en proportion de ses revenus. Cette égalité susvisée n'est parfaite et totale que lorsqu'il convient de la mettre en rapport avec un autre principe général de droit fiscal qui veut que la participation des citoyens aux charges publiques se fasse selon les capacités contributives. Comme l'impôt est le seul moyen pour assurer l'égalité dans la répartition des charges publiques qui en résulte devra être la plus équitable possible.

Différentes conceptions de l'égalité fiscale ont été développées à ce titre. Pour une certaine opinion, l'égalité devant l'impôt ne pourrait se réaliser que par une proportion rigoureuse établie entre la contribution de chacun et le chiffre de son revenu. Les difficultés engendrés ou découlant de cette conception ont milité pour l'adoption d'une part, de l'égalité mathématique qui consiste dans la proportionnalité entre les revenus du contribuable et le montant de sa contribution, et d'autre part de l'égalité personnelle devant l'impôt, qui est celle établie d'après la structure individuelle et familiale de chaque contribuable[121].

Il sied de noter que ce principe d'égalité devant l'impôt qui est de portée générale ne trouve pas d'application rigoureuse en droit fiscal. Dans sa conception, la loi fiscale n'est pas en réalité, la même pour tous, les sujets ne possédant pas exactement les mêmes droits et n'étant pas soumis aux mêmes obligations. L'égalité doit se comprendre plus comme une égalité catégorielle, que comme une égalité générale. Au

---

[121] DUVERGER, M., *op.cit.*, p.112.

demeurant, la situation des contribuables s'appréciera au regard de chaque impôt et non en raison de l'ensemble du système fiscal. Toutefois, l'intérêt général devra être en mesure de justifier une rupture d'égalité.

§.2. Autres principes accompagnant le principe d'égalité

1. Le principe de légalité

Ce principe se trouve repris dans la quasi-totalité des Constitutions du monde. L'impôt étant le reflet de la souveraineté nationale et du peuple, il est tout à fait indiqué que le parlement, le représentant du peuple puisse le voter ; ce qui traduit le consentement du peuple au système fiscal[122]. En confiant au législateur la tâche de fixer « l'assiette, le taux et les modalités de recouvrement des impositions de toutes natures », les Etats réitèrent un principe fondateur de tout système démocratique : celui selon lequel il revient au peuple et à ses représentants de « consentir » à l'impôt et de déterminer l'ensemble de ses caractéristiques[123].

En République Démocratique du Congo, l'article 174 de la Constitution dispose qu'« il ne peut être établi d'impôts que par la loi et il ne peut être établi d'exemption ou d'allègement fiscal qu'en vertu de la loi ». Cette règle n'est donc qu'une conséquence « de la protection, par la Constitution, du droit de propriété »[124]. Prélever l'impôt, « c'est incontestablement priver un contribuable de son droit de propriété sur une somme d'argent. Le texte constitutionnel prévoit que l'impôt doit être établi par une loi et cette loi prévoit d'avance la détermination de l'assiette et du taux de l'impôt »[125]. Et comme tel,

---

[122] BUABUA wa Kayembe, De la théorie et de la pratique du contrôle en droit fiscal zaïrois, Thèse, Tome I, Unilu, 1994, p. 36.

[123] COLLET, M., *L'impôt confisqué*, Collection Corpus, Paris, 2014, p. 21.

[124] Article 34 : La propriété privée est sacrée. L'Etat garantit le droit à la propriété individuelle ou collective, acquis conformément à la loi ou à la coutume. Il encourage et veille à la sécurité des investissements privés, nationaux et étrangers. Nul ne peut être privé de sa propriété que pour cause d'utilité publique et moyennant une juste et préalable indemnité octroyée dans les conditions fixées par la loi. Nul ne peut être saisi en ses biens qu'en vertu d'une décision prise par une autorité judiciaire compétente.

[125] BLAFFARD, A. et GODDEVRIENDT, F., *L'essentiel du droit fiscal*, ASP sa, Bruxelles, 2009, p. 23.

« ce principe de la légalité de l'impôt ne cherche, ni à régir l'interprétation des lois fiscales, ni à trancher la question du choix licite de la voie la moins imposée »[126]. Mais ce principe ne veut nullement dire que l'article 174 de la Constitution n'a aucune incidence sur l'interprétation des lois fiscales.

Par ce principe, le Parlement est seul compétent pour établir ou lever de nouveaux impôts. Cette compétence exclusive du législateur s'entend non seulement de la création d'impôts, mais aussi des règles qui fixent leurs modalités de recouvrement et elle est valable quel que soit le bénéficiaire de l'impôt. Ainsi, le fait que les collectivités locales puissent déterminer elles-mêmes les taux, cela ne heurte pas le principe, étant donné que les collectivités détiennent, par délégation, ce pouvoir de la part du législateur et que cela est fait dans la limite du cadre que ce dernier lui a imposé. Le législateur peut en outre déléguer la prise de décision relative aux mesures nécessaires à l'application des lois fiscales. Le seul domaine qui relève de sa seule compétence et pour lequel le parlement national ne peut rien déléguer est la création de nouveaux impôts.

En conséquence, ce principe de légalité fiscale qui est garanti par l'article 174 de la Constitution de la RDC exige que la loi fiscale contienne des critères précis, non équivoques et clairs à l'aide desquels il peut être décidé de la personne redevable et du montant. Toute disposition légale qui ne contient pas de critères au moyen desquels le montant dû par chaque contribuable peut être déterminé, mais qui présente seulement le montant total du produit de l'impôt visé par le législateur, est contraire à l'article 174 de la Constitution. Le pouvoir exécutif ne peut donc instaurer une taxe, il ne peut que veiller à son application. Les délégations ainsi admissibles concernent l'établissement de règles administratives relatives à la déclaration du contribuable, à l'établissement de l'impôt, à son contrôle et à son recouvrement, car ces aspects n'affectent pas la dette du contribuable.

---

126 AFSCHRIFT, T., *L'évitement licite de l'impôt et la réalité juridique*, Larcier, Bruxelles, 1994, p.47.

Il résulte du principe de légalité de l'impôt que l'administration ne peut conclure d'accord contraire à la loi ni transiger sur son interprétation avec un contribuable.

De tout ce qui précède, il convient de remarquer que ce principe de légalité se heurte tout d'abord aux considérations « *du choix licite de la voie la moins imposée* »[127]. Et dans la mesure où il consacre la franchise générale des personnes et des choses, ce principe, confirme que tout ce qui n'est pas prévu par la loi n'est pas taxé. C'est incontestablement un fondement important, sinon essentiel, du principe du choix licite de la voie la moins imposée. Si le principe de la légalité de l'impôt est constitutionnel, celui du choix de la voie la moins imposée n'est pas de même rang.

Ce principe de la légalité de l'impôt connaît des limites politiques et juridiques[128]. Les limites politiques tiennent à la fois à la fonction que la Constitution reconnaît au parlement de légiférer en matière fiscale et, corrélativement, à l'extension de cette compétence fiscale au pouvoir réglementaire et aux prélèvements obligatoires non consentis par le parlement (cotisation sociale). Les limites juridiques quant à elles, sont sérieuses lors de la mise en œuvre des textes fiscaux par l'administration compétente et notamment sur la question particulièrement délicate de leur interprétation en droit fiscal. Le caractère général de la loi fiscale conduit l'administration fiscale à indiquer très souvent dans les instructions ou circulaires dites interprétatives, l'interprétation qu'elle fait des textes qu'elle est chargée d'appliquer.

---

127 AFSCHRIFT, T., *op.cit.*, p.61.

128 BOUVIER, M., Introduction au droit fiscal et à la théorie de l'impôt, 8é éd., LGDJ, Paris, 2007, pp.43-44.

2. Le principe d'annualité de l'impôt

Le principe d'annualité de l'impôt est temporel et voudrait que les recettes, impôts de l'Etat doivent être autorisées et exécutées sur une année. En RDC, ce principe est consacré par l'article 172 de la Constitution[129] et par l'article 5 de la loi sur les finances publiques[130]. A cet effet, le pouvoir législatif doit voter en sa session d'octobre le projet de la loi budgétaire avant le 31 décembre de chaque année.

Le budget est donc une loi à durée déterminée, c'est -à- dire que la période d'exécution normale est toujours d'une année. Il trouve sa source dans des raisons à la fois politiques et techniques. Politiquement, le principe d'annualité permet la régularité du contrôle du parlement sur le budget. Techniquement, la durée de prévision n'est ainsi ni trop longue ni trop courte.

Ce principe d'annualité influence totalement la période imposable des impôts frappant les revenus immobiliers. Pour l'impôt sur les revenus locatifs, au regard de l'article 11 de la loi n°004/2003 du 13 mars 2003 portant réforme des procédures fiscales, le redevable de l'impôt sur les revenus locatifs souscrit chaque année une déclaration au plus tard le 1er février de l'année qui suit celle de la réalisation des revenus. Cette déclaration doit être souscrite même si le redevable estime qu'il a subi des pertes. L'impôt sur les revenus locatifs est établi sur le revenu brut de l'année civile antérieure. Il est appliqué sur l'ensemble des revenus annuels de chaque redevable ou en raison de toute somme proportionnellement équivalente pour les périodes inférieures à une année.

---

129 Article 172 : L'exercice budgétaire commence le premier janvier et se termine le 31 décembre.

130 Loi n°11/011 du 13 juillet 2011 relative aux finances publiques, article 5 : L'exercice budgétaire s'étend sur une année civile allant du 1er janvier au 31 décembre. Toutefois, les crédits y afférents découlent d'une budgétisation pluriannuelle consistant à prévoir les recettes, les dépenses et le financement des opérations du pouvoir central, des provinces et des entités territoriales décentralisées sur un horizon de trois années. Ce cadrage budgétaire pluriannuel inclut le cadre des dépenses à moyen terme.

Quant à l'impôt foncier, en nous référant aux dispositions de l'article 6 de la loi n°004/2003 du 13 mars 2003 portant réforme des procédures fiscales, le redevable est tenu, chaque année, de souscrire une déclaration au plus tard le 1er février.

De ce principe, découlent deux conséquences : « le budget doit être voté avant le début de l'année en cours (principe d'antériorité) et les recettes et dépenses doivent être exécutées au cours de l'année budgétaire. Mais comme le budget est un instrument de gestion à la disposition du gouvernement, la nécessité de l'intégrer dans le cadre de l'économie générale du pays, apporte des exceptions au principe de l'annualité budgétaire »[131].

Ainsi, comme cela arrive de plus en plus fréquemment, si le budget[132] n'est pas voté en temps utile, l'autorisation de lever l'impôt est accordée par une loi portant ouverture de crédits provisoires[133]. Autrement dit, une loi votée par le parlement autorise, en cas de retard sur le vote du budget de faire appel aux crédits provisoires qui sont de trois sortes : les crédits proprement dits, les reconductions de crédits et le budget au vote biennal où on reconduit, pour une année, des crédits ouverts au budget de l'année précédente.

Parfois, il est aussi nécessaire que l'on accorde des dérogations qui excèdent l'année budgétaire. Cela s'impose, notamment, pour le développement des investissements de l'Etat dont la taille dépasse le

---

[131] BAKANDEJA wa mpungu, *Droit des finances publiques*, éd. Noraf, Kinshasa, 1997, p. 55.

[132] En RDC le concept budget peut être aussi appelé loi de finances de l'année conformément à l'article 3, point 30 de la loi relative aux finances : loi de finances de l'année est l'acte par lequel sont prévues et autorisées, par le Parlement, les ressources et les charges du pouvoir central pour un exercice budgétaire donné. La loi en détermine, dans le respect de l'équilibre budgétaire et financier, la nature, le montant et l'affectation. Elle est la traduction financière annuelle du programme d'action du Gouvernement de la République.

[133] Loi portant ouverture de crédits provisoires à un caractère de loi de finances conformément aux dispositions de l'article 18 de la loi relative aux finances. Article 31 de la loi relative aux finances : La loi portant ouverture de crédits provisoires autorise le recouvrement des recettes et l'engagement des dépenses nécessaires au fonctionnement minimum des services publics lorsque : le Gouvernement n'a pas déposé le projet de loi de finances de l'année en temps utile pour être promulgué avant le début de l'exercice; le projet de loi de finances voté en temps utile par le Parlement et transmis pour promulgation avant l'ouverture du nouvel exercice budgétaire fait l'objet d'un renvoi au Parlement par le Président de la République.

cadre annuel. A cet effet, plusieurs moyens sont proposés pour atteindre cet objectif[134] :

- La Constitution des réserves financières en période de prospérité en renforçant le prélèvement fiscal et en restreignant éventuellement les dépenses ;
- Des amortissements conséquents des dettes en période de prospérité pour alléger ainsi le déséquilibre budgétaire en phase de dépression.

En somme, les critiques sont aujourd'hui nombreuses bien que le principe ait connu des aménagements et des dérogations. Ces dérogations sont devenues la règle si bien que l'on peut se demander si le principe a encore un sens aujourd'hui. La tendance des finances publiques est à la pluri annualité qui, désormais, est nécessaire dans le cadre du pacte de stabilité et de croissance.

Section II. Les fondements du système fiscal

L'interrogation que suscite l'impôt doit, entre autres, privilégier la réflexion sur ses fondements, ses caractères dominants et le choix des assiettes. C'est à travers les divers caractères et le poids de ses prélèvements qu'un système fiscal affiche son identité génétique et permet d'accomplir quelque effort rationnel[135].

Parmi toutes les institutions publiques qui forment l'armature des sociétés organisées, l'impôt est sans doute l'une des plus remplies de contradictions. Chaque contribuable est censé avoir consenti à la charge fiscale, mais il le bloque dans le meilleur des cas, au pire on se révolte contre lui, et bien souvent on le fraude. Le paradoxe est que chacun attend la manne en quantité illimitée de ce devoir fiscal mal perçu et mal rempli.[136].

Tous ces paradoxes liés à l'impôt soulèvent la nécessité d'une étude soutenue du fondement du système fiscal. Pour ce faire, « une

---

[134] BAKANDEJA wa Mpungu, *Droit des finances publiques*, éd. Noraf, Kinshasa, 1997, p. 163.
[135] GEFFROY, JP., *op.cit.*, p.19.
[136] *Ibidem*, p.11.

meilleure compréhension du phénomène fiscal passera par une prise en compte plus généreuse de ses multiples dimensions, juridiques, techniques, économiques, administratives et sociologiques ». Et son organisation doit procéder d'une démarche ternaire[137] :

- Lui donner des fondements, des principes, les options fondamentales ;
- Lui dessiner un espace territorial ;
- Le rendre opérationnel en le dotant d'une technique.

§.1. La fiscalité

1. Définition

Etymologiquement, « le terme *« fisc »* vient du latin *« fiscus »* qui signifie le panier qui, sous l'Empire romain, était destiné à recevoir l'argent des impôts ». Aujourd'hui, le sens de mot a évolué et désigne les Administrations fiscales qui établissent, calculent, contrôlent et recouvrent les impôts. La fiscalité désigne alors « *l'ensemble des impôts d'un pays, d'une commune, d'une région ou d'une communauté économique ou politique plus large. Ou encore un ensemble d'impôts offrant des caractères communs* »[138].

Le lexique du droit des affaires et droit fiscal, quant à lui, définit la fiscalité « comme étant un ensemble des lois, règlements, procédures et pratiques administratifs relatifs à l'impôt. Le parlement dispose seul du pouvoir de fixer les règles concernant l'assiette, le taux et les modalités de recouvrement des impôts. Dans le cadre de la loi, le gouvernement en définit l'application par voie réglementaire »[139].

Selon JC. Maitrot « le droit fiscal (fiscalité) apparaît comme la branche du droit qui régit cette activité particulière de l'Etat qui consiste

---

[137]GEFFROY, JP., *op.cit.*, pp. 12-15.

[138] OULES, F., *Une fiscalité intelligente pour demain : comment les impôts actuels sont fraudés et éludés*, Bruylant, Bruxelles, 1993, 1993, p.8.

[139] LAINE, H. et WARNEKE, U., *Lexique de droit des affaires et droit fiscal*, Bruylant, Bruxelles, 2007, p.156.

à procurer à la puissance publique, à titre définitif, des ressources financières par un prélèvement autoritaire et sans contrepartie »[140].

A. Barilari et P. Drape définissent, quant à eux, la fiscalité « comme un ensemble des lois, règlements, procédures et pratiques administratives relatifs à l'impôt »[141].

A. Kitopi Kimpinde s'inspire de la définition de Barilari et Drape et précise que selon que l'impôt est établi et perçu par l'Etat ou par une entité locale, ou qu'il concerne un Etat ou qu'il implique plusieurs systèmes fiscaux, on distingue, d'une part, la fiscalité locale et la fiscalité nationale et, de l'autre part, la fiscalité interne et la fiscalité internationale[142].

Mais il faut observer qu'aujourd'hui, « la fiscalité est de moins en moins au service de la justice sociale, mais de plus en plus au service des entreprises et des investisseurs. On assiste là, à un changement de la nature même de l'impôt »[143].

Lorsque la fiscalité ne prévoit pas les garanties accordées aux contribuables, ces derniers n'auront pas la volonté de payer l'impôt. Ces garanties doivent être établies de façon à pousser les contribuables à participer aux charges publiques. Un système fiscal doit être adapté à la société à laquelle il s'applique. L'impôt doit être connu des contribuables et correspondre à la culture de la population et à la conjoncture économique. L'adaptation est un élément qui conditionne le rendement d'un impôt. Ce souci de rendement fait appel à la notion de l'autonomie du droit fiscal.

2. Autonomie du droit fiscal

L'acceptation de l'autonomie ne doit pas nous conduire à un respect aveugle et excessif des principes du droit fiscal. Le droit fiscal,

---

140 MAITROT, JC., « Droit Fiscal », in *Encyclopaedia Universalis*, Paris, 1989, p.26.
141 BARILARI, A. et DRAPE, P., *Lexique fiscal*, Dalloz, Paris, 1992, p.85.
142 KITOPI Kimpinde, *op.cit.*, p. 61.
143 DREZET, V., *Quels impôts pour demain ? Etat de l'impôt et réformes fiscales*, Syllepse, Paris, 2007, p. 22.

en tant que branche du droit public, est régi par des principes et des règles qui lui sont propres. Ce particularisme lui confère la qualification de droit autonome par rapport aux autres branches du droit. Ainsi, au regard du droit fiscal, toute situation juridique est analysée autrement qu'au regard des autres branches du droit (droit comptable, droit commercial, droit civil, droit des affaires...).

Cette autonomie a pour corollaire la liberté de définition de son choix, qui consiste évidemment à élaborer ses propres principes mais sans exclure, non plus, la possibilité d'adopter les facteurs d'interprétation que fournit telle ou telle branche du droit. Elle se matérialise dans l'application par un autre principe, celui du réalisme du droit fiscal[144], généralement présenté comme l'équivalent de l'autonomie : en réalité, si les deux notions sont bien liées entre elles, elles sont dépourvues d'équivalence.

Ce principe (entendez par-là, le réalisme) poursuit un objectif important, celui de reconstituer tout fait en lui donnant sa véritable qualification, autre que celle derrière laquelle il pourrait se dissimuler (ex : déguisement d'une vente sous forme de donation). Trois exemples pour illustrer le cas :

- Une personne qui exerce une activité donnée sans être immatriculée au Registre de Commerce et de crédit immobilier (RCCM) n'est pas pour autant exemptée du paiement de l'impôt. Les services fiscaux, au vu de l'activité que cette personne exerce, procèdent à son imposition.
- Une personne qui détient un RCCM pour l'exercice d'une activité donnée, mais qui en réalité en exerce une autre est imposée au regard de l'activité réellement exercée et non celle mentionnée sur le registre de commerce (quelqu'un qui détient un RCCM pour l'exercice de l'activité de menuisier

144 DE LA MARDIERE, C., « Pour tenter d'en finir avec l'autonomie et le réalisme du Droit fiscal », in *Ecrits de droit fiscal des entreprises, étude à la mémoire du professeur MAURICE COZIAN*, LexisNexis, Bruxelles, 2009, p.139.

et qui dans la réalité exerce comme ébéniste : Artisan qui travaille les bois précieux).

- Une personne qui souscrit pour l'exercice d'une activité au détail et qui dans le fait, la réalise en gros est imposée comme grossiste et non comme détaillant et inversement. Une personne qui possède un RCCM, mais qui pour une raison ou une autre ne l'exerce pas ne devrait faire l'objet d'aucune imposition à condition évidemment qu'elle satisfasse à ses obligations fiscales (dépôt des déclarations fiscales).

Etant donc une des composantes de l'autonomie du droit fiscal, le réalisme est la condition sine qua non de l'existence du principe d'autonomie du droit fiscal. Si le réalisme n'est pas un principe distinct de celui de l'autonomie, on pourrait se demander s'il existe en lui-même, comme découlant de l'autonomie. L'autonomie du droit fiscal lui confère la faculté de ne pas prendre en considération les qualifications et implications portées par les autres branches du droit sur les situations qui, par définition, sont concrètes avant d'être juridiques. Fort de cette liberté de qualification, le droit fiscal appréhendera la réalité des choses sous un angle spécifiquement fiscal.

En réalité, le réalisme ne revêt pas les aspects d'un principe à part entière ; il n'apparaît que comme une simple caractéristique de l'autonomie du droit fiscal : « *certains pensent avoir trouvé une solution de compromis en affirmant que si le droit fiscal n'est pas autonome, il est en revanche réaliste. Or l'un ne va pas sans l'autre. A ce titre, le réalisme signifie que les règles de l'impôt appréhenderaient les faits tels qu'ils se présentent, et non selon les qualificatifs qu'en donnent les autres branches du droit* »[145].

§.2. Les prélèvements fiscaux

L'expression « *prélèvement fiscal* » recouvre une notion incertaine, aux composantes et aux formes multiples. Dans ce sens,

---

[145] DE LA MARDIERE, C., *op.cit.*, p.140.

« On entend par prélèvement fiscal « obligatoire » un paiement de caractère obligatoire au profit des administrations publiques et sans contrepartie directe. Les impôts en font partie puisqu'ils n'ouvrent droit à aucune contrepartie directe »[146].

1. Fonction des prélèvements fiscaux

La fonction principale de prélèvement fiscal est la couverture des dépenses publiques d'un Etat. C'est à ce titre que JB. Geffroy écrit que : *« alimenter les caisses du prince, pourvoir aux nécessités de son administration ou de sa force armée, telle a été et telle reste d'ailleurs la fonction première et fondamentale du prélèvement fiscal. L'origine de l'impôt se trouve vraisemblablement dans la transformation du pillage en « tribut[147] » imposé aux peuples conquis par le vainqueur. Ainsi peut-on souligner le lien naturel entre le pouvoir d'imposer et le pouvoir de subordonner »*[148]. Peu à peu, suite au développement des idées libérales contre les idées absolutistes, les prélèvements fiscaux se rapportent à une nouvelle vision (fonction), celle d'un Etat réduit à des strictes fonctions administratives. L'impôt est désormais perçu dans ses relations avec les libertés.

En somme, on peut retenir quatre fonctions de prélèvement fiscal[149] :

- Les financements des services publics ;
- Le profit à l'ensemble de la collectivité ;
- La mise en place de l'Etat providence, avec des objectifs sociaux de redistribution et d'assurance face à certains risques ;

[146]DECOSTER, A. et VALENDUC, C., *op.cit.*, p. 26.

[147] Le tribut a une connotation semblable à celle de l'impôt. La différence essentielle qui existe provient de leur nature. Le tribut relève des relations entre deux ou plusieurs entités politiques et l'impôt relève du Droit public interne. En effet, le tribut tire son origine « du mot latin « *tributum* » qui signifie impôt. Il s'agit ici d'un impôt spécial, qu'un Etat ou un peuple est obligé de payer ou de fournir à un autre dont il est dépendant.

[148] GEFFROY, JB., *op.cit.*, p.20.

[149] *Ibidem*, pp.23-25.

- Enfin, l'orientation des comportements individuels dans un sens favorable à la collectivité. Certaines mesures fiscales ont ainsi directement pour objet de dissuader les comportements créant des dommages pour la société, comme la pollution. La fiscalité peut aussi avoir pour vocation de faire supporter à ceux qui en sont responsables une partie du coût pour la collectivité des comportements à risque, comme le tabagisme.

2. Nature des prélèvements fiscaux

Le prélèvement fiscal, du point de vue de sa nature renferme en lui un élément d'autorité. C'est son caractère le plus influent et le plus immédiatement perceptible. Mais ce caractère d'autorité est atténué par le principe du consentement à l'impôt. Le consentement s'exprime par la voie de représentation.

Le consentement à l'impôt est lié au pouvoir parlementaire. Le vote de l'impôt passera par la voie démocratique du régime parlementaire. Il s'agit donc d'accepter un système qui ne trouve sa légitimité populaire que par l'élection de ses représentants au suffrage universel[150]. Il faudra donc admettre qu'avant tout, l'impôt retire une part des ressources aux citoyens qui ont le droit de consentir à ces prélèvements.

Mais, il faut observer avec Mombert, que cite P. Millan, « qu'il existe une séparation entre la conception qu'a le citoyen de l'impôt et celle de l'Etat. Pour ce dernier l'impôt est maintenant connu comme un véritable pouvoir lui permettant d'agir sur la société. Le citoyen est plus sensible à la liberté et l'impôt ne peut finalement manquer d'apparaître comme une restriction de cette liberté »[151].

Pour éviter que le citoyen tente de se débarrasser de ce qu'il perçoit comme contrainte, il faut que ce « *citoyen-contribuable* » puisse mieux maîtriser l'importance de prélèvements obligatoires. Or cette

---

[150] MILLAN, P., *Le consentement à l'impôt*, ANRT, Paris, 1996, p.43.
[151] *Ibidem*, p.68.

appréhension ne peut se faire ou se confirmer qu'avec le vote parlementaire qui fait de l'impôt, aux yeux du contribuable, un acte autoritaire.

La grande préoccupation de tout système fiscal est son souci de l'efficacité et de l'équité qui est en rapport direct avec le principe de consentement à l'impôt. Or, « un système fiscal efficace existe seulement avec l'acceptation, de la part des contribuables, de l'imposition. Une fois consentie, la résistance, l'évasion et la fraude ne constitueront pas une menace. Les efforts dépensés avec les actes répressifs et le contrôle fiscal pourront être substitués par la préoccupation avec l'amélioration des services publics, l'harmonisation du système, etc. »[152].

De cette façon, l'efficacité et l'équité du système fiscal qui représentent le développement des instruments qui permettent à l'Etat de faire respecter les droits fondamentaux, sont des caractéristiques qui doivent être poursuivies comme une vraie valeur constitutionnelle. Rendre le meilleur service au meilleur coût constitue donc une valeur qui doit être poursuivie non seulement par le législateur, mais par toutes les composantes des pouvoirs publics. M. Bouvier pense que : *« le consentement de l'impôt ne se joue plus seulement au Parlement, mais aussi beaucoup au niveau de la pratique administrative, l'Administration fiscale devenant le vecteur de cette acceptation de l'impôt »*[153].

F. Luciano renchérit, en soutenant que « le noyau du principe de consentement à l'impôt qui peut être protégé juridiquement est la bonne-foi qui permet au contribuable d'accomplir volontairement ces obligations fiscales. Or, l'accomplissement volontaire est une expression du consentement à l'impôt, quoique résigné, ou mieux raisonné, compte tenu qu'on ne peut pas savoir si le contribuable le fait

[152] LUCIANO, F., *Le consentement à l'impôt au regard de la théorie de l'effectivité des normes constitutionnelles*, Passages de Paris Édition Spéciale, Paris, 2009, pp. 60-70, p.63-64.
[153] BOUVIER, M., *Introduction au Droit Fiscal Général et à la Théorie de l'Impôt*, 7ième éd., LGDJ, Paris, 2005, p. 144.

à cause des possibles sanctions, ou s'il est suffisamment conscient de l'importance de son acte. Il faut rappeler que dans l'état idéal des choses qui arriverait avec le plein consentement, les contribuables motivés paieraient les impôts non par la peur d'être pénalisés, mais avec la conscience que ce qu'ils paient est un devoir civique important pour la société et pour lui-même. Cet état idéal des choses serait atteint seulement avec l'application d'une psychosociologie fiscale qui permettrait d'identifier les coûts psychologiques principaux et accessoires qui exercent une pression négative dans l'accomplissement volontaire et conscient du devoir civique représenté par le paiement de l'impôt »[154].

Le consentement à l'impôt connaît des limites qui sont celles de la conception politique et juridique, lesquelles ne sauraient, sur le terrain de l'efficacité, bien entendu, suffire à garantir le bon fonctionnement du système fiscal[155]. Ainsi, pour pallier à ces limites, quelques dispositifs sont à observer : la conciliation, la médiation, et la consultation. Les procédures de conciliation et de médiation sont des instruments de communication qui permettent un dialogue entre le fisc et le contribuable. Ces procédures débouchent soit sur une transaction, soit sur une remise gracieuse de la dette fiscale.

3. Domaine des prélèvements

Le secteur de prélèvement fiscal recouvre en réalité une multitude d'appellations aux contenus très divers, parfois incertains, ce qui a permis d'élargir son domaine. Impôts et taxes occupent la plus grande part du domaine du prélèvement fiscal. Et comme il appartient au droit financier de déterminer les règles selon lesquelles l'Etat se procure les ressources qui lui sont nécessaires, le droit fiscal peut se définir comme étant le droit de l'impôt. La question qui se pose en préambule à toute étude générale du droit fiscal est donc la définition la

---

[154] LUCIANO, F., *op.cit.*, pp. 60-70, p.69.
[155] CHRISTINE, M., « Mieux adapter la contrainte fiscale, l'essor des dispositifs d'essence contractualiste en droit fiscal français », in *Réforme des finances publiques et mondialisation de l'administration*, economica, paris, 2011, p.199.

notion d'impôt. En droit fiscal, cette notion d'impôt s'entend de façon large et est appréhendée sous la notion de prélèvement.

Aujourd'hui la notion de prélèvement obligatoire englobe aussi des prélèvements autres que l'impôt. Il existe à côté de l'impôt, qui a toujours un caractère obligatoire, il existe d'autres catégories ayant ce même caractère : les taxes, les redevances et les cotisations, etc.

La conception et la définition d'un impôt, peuvent se modifier dans le temps et évoluer dans l'espace, c'est-à-dire qu'elles peuvent varier suivant qu'on se situe sur le plan juridique, social ou économique, et en fonction des paramètres du moment.

Il existe donc plusieurs définitions de l'impôt. Nous en présentons quatre, à simple titre illustratif:

P. Beltrame définit l'impôt comme « une prestation pécuniaire requise des contribuables d'après leurs facultés contributives et qui opère, par voie d'autorité, un transfert patrimonial définitif et sans contrepartie déterminée en vue de la réalisation des objectifs fixés par la puissance publique »[156].

Bakandeja Wa Mpungu définit l'impôt en ces termes : « le substantif impôt et le verbe « imposer » expriment le poids de la contrainte qui s'abat sur le contribuable »[157].

Quant à M. Bouvier, l'impôt est « un prélèvement que la souveraineté exige de l'individu en vertu du principe de la solidarité nationale pour subvenir aux dépenses d'intérêt général et aux charges résultant de dettes de l'Etat »[158].

Pour A. Barilari et P. Drape, l'impôt est « une prestation pécuniaire requise des particuliers par voie d'autorité à titre définitif et sans contrepartie en vue de la couverture des charges publiques et, plus

---

[156] BELTRAME, P., *La fiscalité en France*, Hachette, 9éd, Paris, 2003, p.12.
[157] BAKANDEJA Wa mpungu, *op.cit*, p. 72.
[158] BOUVIER, M., *Finances publiques*, LGDJ, Paris, 1995, p.75.

accessoirement, de servir d'instrument d'intervention économique et social »[159].

Au regard de ces définitions, l'impôt revêt les caractéristiques suivantes :

- Il est avant tout une prestation : un transfert de moyen de paiement à l'Etat ou aux autres collectivités publiques ;
- Il est une prestation pécuniaire : il est exclusivement une prestation en argent ;
- Il a une destination d'utilité publique : en vue de la couverture des charges publiques, il constitue donc la source principale des recettes qui permettent à l'Etat de faire face aux dépenses publiques ;
- Il est essentiellement un paiement à caractère forcé : ce caractère provient de l'étymologie même de l'impôt qui est dérivé du verbe « imposer ». Il est donc une obligation légale exigée de chaque citoyen[160] et un prélèvement imposé par l'Etat au moyen de son pouvoir de contrainte et non un prélèvement volontaire ou une faveur qu'on accorde à l'Etat. Le droit de lever l'impôt est donc un attribut de la puissance publique, une manifestation de l'imperium de l'Etat. En outre, il est une contrainte, et trouve son sens dans la souveraineté de l'Etat, ce qui justifie, pour le contribuable, l'appellation d'assujettis. Ce caractère forcé se manifeste surtout en ce que son tarif est fixé unilatéralement ;
- Il est sans contrepartie : son paiement n'est pas suivi d'une contrepartie directe de la part de l'Etat et c'est d'ailleurs cet aspect qui le différencie de certaines notions voisines. Ce qui n'exclut pas le fait qu'il ait une contrepartie. Il n'existe aucune corrélation visible et bien déterminée entre l'impôt et les services de l'Etat dont bénéficie le contribuable[161] ;
- Il est établi et mis en recouvrement d'après des règles établies par le pouvoir public ;

---

[159] BARILARI et DRAPE, *lexique fiscal*, Dalloz, Paris, 1992, p.85.
[160] BOKIE NDAYA, Ce qu'il faut savoir pour une bonne gestion des entreprises en RDC, INA, Kinshasa, 2000, p.9.
[161] VAN LIERD, C., *Notions de législation sociale des finances publiques et de droit fiscal*, CRP, Kinshasa, 2000, p.71.

- Il est requis des membres de la collectivité : il est dû par les individus du fait qu'ils font partie d'une communauté organisée ;
- Il est perçu à titre définitif, le paiement de l'impôt ne peut faire l'objet d'un remboursement. Quoi qu'il arrive donc, le contribuable ne se fera jamais restituer l'argent de l'impôt, sauf dans le cas exceptionnel de double imposition et d'erreur matérielle ;
- Le montant de l'impôt est porté au trésor public.

4. La mesure du prélèvement fiscal : pression fiscale

Le prélèvement fiscal est mesuré par la pression fiscale. En effet, « si l'on analyse le prélèvement fiscal comme une amputation de richesse effectuée par la puissance publique, l'idée d'en mesurer l'ampleur, d'en quantifier l'importance s'impose naturellement. C'est dans cette optique que s'est élaborée la notion de pression fiscale »[162].

L'OCDE définit la pression fiscale comme étant « l'importance relative d'un impôt ou d'un groupe d'impôts dans une économie. Autrement dit, la pression fiscale mesure l'emprise de l'Etat sur les agents économiques, c'est-à-dire les contribuables »[163]. La notion de pression fiscale concerne les grandeurs macroéconomiques, sous-entend une relation entre « pression fiscale » et « Croissance économique », en mobilisant de nombreuses variables économiques comme la consommation, l'investissement, l'épargne, le déficit public, et la dette publique, etc.

En plus, la théorie recourt à plusieurs termes pour désigner le rapport entre le revenu fiscal et le produit national brut[164]. Si ce rapport définit pour les uns la pression fiscale, il constitue, pour les autres, le rendement ou le coefficient fiscal. « Pour l'Union Européenne et le conseil économique et social en France, ce rapport, appelé

---

162 GEFFROY, JB., *op.cit.*, p.58.
163 Rapport de l'OCDE sur la pression fiscale, 2012, p.8.
164 ZEMRANI, B., Fiscalité *face eu développement économique et sociale du Maroc*, Édition Laporte Rabat, 1982, p. 207.

respectivement, « *niveau de la fiscalité* » et « *taux de prélèvement obligatoire* », exprime le degré de collectivation de la société concernée. L. Trotabas et JM. Cotteret, retiennent l'expression « *de poids de l'impôt sur l'économie* »[165].

Pour mesurer le niveau des prélèvements obligatoires d'un pays par rapport à un autre, on utilise un indicateur : « le taux global de prélèvements obligatoires qui, dans un pays donné, est le rapport entre le montant des prélèvements obligatoires et le PIB »[166]. Il existe deux conceptions du taux global de prélèvements obligatoires : « une conception restrictive dans laquelle on met seulement les prélèvements fiscaux, c'est-à-dire stricto sensu les impôts et les taxes ; et une autre extensive comprenant l'ensemble des prélèvements financiers obligatoires, dont les cotisations sociales »[167].

§.3. Catégorie des systèmes fiscaux

Plusieurs auteurs ont réfléchi sur la catégorisation des systèmes fiscaux. Notre étude aura le privilège d'illustrer celle des deux auteurs, de Baziadoly et Geffroy.

Selon S. Baziadoly, la structure d'un système fiscal peut s'apprécier au regard de diverses classifications fiscales. Il est possible d'établir deux différenciations[168] : la distinction par catégories d'impôts d'une part, et les autres classifications fiscales possibles.

- M. Geffroy, quant à lui, propose aussi deux classifications des systèmes fiscaux[169] :
- Les classifications techniques fondées sur les spécificités techniques des prélèvements fiscaux ;

[165] TROTABAS, L. et COTTERET, JM., *Droit fiscal*, Dalloz, 1973, p. 62.
[166] PIB : produit intérieur brut est un indicateur permettant de mesurer l'activité économique d'un pays ; en d'autres termes, il s'agit de mesurer sa richesse basée sur les biens et les services produits par les agents économiques (ménages, entreprises, administrations dans un pays.
[167] BAZIADOLY, S., *Systèmes fiscaux comparés*, Ellipses, Paris, 2010, p.17.
[168] *Ibidem*, p.65.
[169] GEFFROY, JB., *op.cit.*, p.151.

- Les classifications économiques, reposant sur le niveau de développent économique.

- ***la distinction par catégories d'impôts***

Cette catégorisation peut être sériée en deux grandes classifications à savoir : une classification fondée sur la nature des impôts et une autre basée sur la matière imposable.

A. Classification fondée sur la nature des impôts

Les impôts peuvent être catégorisés en se référant à leur nature ou à la matière imposable.

Cette distinction entre impôts directs et impôts indirects a été introduite probablement pour des raisons de commodités administratives et, accessoirement, pour permettre au législateur d'avoir une idée précise de la répartition finale de la charge fiscale entre les divers groupes de contribuables. Il existe au moins deux critères de distinction :

- Le critère administratif : l'impôt est direct si sa perception se fait selon un rôle normatif : un document qui contient le nom, le montant de la matière imposable, les taux appliqués, et les délais de paiement de chaque contribuable.
- Le critère économique : Ce critère se base sur la répartition finale de la charge fiscale, c'est-à-dire sur l'impact réel de l'impôt.

Les impôts directs sont payés et supportés par la même personne qui est à la fois le redevable parce qu'elle verse le montant de l'impôt, et le contribuable, parce que c'est encore elle qui supporte effectivement l'impôt. L'administration fiscale peut établir la liste des contribuables dans un rôle.

En revanche, avec les impôts indirects, comme la taxe sur la valeur ajoutée (TVA) ou les droits de douane, le redevable est distinct du contribuable. Les impôts indirects sont versés par les entreprises ou les personnes redevables, mais répercutés sur le prix de vente d'un produit ; ils sont donc supportés par une autre personne, le contribuable. Ainsi, la TVA est versée par les entreprises redevables, mais entièrement payée par les consommateurs finaux, les contribuables, inconnus de l'Administration fiscale.

Les impôts directs sont généralement considérés comme les plus équitables, car ils tiennent compte de la situation personnelle des contribuables. Les impôts indirects, plus faciles à collecter car le nombre de redevables est moindre, occupent une place de choix dans les recettes fiscales des Etats africains. En RDC, selon les chiffres produits par la Banque Centrale du Congo en 2012, les recettes fiscales ne représentaient que 14,7% du PIB alors que le potentiel fiscal a été estimé à 29% du PIB. Une analyse encore plus approfondie avait révélé que pendant la même année, les impôts sur les biens et services (impôts indirects) ont représenté près de 39% de recettes.

Les impôts indirects sont moins sensibles à la conjoncture et relativement « *indolores*[170] » pour les citoyens-contribuables qui n'ont pas conscience d'acquitter des impôts en faisant leurs achats. De ce fait, les gouvernements préfèrent souvent les accroître et baisser les impôts directs.

B. Classification basée sur la matière imposable

Tout impôt est, par définition, un prélèvement sur la production nationale et sur la richesse individuelle. Il peut, de ce fait, frapper la richesse au moment où elle se constitue, ou atteindre la richesse acquise ou encore saisir la richesse lors de son emploi. Il s'agit, selon le cas, de l'impôt sur le revenu, de l'impôt sur le capital ou de l'impôt sur la dépense ou la consommation.

Cette classification est la plus utilisée pour plusieurs raisons[171] :

- Elle limite les risques de voir certains éléments de richesse échapper à l'imposition ;

---

[170] Qui ne provoque pas la douleur.
[171] BAZIADOLY, S., *op.cit.*, p.66.

- ➢ La combinaison d'assiettes différentes est donc plus conforme au principe d'égalité en matière fiscale ;
- ➢ Elle garantit un rendement budgétaire satisfaisant.

Si, par le passé, seule la personne humaine en soi constituait l'assiette fiscale qu'on appelait l'impôt de capitation (un prélèvement par tête d'habitation), avec le développement de l'activité économique et sociale, plusieurs assiettes fiscales ont vu le jour (revenu du capital, salaire, action…), ce qui reflète une pluralité des matières imposables dans le but d'accroître la rentabilité financière de l'impôt. Cette pluralité d'assiettes a entrainé, naturellement, plusieurs classifications.

1°. Impôt sur le revenu

Il touche les contribuables selon ce qu'ils gagnent réellement. Il impose soit la totalité des revenus d'un même contribuable, soit chaque catégorie de revenus par un impôt spécifique ayant ses propres règles en matière d'assiette, de liquidation et de recouvrement.

Du point de vue économique, il est difficile de définir le revenu, qui dépend des calculs personnels et subjectifs des agents économiques. Devant cette difficulté, le droit fiscal recourt de façon empirique, à sa propre conception. Deux théories ont vu le jour[172] :

- La théorie de la source : qui considère que le revenu n'est que le produit d'un capital, d'un travail ou d'une activité mixte ;
- La théorie de l'enrichissement : qui définit le revenu comme étant tout accroissement de la valeur, quelles que soient l'origine et la durée. Le niveau qui peut donc être un simple enrichissement, même accidentel, doit par conséquent subir l'impôt (hausse boursière, un gain au hasard ou un héritage…).

Les systèmes fiscaux qui ont débuté avec la théorie de la source ont évolué vers la théorie de l'enrichissement qui élargit énormément

[172] Ces deux théories seront plus développées dans la deuxième partie.

l'assiette fiscale afin de satisfaire les besoins financiers accrus des pouvoirs publics.

En droit fiscal congolais, il existe une imposition cédulaire[173] sur les revenus pour chaque cédule ou catégorie de revenus. Notre travail ne s'intéresse qu'à l'impôt sur les revenus locatifs frappe qui la cédule de revenus provenant de la location des immeubles, terrains et bâtiments.

2°. Impôt sur la dépense

L'imposition de la dépense atteint le contribuable au moment où il utilise sa richesse. La consommation apparaît comme un signe des facultés contributives de chacun car elle exprime directement le lien existant entre les ressources d'un individu et ses dépenses. Les impôts sur la dépense s'intègrent dans le prix des produits et des services et sont, en principe, supportés par le consommateur. C'est ce qui explique la place importante qu'ils occupent dans les recettes fiscales[174].

L'imposition de la dépense peut s'effectuer à travers des taxes spécifiques qui frappent certaines dépenses telles que la taxe pétrolière, la taxe sur le sucre, la taxe sur le tabac, etc. C'est ce qu'on appelle la taxe intérieure de consommation. De même, on trouve les droits d'enregistrement et les timbres qui sont exigibles à l'occasion de certaines opérations (passeport, permis de conduire…). Il existe aussi des taxes judiciaires, des taxes sur les assurances, sans oublier l'importance des droits de douanes dans l'imposition de la dépense. L'imposition qui touche la globalité de la consommation est la T.V.A qui est caractérisée par une assiette fiscale très élargie : les opérations industrielles, les commerçants, importateurs, les opérations immobilières et de lotissement, restauration, opérations de banque, les professions libérales…etc.

---

173 Impôts cédulaires, sont ceux qui atteignent chacun, une catégorie distincte des revenus appliquant à chacun de ceux-ci une imposition différente, il est aussi appelé analytique ou séparée des revenus, son système d'imposition atteint chacun une catégorie particulière des revenus appelée « cédules ».

174 Encyclopédia Universalis, édition 2005, p. 256.

3°. Impôt sur le capital

L'imposition du capital se rencontre dans tous les systèmes fiscaux mais n'occupe qu'une place marginale dans les recettes fiscales, Il frappe le patrimoine permanent du contribuable, ce qui revient à dire que la matière imposable peut être très large (lingots d'or, bijoux, propriété bâtie ou non, objet d'art, véhicules de luxe, bateaux...).

Des difficultés énormes sont liées à l'évaluation de cette matière imposable. Raison pour laquelle on a tendance à dire que l'impôt sur le capital est improductif, surtout si on y ajoute les proportions énormes de fraude et d'évasion fiscale.

En République Démocratique du Congo, cet impôt frappe le patrimoine. Ainsi, tout celui qui aura dans son patrimoine une propriété bâtie ou non bâtie ou qui aura occupé un immeuble du domaine privé de l'Etat, sera passible de l'impôt foncier sur le seul fait de la possession ou de la jouissance.

Section III. La politique fiscale

§.1. Notion

La notion de politique fiscale est une de celles qui reste la plus confuse. Si la politique budgétaire peut se définir comme « l'ensemble des actions menées par les pouvoirs publics ayant un support financier, qu'il s'agisse de dépenses ou de recettes, alors la politique fiscale n'est que l'une des dimensions de cet ensemble. Concrètement, elle est le produit des choix explicites ou implicites des décideurs publics dans des domaines économiques et extra-économiques, qui déterminent les caractéristiques générales des prélèvements obligatoires. Ce faisant, elle articule les aspects économiques et les dimensions juridiques des prélèvements obligatoires »[175].

Ainsi dit, les politiques fiscales tiennent toujours un plus grand compte des vertus ou des défauts que sont censés comporter les divers

---

[175] MONNIER, JM., *La politique fiscale : objectif et contraintes*, Centre d'économie de la Sorbonne, Paris, 2003, p.1.

types d'impôts au regard de la vie économique. C'est ainsi que certaines politiques viseront à favoriser la demande ou, inversement, l'offre, tandis que d'autres tenteront d'encourager tel ou tel secteur de l'économie en défiscalisant les produits concernés.

Conjoncturelles ou structurelles, « les politiques fiscales doivent nécessairement tenir compte, de toute façon, du caractère particulièrement évolutif et fluctuant des sociétés contemporaines ainsi que de la longueur des processus de décision administratifs ou politiques »[176].

La politique fiscale a pour mission de préciser, une fois les principes de prélèvement fixés, les « déterminants généraux d'imposition[177] » en fonction des données économiques et psychologiques. En soi, la politique fiscale d'un pays doit converger vers une fiscalité optimale *(théorie de l'impôt optimal*[178]).

De ce fait, les auteurs qui, depuis lors, ont cherché d'établir une théorie de l'impôt, oscillent entre deux fondements des rapports : la liberté individuelle et la liberté souveraineté (liberté collective). Ces deux conceptions conduisent à des conclusions opposées sur la nature et les finalités de l'impôt, tantôt obstacle à la liberté, tantôt expression et garant de cette liberté. La question est de savoir si la confrontation de ces deux paradigmes débouche sur une question insoluble ou si l'on peut réconcilier ces deux visions, en apparence contradictoires, et les rattacher à une théorie unificatrice plus globale des finances publiques[179].

---

[176] BOUVIER, M., *Introduction au droit fiscal général et à la théorie de l'impôt*, 8ièmè éd., LGDJ, Paris, 2007, p. 164.

[177] A ce propos selon GEFFROY, JB., op.cit, p 390, ces déterminants concernent l'ensemble des mécanismes d'assiette de liquidation et de recouvrement de l'impôt qui constituent au fait une part essentielle de la politique fiscale.

[178] Voir infra dans la deuxième partie.

[179]BARILARI, A., « Des rapports compliqués de la liberté et de l'impôt à travers des théories de l'impôt », in *Réforme des finances publiques et mondialisation de l'administration*, Economica, paris, 2011, p. 17.

L'OCDE énonce trois facteurs qui sont susceptibles de modeler la politique fiscale dans les années à venir [180]. Il s'agit de :

- La poussée des dépenses qui, si elles sont engagées, devront être financées soit par une augmentation des impôts, soit par un redéploiement des recettes existantes ;
- La nécessité de limiter et de réduire encore d'une part les répercussions économiques négatives des distorsions occasionnées par une pression fiscale plus forte que jamais, d'autre part l'érosion des bases d'imposition qui s'est intensifiée avec la majoration des taux d'imposition ;
- Enfin, la menace liée à la mobilité géographique grandissante des bases d'imposition en cas d'une importante forme d'érosion de l'assiette fiscale.

§.2. Les critères d'optimisation du système fiscal

Pour rappel, le système fiscal doit remplir trois fonctions essentielles pour son optimisation[181] :

- Une fonction de financement des dépenses publiques qui poursuit un objectif de rendement budgétaire. Cette fonction renvoie à la notion de couverture des dépenses publiques, qui est alors la mission par excellence d'un système fiscal ;
- Une fonction de redistribution des revenus et des patrimoines conformément à l'objectif d'équité. Cette fonction fait appel à deux règles, l'une consensuelle, qui veut que la charge de l'impôt soit équitablement répartie et l'autre conflictuelle, qui cherche une attribution correctionnelle de la répartition des revenus afin de la rendre équitable ;
- Une fonction de stabilisation de l'activité économique ou de correction des déséquilibres à des fins d'efficacité

---

180 Perspectives économiques de l'OCDE, 2011, p.178.

181 VALLEE, A., *op.cit.*, p.47.

économiques, qui permet à l'impôt, en tant qu'un instrument de politique économique, de jouer un rôle incitatif, dissuasif et stabilisateur.

Ainsi pour permettre à l'impôt, à travers le système fiscal, d'assurer ses fonctions fondamentales, plusieurs critères d'optimisation du système fiscal sont à observer, dont deux s'avèrent plus dominants que les autres : critère d'efficacité et d'équité. Chaque impôt doit chercher à concilier plus ou moins ces deux critères.

En ce qui concerne la Province du Katanga, il a été observé que les impôts qui frappent les biens immobiliers, dans leur état actuel (impôt sur les revenus locatifs et impôt foncier) ne sont ni efficaces, ni équitables. S'ils étaient efficaces, ils devraient procurer de ressources nécessaires à la couverture de dépenses publiques, tel n'est pas le cas ; s'ils étaient équitables, tous les contribuables devraient les payer sans problème, tel n'est pas non plus le cas.

1. le critère d'efficacité

Le critère d'efficacité repose sur le principe d'équivalence ou de bénéfice qui veut que le montant de l'impôt qu'un contribuable paye doit être lié à la satisfaction qu'il tire des dépenses publiques. Autrement dit, les citoyens doivent contribuer au financement des dépenses publiques au prorata des bénéfices qu'ils en retirent. Ce n'est donc pas leur situation personnelle de richesse ou d'aisance qui déterminera le niveau de leur contribution.

Dans ce modèle d'échange où l'Etat -partenaire offre des services et biens contre un prix, les impôts sont des contributions individualisées et volontaires. Individualisées puisque les dispositions à payer varient d'un individu à l'autre en fonction des systèmes de préférences, mais aussi des capacités de payer ; volontaires puisqu'il s'agit d'une relation d'échange entre les contribuables et l'Etat, conçu comme un simple intermédiaire au service des citoyens[182].

---

182 VALLEE, A., *op.cit.*, p.54.

Ce principe d'équivalence ou de bénéfice est le fondement des théories de l'échange volontaire entre l'Etat et le consommateur. L'impôt est une contrepartie des services publics rendus, et en cas d'un équilibre entre la contrepartie et le service rendu (bénéfice), il y a équivalence entre l'Etat et le consommateur.

Lorsque la politique fiscale opte pour le critère d'efficacité, il faut, dans ce cas, minimiser la charge fiscale excédentaire : et cet exercice consiste en fait à rechercher les modalités de l'impôt qui permettent de financer aux moindres pertes de bien-être la production d'un montant donné de biens et de services publics. Ce raisonnement considère donc le montant de recettes fiscales comme une donnée qui provient des choix qui ont été faits quant à la taille du secteur public et quant au mode de financement (impôt) des biens et services publics produits. Voici les critères de minimisation[183] :

- Plus le taux de l'impôt est bas, plus l'impôt est efficace ;
- Plus l'impôt est perçu sur une assiette large, plus l'impôt est plus efficace ;
- Plus l'impôt est perçu de manière uniforme, plus l'impôt est efficace.

Ces trois critères s'harmonisent sur une recommandation de politique fiscale : un impôt efficace est un impôt à taux bas et à base large. Toute réforme fiscale qui chercherait à un élargir la base de l'impôt et à baisser le taux d'imposition serait un progrès vers l'efficacité.

Cet élargissement de la base imposable, expliquent, A. Decoster et C. Valenduc, « rend l'impôt plus uniforme, puisque cela consiste à soumettre à l'impôt ce qui n'y était pas ou ce qui était moins imposé. De plus, comme expliqué ci-dessus, en intégrant dans la base imposable des substituts qui ne sont pas imposés ou moins imposés, on rend la

[183] DECOSTER, A. et VALENDUC, C., *op.cit*, pp.61-65.

base imposable moins élastique, ce qui réduit la charge fiscale excédentaire »[184].

2. le critère d'équité

Pour mieux répartir les charges entre citoyens, le principe d'équité fait appel à la notion de la capacité contributive qui constitue le fondement essentiel des systèmes fiscaux actuels. Cette approche considère que les citoyens doivent contribuer au financement des dépenses publiques sur la base de leur capacité contributive. Ce principe de la capacité contributive se rattache à la théorie de la contrainte (prélèvement obligatoire). La structure des recettes fiscales est indépendante de celle des dépenses publiques qui est décidée dans le cadre d'un processus de décision politique sans lien direct avec le système de financement.

La répartition de la charge fiscale doit respecter deux critères : le critère d'équité horizontale et le critère d'équité verticale[185].

Le critère d'équité horizontale exprime une règle fondamentale d'égalité devant l'impôt : à capacité contributive égale, impôt égal. Autrement dit, l'équité horizontale se fonde sur le principe selon lequel les personnes physiques ayant une capacité contributive égale, ou, plus exactement jouissant d'un même revenu global, devaient acquitter un impôt égal. Dans la démarche du bénéfice, cela signifie que « des contribuables qui bénéficient d'une manière semblable des dépenses publiques fourniront des contributions égales. Ainsi deux familles de deux enfants de 12 et 10 ans sont semblables : l'une et l'autre sont exposées aux mêmes coûts de scolarité et plus généralement d'éducation des enfants et cela, même si elles disposent de revenus différents. Selon la théorie du bénéfice, il est équitable d'imposer ces familles de la même manière. Dans le cheminement de la capacité contributive, les situations identiques devraient être définies en termes

[184] *Ibidem*, p.66.
[185] VALLEE, A., *op.cit.*, p.69.

d'utilité ou de bien-être. Dans la pratique, elles sont définies en référence au revenu à la consommation ou au patrimoine »[186].

Le critère d'équité verticale veut que les impôts soient différenciés en fonction de la capacité contributive : à capacité contributive différente, impôt différent. L'équité verticale exprime donc l'idée selon laquelle les personnes physiques ayant des revenus globaux élevés supportent une charge fiscale proportionnellement plus forte que celles disposant de revenus inférieurs. Par conséquent, l'impôt est établi en fonction du bien-être. En effet, « si on accepte l'hypothèse selon laquelle l'utilité marginale du revenu est décroissante, des sacrifices équivalents en termes de bien-être exigent des sacrifices croissants en fonction des revenus : c'est le fondement de la progressivité de l'impôt. Une augmentation du revenu génère une augmentation plus que proportionnelle de l'impôt. Lorsque l'impôt est progressif, il faut distinguer le taux marginal et le taux moyen : le taux marginal est celui qui s'applique à la marge sur une variation quantitative du revenu et le taux moyen est le rapport entre l'impôt et le revenu. Et dans le cas d'un impôt progressif, le taux marginal sera toujours supérieur ou égal au taux moyen, le taux moyen augmentant avec le revenu »[187].

Section IV. Instauration du système fiscal

§.1. Le choix de la matière imposable

1. Matière imposable

Cette notion est très capitale parce qu'elle conditionne l'existence de tout impôt et par conséquent, l'établissement du système fiscal. Sans cela, il n'y aura point d'imposition. Elle se traduit par un déroulement long et délicat de mise en place des dispositifs par lesquels d'une part l'assiette de l'impôt est évaluée, et d'autre part, l'impôt est

[186] DECOSTER, A. et VALENDUC, C., *op.cit.*, p. 72.
[187] *Ibidem*, p. 74.

liquidé, calculé et enfin recouvré. « *La matière imposable, c'est ce sur quoi l'impôt repose* »[188].

La matière imposable est une matière juridiquement qualifiée, qu'il s'agisse des opérations imposables à la TVA, des revenus ou des bénéfices appartenant à l'une des grandes catégories fiscales (bénéfices industriels et commerciaux, bénéfices non commerciaux, bénéfices agricoles, traitements et salaires, revenus fonciers, revenus des capitaux mobiliers, etc.), d'une activité imposable (par ex. pour la taxe professionnelle), d'actes particuliers (notamment pour les droits d'enregistrement) ou des biens imposés à l'impôt sur le capital. Ces questions de qualification posent tous les problèmes de l'autonomie du droit fiscal au regard des catégories et distinctions du droit privé.

Pour établir un impôt, il faut tout d'abord choisir et circonscrire la matière imposable qui est, en fait, l'élément qui permet d'avoir l'assiette de l'impôt. L'assiette de l'impôt s'analyse comme un choix opéré dans la matière imposable pour déterminer une base de calcul de l'impôt. Elle peut être une réalité physique (hectolitre d'alcool) ou une réalité économique (le chiffre d'affaires ou revenu) ou encore une réalité juridique (la propriété pour les droits de mutation) [189].

A travers l'histoire, le choix de la matière imposable est passé de l'impôt unique à l'impôt plural.

Les premières contributions à la thèse de l'impôt unique émanent des physiocrates Walras et E. Schueller, et sont toutes dépassées par les nouveaux besoins financiers de l'Etat[190]:

- L'impôt unique des physiocrates en l'idée selon laquelle la terre étant une source des richesses, le propriétaire devait payer seul l'impôt, avec comme inconvénients que tout celui qui n'a pas une portion de terre ne contribuait pas aux charges de l'Etat. L'impôt à payer

[188] DUVERGER, M., *op.cit.*, p.373.
[189] JACQUES, G. et PHLIPPE, M., *Droit fiscal général*, 6 éd., Dalloz, Paris, 2007, p.6.
[190] OULES, F., *op.cit.*, 1993, p.290.

correspondait à l'excédent des ressources dégagées par une activité productive sur les dépenses nécessaires à cette activité. Il faut retenir que les physiocrates limitaient l'activité productive à l'agriculture.

- L'impôt unique sur l'énergie de E. Schueller reposait sur le charbon, l'électricité et produits pétroliers. Ce type d'impôt s'est buté à l'extrême sensibilité de la conjoncture, à la hausse des prix ainsi qu'à l'encouragement à économiser l'énergie qui entraîne nécessairement la diminution de la pression fiscale. Cet impôt unique frappait les familles modestes et nombreuses parce que consommant des aliments qui demandent plus d'énergie pour leur transformation (blé, maïs, froment).

- L'impôt unique sur la dépense frappait toute dépense d'un consommateur, comme le cas aujourd'hui de la TVA en RDC. Cette imposition qui fonctionne avec les prix sur le marché est trop sensible à la conjoncture. L'abstention de dépenser entraîne sans aucune condition la diminution de la pression fiscale.

- L'impôt unique sur le revenu frappait tout contribuable qui réalisait un revenu.

La pluralité d'impôts permet de bien financer les dépenses publiques et de respecter les facultés contributives des contribuables. Cette multiplicité d'impôts permet aussi de combler des lacunes d'un impôt par un autre impôt dans le système fiscal. Ce système est celui qui domine aujourd'hui tous les systèmes fiscaux du monde. On peut imposer soit les biens mobiliers et immobiliers du contribuable, soit la dépense effectuée à un moment du circuit économique, ou à l'occasion de la mise en consommation des biens, etc.

Mais, faudra-t-il observer que « la distinction la plus satisfaisante est triadique, qui oppose l'impôt sur le revenu, l'impôt sur la fortune et l'impôt sur la dépense. Elle est exhaustive sans être simplificatrice puisqu'elle cerne les trois matières de l'impôt moderne. Si la fortune peut être assimilée au patrimoine et la dépense à la consommation, le revenu sera tout ce que le contribuable peut dépenser sans s'appauvrir »[191].

2. *Évaluation de la matière imposable*

Qu'il s'agisse des revenus, du patrimoine ou du chiffre d'affaires, « *le choix d'une méthode d'évaluation résulte d'un savant compromis, d'un fragile équilibre entre les droits et intérêts respectifs de l'administration et des contribuables* »[192].

L'Etat, qui est demandeur de l'impôt, doit, à ce titre, établir l'existence de la matière imposable, la quantifier et la déterminer. Or la complexité de cette matière fait qu'il existe plusieurs procédés d'évaluation dont le point de départ est la détermination de l'assiette de l'impôt, qui est même le support de l'impôt. Asseoir l'impôt, c'est déterminer les matières imposables et mesurer dans chaque cas la quantité de ces dernières à laquelle doit s'appliquer l'impôt. Plusieurs techniques existent pour déterminer la matière imposable :

Comment en effet appréhender la matière imposable le plus exactement possible, tout en ménageant la liberté individuelle, le secret des familles et l'intimité de la vie privée ? Comment concilier, du même coup, exactitude et discrétion ? L'exactitude qui permet un bon rendement de l'impôt et satisfait à la justice fiscale, et la discrétion qui évite que le système tombe dans l'inquisition fiscale ? Mais aussi, comment prendre en compte les spécificités d'impositions ? Comment faire échec à la résistance ou aux défaillances des contribuables, tout en respectant les droits et libertés des citoyens ? Telles sont les équations à plusieurs inconnues qui se posent aux trois principales méthodes

---

[191] OULES, F., *op.cit.*, p. 8.
[192] GEFFROY, JB., *op.cit.*, p. 281.

d'évaluation de matière imposable : les méthodes déclaratives ; les méthodes présomptives et la méthode administrative[193].

A. Les méthodes déclaratives

Elles sont composées de la méthode de déclaration contrôlée et la méthode de déclaration par tiers.

La méthode de déclaration contrôlée apparaît aujourd'hui comme le mode normal d'évaluation de la matière imposable. Cette méthode est la voie contemporaine, socialement juste et économiquement efficace qui est utilisée pour tous les grands impôts. Elle est l'acte par lequel le contribuable fait connaître à l'administration fiscale l'existence de la matière imposable, son montant et éventuellement tous les éléments nécessaires au calcul de l'impôt (situation de famille, charges déductibles, etc.)[194].

C'est effectivement le contribuable qui est le mieux placé pour indiquer à l'administration les éléments de sa situation personnelle, familiale ou professionnelle. La déclaration est le procédé de droit commun de constatation et d'évaluation de la matière imposable. Son extension s'est faite progressivement à tous les impôts. Le contribuable doit fournir au fisc les renseignements nécessaires à l'établissement de l'assiette (montant du revenu, charges de familles, charges déductibles) et son dépôt est obligatoire dans un certain délai.

Même si la déclaration est toujours présumée exacte, elle sert de preuve opposable à l'Administration fiscale et au contribuable. Le déclarant est celui qui est présumé le mieux connaître le montant de la matière imposable ; et du fait de l'interprétation des déclarations, il a intérêt à être exact. Cette méthode peut être une source de problèmes pour le contribuable qui ne maîtrise pas l'ensemble de la législation fiscale. Pour l'administration au contraire, elle allège ses obligations dans l'optique de présomption d'exactitude. On l'appelle ainsi déclaration contrôlée pour la simple raison qu'elle n'a qu'une

---

193 *Ibidem*, p. 282.

194 BAKANDEJA wa mpungu, *Droit des finances publiques*, éd. Noraf, Km., 1997, pp. 63-65.

présomption d'exactitude, l'administration fiscale se réservant le droit de vérifier la véracité de la déclaration.

Il sied de noter que la déclaration fiscale est un acte de collaboration avec l'Administrative fiscale, justifié par l'idée selon laquelle l'obligation fiscale n'est pas une dette ordinaire, mais plutôt l'accomplissement d'un devoir social. Cet acte ne peut atteindre son but que s'il est obligatoire et si le contribuable est placé dans une situation telle qu'il ne peut s'y soustraire sans en encourir des graves sanctions.

Le contrôle peut porter sur la forme ou sur le fond. Son régime se caractérise par un ensemble de règles relatives aux pouvoirs qui sont attribués à l'administration fiscale en vue d'assurer le contrôle de l'impôt (examen contradictoire de la situation fiscale personnelle, demande d'éclaircissements ou de justifications, droit de communication, perquisition des locaux professionnels et du domicile, vérification de comptabilité, procédure de détermination forfaitaire et d'évaluation administrative des bases d'imposition, procédure de redressement contradictoire, procédure d'imposition d'office, procédure de répression des abus de droit, etc.), contrôle qui ne peut être exercé que dans les délais de prescription.

B. Les méthodes présomptives

Elles présentent la caractéristique commune de reposer sur un ou plusieurs éléments auxquels l'administration a recours pour établir la matière imposable, et qui bénéficient d'une présomption de concordance avec la situation du contribuable. La principale caractéristique de ces méthodes est donc l'approximation.

Les méthodes présomptives souvent archaïques dans leurs mécanismes, unilatérales dans leurs procédures, trop approchantes dans leurs résultats. Ce sont des techniques indiciaire et forfaitaire[195].

La méthode indiciaire consiste à évaluer la matière imposable en se basant sur certains indices extérieurs de richesses, à partir

[195] GEFFROY, JB., *op.cit.*, p.286.

desquels on définit approximativement le montant des revenus des contribuables. Ces indices peuvent être le nombre notamment les nombres de voitures détenues par le redevable. Néanmoins, en raison de leur archaïsme et de son aspect arbitraire, elle est souvent utilisée comme une méthode accessoire ou moyen de contrôle.

La méthode forfaitaire, quant à elle, est une technique d'évaluation simplifiée, qui vise à se substituer à la déclaration exacte. Ici, le fisc se contente d'informer au lieu de rechercher l'évaluation exacte de la matière imposable. Et ce, pour des raisons pratiques ou techniques.

Cette méthode est souvent utilisée pour déterminer la matière imposable des professions libérales et du petit commerce. A cet effet, il existe le forfait légal qui est imposé par la loi, le forfait facultatif que la loi détermine et que le contribuable est libre d'appliquer ou non, et le forfait conventionnel qui résulte d'une négociation entre le contribuable et le fisc.

C. La méthode administrative : la taxation d'office

Elle est le droit que détient le fisc à l'égard des contribuables de mauvaise foi, qui ne déclarent pas leurs revenus ou ne répondent pas à la demande de supplément d'informations. Le fisc établit lui-même la matière imposable à partir des éléments à sa disposition.

Autrement dit, la taxation d'office est un moyen exceptionnel de forcer la résistance ou le silence du contribuable, de faire échec à sa mauvaise volonté et aux moyens dilatoires qu'il peut mettre en œuvre pour éluder ses obligations fiscales[196].

§.2. Le recouvrement

Le recouvrement est l'opération qui consiste à faire passer la somme de l'impôt de la poche du contribuable à la caisse du trésor[197]. Autrement dit, le recouvrement de l'impôt s'entend de toutes les

---

[196] *Ibidem.*, p.305.
[197] DUVERGER, M., *op.cit.*, p.391.

opérations conduisant à la perception, par le receveur des impôts, des sommes dues au trésor par les redevables au titre d'impôts ou autres droits et taxes. Cet encaissement est organisé par des procédures qui peuvent varier d'un impôt à l'autre, mais le point commun est qu'il fasse intervenir un comptable public ou un receveur pour gérer l'ensemble du processus. Le paiement effectif de l'impôt intervient très souvent à l'initiative du fisc qui sur base de la déclaration du contribuable, liquide l'impôt et lui adresse un avis d'imposition. Le paiement, parfois spontané, peut aussi s'effectuer par un tiers chargé de retenir à la source.

Le régime de retenue à la source de l'impôt sur le revenu consiste donc à faire prélever par un tiers payeur, au fil des revenus qu'il verse à la personne concernée, l'impôt dû au titre de ces mêmes revenus.

Au sens strict, la retenue à la source constitue une modalité de recouvrement de l'impôt. Elle est cependant indissociable de la notion d'imposition sur les revenus de l'année en cours.

La retenue à la source serait un facteur de simplification des relations avec l'administration et du paiement de l'impôt, car le payeur du revenu assurerait le versement à l'Etat des retenues mensuelles. La retenue à la source permettrait l'ajustement des prélèvements sans formalité.

Il existe deux sortes de recouvrement : le premier est dit normal ou amiable et le second, forcé.

1. Le recouvrement à l'amiable

Le recouvrement revêt un caractère amiable en ce sens que le redevable du montant de l'impôt est invité par l'administration à travers un document comportant une échéance pour s'acquitter de l'impôt. Tout impôt établi soit par le redevable lui-même, soit par l'Administration des impôts, fait l'objet d'une opération de mise en rôle. Le rôle est le titre officiel en vertu duquel le percepteur a le droit de réclamer le paiement de l'impôt et d'en poursuivre le recouvrement[198].

Etant établis en priorité par les redevables eux-mêmes dans leurs déclarations auto liquidatives, les impôts sont, en RDC, payés au moment du dépôt de celles-ci aux échéances rattachées aux différents types d'impôts. C'est seulement en cas de vérification ou de taxation d'office que les impôts ou suppléments d'impôts, notifiés au redevable, sont réclamés par voie d'émission d'un avis de mise en recouvrement[199] et doivent être payés dans les quinze jours de la réception de cet avis[200].

Dans cette optique, le recouvrement de l'impôt recourt à deux grandes techniques, celle des droits au comptant et celle des droits constatés.

Le régime des droits au comptant est indiqué par la concomitance entre les opérations d'assiette, de liquidation et de paiement de l'impôt. Ces droits sont payés dès que survient le fait générateur, et le paiement ne peut être différé que pour des raisons techniques ou pratiques. Le fait générateur est soit un fait juridique, soit un acte juridique. Son existence suppose « en premier lieu l'identification du fait imposable qui doit s'entendre, selon la jurisprudence, comme le fait que la loi a voulu atteindre »[201].

Par contre dans le régime des droits constatés, le recouvrement de l'impôt n'a lieu qu'après que les opérations d'assiette et de liquidation ont été réalisées. Il s'écoule donc un certain temps entre le paiement et le recensement fiscal. Ce régime frappe les impôts directs,

---

198 LEFEBVRE, F., *Mémento pratique fiscale, 1985*, éd Francis Lefebvre, Paris, 1989, p. 517.

199 L'avis de mise en recouvrement est un document d'établissement de l'impôt par l'administration en cas d'absence de déclaration ou de minoration des droits dus au Trésors public. Il est signé par le Receveur des Impôts compétent et doit contenir les mentions ci-après : l'identification précise du redevable et le numéro impôt de celui-ci ; la nature de l'impôt ou autres droits dus ; la base imposable ; le montant en principal des droits mis à sa charge ; le délai de paiement. Il est envoyé au redevable sous pli recommandé avec accusé de réception ou remis en mains propres sous bordereau de décharge. Cfr l'article 59 de la loi n° 004/2003 du 13 mars 2003 portant réforme des procédures fiscales.

200 Articles 57 et 58 de la loi n° 004/2003 du 13 mars 2003 portant réforme des procédures fiscales.

201 BAS, C., *Le fait générateur de l'impôt*, l'Harmattan, paris, 2007, p.102.

comme l'impôt sur le revenu. Autrement dit, la constatation du fait générateur et la liquidation sont deux opérations bien différentes qui sont effectuées à un intervalle de temps parfois éloigné. La liquidation donne lieu, dans le cas d'espèce, à l'établissement de rôle pour la dette individuelle du contribuable. Une fois le contribuable identifié ou sélectionné, la base imposable évaluée, l'impôt liquidé, celui-ci doit être encaissé.

Par dérogation aux régimes des droits constatés et des droits au comptant, il a été introduit, pour des raisons pratiques, le paiement anticipatif, qui permet d'accélérer les rentrées fiscales pour le trésor. Deux mécanismes principaux sont retenus : les acomptes provisionnels et les précomptes en matière d'impôt sur le bénéfice.

2. Le recouvrement forcé

Le recouvrement forcé trouve sa raison d'être dans l'exigibilité, entendue ici comme le délai dans lequel le trésor public peut valablement réclamer l'impôt au redevable. Le principe général est que l'exigibilité doit courir après un certain délai à partir de l'émission du titre de recouvrement.

Les contribuables qui refusent de payer leur dette d'impôt auprès de l'Administration fiscale peuvent, le cas échéant, se retrouver face à un recouvrement forcé. Comportant une gradation de moyens, le recouvrement forcé peut se faire de deux manières différentes :

- La contrainte à l'égard du contribuable ;
- La sommation à tiers détenteur.

Ces procédures de recouvrement suivent différentes phases et doivent respecter un certain nombre de conditions de fond et de forme afin d'être valables.

En Droit fiscal congolais, Les déclarations ainsi que les avis de mise en recouvrement non suivis de paiement dans les délais font l'objet des poursuites en recouvrement engagées directement par le Receveur des Impôts, sans autres formalités, et exercées par les Huissiers. Ces derniers font les avis à tiers détenteurs, et des saisies, et procèdent aux ventes aux enchères des biens saisis.

§.3. La résistance fiscale

La résistance fiscale est un acte politique consistant à refuser de participer à la fiscalité de son pays au nom de valeurs morales. L'impôt étant par définition l'expression d'une contrainte, la tentation d'y résister est grande. Cette résistance, qui est d'autant plus grande que le gain matériel peut être important, peut aussi résulter de la transformation d'une résistance à la contrainte politique. L'impôt n'est-il pas l'expression d'un pouvoir souverain ?

La fuite devant l'impôt est parfois ornée d'une justification politique, que le pouvoir en place abuserait de sa position : c'est l'argument du fiscalisme. Deux méthodes sont d'application en matière de résistance fiscale : la grève de l'impôt et son évitement.

1. La grève de l'impôt

La grève de l'impôt est souvent rangée parmi les mouvements collectifs de refus de l'impôt. Le terme utilisé est celui de refus collectif de l'impôt[202].

La grève de l'impôt devient alors, « une abstention de souscrire à toute déclaration fiscale ou douanière imposée par la loi, dans le but de ne pas fournir au fisc le moyen à partir duquel l'impôt peut être établi »[203]. Il faut noter que le pouvoir de refuser l'impôt est l'apanage du parlement. Ce qui est juridiquement possible, mais politiquement difficile.

Ce qui revient à dire que la grève de l'impôt reste le plus souvent dans son état de menace et le passage à l'acte n'est pas si fréquent. La grève partielle de l'impôt a été parfois prônée et est basée sur la mauvaise gestion des recettes fiscales. Ce système de grève partielle a été observé selon M. Bouvier, vers les années 1970 en Italie, où des

---

202 MILLAN, P., *op.cit.*, p.322.
203 KITOPI Kimpinde, *op.cit.*, p. 94.

groupes d'extrême gauche italienne appelèrent à pratiquer ce qu'ils dénommaient une auto réduction de l'impôt et qui consistait à ne payer qu'une partie de l'impôt selon le degré de satisfaction retirée des dépenses de l'Etat[204].

L'appel à la grève de l'impôt est plus souvent l'œuvre des corporations professionnelles agissant dans un but syndical.

M. Bouvier fait constater que les révoltes fiscales ont toujours plusieurs faces. Si elles relèvent à priori du refus évident de tel ou tel impôt, s'associent en même temps à une contestation plus diffuse soit de l'administration chargée du prélèvement, soit de l'autorité qui en est à l'origine. Néanmoins, une des caractéristiques remarquables des révoltes fiscales (grève de l'impôt) d'hier comme d'aujourd'hui est qu'elles ne vont jamais jusqu'à un refus du pouvoir en soi. Si le pouvoir est dénoncé, il l'est en tant qu'il réclame trop. C'est, en fin de compte, la quantité de sacrifice fiscal qui est en cause et non son principe même[205].

2. L'évitement de l'impôt

L'expression « *évitement de l'impôt* », peut, selon P. Beltrame cité par P. Millan, désigner les comportements licites ou illicites par lesquels un contribuable cherche à éluder l'impôt[206].

A. L'évasion fiscale

L'impôt ne sera productif que si le système fiscal présente certaines qualités, dont l'universalité qui veut que l'impôt atteigne tous les citoyens et doive être assis sur toutes les matières imposables de chacun[207].

Mais, lorsque l'impôt ne respecte pas ces qualités, la tendance est la fraude et/ou le refus de paiement. Cette attitude se fonde sur le

---

[204] BOUVIER, M., *Introduction au droit fiscal général et à la théorie de l'impôt*, 8ième éd., LGDJ, Paris, 2007, p. 156.
[205] BOUVIER, M., *op.cit.*, p. 151.
[206] MILLAN, P., *op.cit.*, p.326.
[207] MUZELLEC, M., *Finances publiques*, 5e éd. Sirey, Paris, 1986, p. 39.

sentiment du contribuable qui se trouve être plus assujetti que les autres. L'évasion fiscale qui peut être légale ou illégale constitue un frein important à l'égalité des contribuables.

En effet, l'évasion fiscale au sens propre du terme se produit lorsque celui qui devait payer une contribution ne le fait pas. Elle n'est pas à confondre, comme c'est souvent le cas, à la fraude fiscale. La fraude n'est qu'un cas particulier de l'évasion. En clair, échapper à l'impôt en violant les lois, relève de la fraude ; mais échapper en s'appuyant sur les lois, est un cas d'évasion fiscale légale qui ne constitue pas une infraction pour lequel l'évadé n'encourt aucune peine. Il est en paix avec lui-même, puisque ce sont les lois mêmes qui lui permettent d'échapper. L'évasion fiscale non frauduleuse ne heurte aucune disposition légale. Elle est tantôt organisée, tantôt négligée par le législateur.

Elle est organisée par la loi lorsqu'elle se manifeste par une compréhension et une tolérance particulière à l'égard de certaines catégories de contribuables. Elle est négligée par la loi lorsque le contribuable exploite les lacunes, les ambiguïtés de la loi, il contourne les dispositions en vigueur pour se soustraire à l'impôt. Par contre l'évasion illégale résulte de l'altération des recettes par dissimulation totale qui est caractérisée par l'absence des déclarations[208].

C'est cette évasion illégale qui met en échec le principe d'égalité et qu'il faut combattre. Elle a des conséquences graves sur le plan financier (manque à gagner), social (elle accentue l'inégalité entre les fraudeurs et les autres) et économique (naissance de la concurrence déloyale).

B. La fraude fiscale

La fraude consiste à échapper à l'impôt, à donner une fausse présentation de la vérité ou une interprétation erronée. Rosier, cité par A Margairaz et R. Merkli, précise que « la fraude fiscale embrasse tous

---

208 MUZELLEC, M., *op.cit.*, p. 40.

les gestes matériels, toutes les opérations comptables, tous les actes juridiques, toutes les manœuvres et combinaisons auxquels ont recours des contribuables ou des tiers pour se soustraire à l'application des impôts. La fraude fiscale constitue un des facteurs de la résistance fiscale et freine l'application du principe d'égalité. Théoriquement la fraude pose un problème moral, et son développement témoigne un affaiblissement regrettable du sens civique des contribuables »[209].

La fraude fiscale s'analyse toujours comme une dissimulation de la matière imposable que peut être plus ou moins élaborée. Pour illustrer ce type de fraude fiscale, nous pouvons citer le cas du travail au noir qui est exécuté sans facture, et que sans qu'aucune taxe ni impôt ne soit payé, et celui de l'oubli volontaire de déclaration d'un revenu quelconque.

Dans la dissimulation comptable, qui joue sur les différentes qualifications comptables, il est possible d'en retirer un avantage fiscal plus ou moins important. De ce fait, les dépenses personnelles du commerçant seront-elles qualifiées de professionnelles ? Dans une société, une partie des bénéfices pourra être transformée en amortissement, les réserves en provisions. D'autres comportements relèvent également de ce type de fraude : la double comptabilité, une fiscale et une autre commerciale réelle dont le but est de réduire les recettes et d'augmenter les frais, de présenter une facturation de recettes inférieures à la réalité, de vendre sans facture pour éviter la TVA, etc. La technique des sociétés écrans est une autre illustration de ce phénomène : une société mère vend moins cher ses prestations à une filiale installée dans un pays fiscalement plus intéressant, laquelle revend ensuite au prix normal.

Il sied de mentionner aussi que la dissimulation juridique peut prendre deux formes : la première est l'opération fictive consistant en des fausses factures qui, juridiquement, retracent des opérations

[209] MARGAIRAZ, A. et MERKLI, R., *La fuite devant l'impôt et contrôle* fiscal, Librairie Marguerat, Lausanne, 1985, p. 25.

matériellement inexistantes pour en retirer un bénéfice fiscal. L'autre forme est la fausse qualification, qui transforme une situation juridique en une autre qui est fiscalement plus intéressante, ou encore une situation de fait qui est improprement qualifiée juridiquement. A titre d'exemple, une mutation à titre gratuit sera présentée comme une mutation à titre onéreux. Mais, l'Administration fiscale n'est pas liée par la qualification juridique donnée par le contribuable.

Chapitre III. La fiscalité provinciale en RDC

L'objet de ce chapitre est de présenter la structure de la fiscalité provinciale de la RDC, tout en insistant sur des impôts frappant les revenus immobiliers. Il faut entendre par revenus immobiliers, tous revenus d'investissements qui sont imposables non seulement lorsqu'ils sont produits par des bâtiments ou terrains loués, mais aussi lorsqu'il s'agit du revenu de l'habitation occupée par le contribuable. Le propriétaire occupant sa maison est considéré comme jouissant d'un revenu parce qu'il épargne la dépense d'un loyer.

L'histoire nous apprend que l'imposition de la terre avait toujours été la base des systèmes fiscaux. Comme le décrivent Winfrey, Buchanan et De Fleurs cités par D. Cameron, « *les impôts fonciers étaient l'une des premières formes de taxation à prendre en considération. Les économistes ont conclu que la propriété, et plus particulièrement la terre, était la seule base logique pour la taxation. Les physiocrates voyaient les terres agricoles comme le seul secteur productif* »[210].

Comme il est admis aujourd'hui que les impôts fonciers constituent la principale ressource financière pour les entités décentralisées, nous croyons, à juste titre, qu'il faudra repenser le système d'imposition des biens immobiliers au Katanga pour que ces derniers soient au service du développement durable à travers la décentralisation fiscale.

Selon qu'il s'agit de l'autonomie dérivée des communautés et des régions ou de l'autonomie normative (voir supra), il existe trois sortes d'impôts régionaux[211] :

- Les impôts pour lesquels les Régions peuvent modifier le taux d'imposition, la base d'imposition et les exonérations ;

---

210 CAMERON, D., *Property taxes,* Willamette University, College of Law, 1999, p.95.

211 DASSESSE, M. et MINNE, P., *Droit fiscal, principes généraux et impôts sur les revenus*, 5ième éd., Bruylant, Bruxelles, 2011, p. 14.

- Les impôts pour lesquels les Régions ne peuvent modifier que le taux d'imposition et les exonérations ;
- Enfin, les impôts pour lesquels la compétence pour fixer la base d'imposition, le taux d'imposition et les exonérations, revient au seul législateur et non aux Régions.

En référence à l'article 9[212] de la loi de 2011 relative aux finances publiques et à l'article 4[213] de l'Ordonnance-loi de 2013 fixant la nomenclature des impôts, droits et taxes et redevances des provinces et des entités territoriales décentralisées, la RDC applique l'autonomie fiscale dérivée. Mais, les deux articles qui ne soutiennent pas la compétence exclusive des Provinces prévoient une exception qui permet aux Provinces d'appliquer l'autonomie normative conformément à l'alinéa 2 de l'article 205[214] de la Constitution.

La législation fiscale applicable actuellement en Province est celle édictée au niveau national. Aux termes de l'article 9 alinéa 5 de la loi n°11/011 du 13 juillet relative aux finances publiques, « Les

---

[212] Article 9 : il ne peut être établi d'impôts que par la loi. Il ne peut être établi d'exemption ou d'allégement fiscal qu'en vertu de la loi. La loi fixe la nomenclature des autres recettes locales et les modalités de leur répartition. Conformément à l'article 122 point 10 de la Constitution, les règles relatives à l'assiette, au taux et aux modalités de recouvrement des impositions de toute nature sont fixées par la loi. Les Assemblées provinciales, les organes délibérants des entités territoriales décentralisées ne peuvent créer ni impôt, ni taxe, ni droit ou redevance. Toutefois, dans les conditions prévues par la présente loi, l'Assemblée nationale et le Sénat peuvent, conformément à l'alinéa 2 de l'article 205 de la Constitution, habiliter par une loi, les Assemblées provinciales et les organes délibérants des entités territoriales décentralisées à fixer, par édit budgétaire ou par décision budgétaire le taux et/ou les modalités de recouvrement de certains impôts provinciaux et locaux.

[213] Article 4 : les règles relatives à l'assiette, au taux et aux modalités de recouvrement des impositions de toute nature sont fixées par le parlement dans les lois de finances initiales ou rectificatives. Toutefois, les lois de finances peuvent décider de déléguer aux Assemblées provinciales et aux organes délibérants des Entités Territoriales Décentralisées, le pouvoir de fixer le taux ou les modalités de recouvrement de certains impôts, taxes provinciaux et locaux dans les conditions fixées par lesdits assemblées ou organes délibérants.

[214] Article 205 : une Assemblée provinciale ne peut légiférer sur les matières de la compétence exclusive du pouvoir central. Réciproquement, l'Assemblée nationale et le Sénat ne peuvent légiférer sur les matières de la compétence exclusive d'une province. Toutefois, l'Assemblée nationale et le Sénat peuvent, par une loi, habiliter une Assemblée provinciale à prendre des édits sur des matières de la compétence exclusive du pouvoir central. Lorsque l'Assemblée nationale et le Sénat mettent fin à la délégation de pouvoir ainsi donnée à l'Assemblée provinciale, les dispositions des édits provinciaux promulgués en des matières de la compétence exclusive du pouvoir central, en vertu de cette délégation de pouvoir, demeurent cependant en vigueur dans la province intéressée jusqu'à ce qu'une loi nationale ait réglé ces matières.

Assemblées provinciales, les organes délibérants des entités territoriales décentralisées ne peuvent créer ni impôt, ni taxe, ni droit ou redevance. Toutefois, dans les conditions prévues par la présente loi, l'Assemblée nationale et le Sénat peuvent, conformément à l'alinéa 2 de l'article 205 de la Constitution, habiliter par une loi, les Assemblées provinciales et les organes délibérants des entités territoriales décentralisées à fixer, par édit budgétaire ou par décision budgétaire le taux et/ou les modalités de recouvrement de certains impôts provinciaux et locaux »[215].

Les sources des recettes pour les provinces sont de trois ordres :

- Les ressources provenant des recettes à caractère national ;
- Les ressources propres ;
- Les ressources exceptionnelles.

Au terme de la Constitution du 18 février 2006, la part des recettes à caractère national allouées aux provinces est établie à 40%. Elle est retenue à la source, et effectuée par un versement automatique de 40% dans le compte de la province et de 60% dans le compte général du Trésor. Cette opération intervient lors du nivellement au profit du Compte général du Trésor, sur instruction permanente du ministre ayant les finances dans ses attributions selon les prescrits du Règlement général sur la comptabilité publique, et conformément à la loi relative aux finances publiques[216].

Les perceptions et le recouvrement des impôts provinciaux se font, mutatis mutandis, conformément aux procédures fiscales et mécanismes fixés par la législation nationale. Tous les impôts réels sont acquittés suivant les modalités définies par le Décret n°07/2002 du 2 février 2002 relatif au mode de paiement des dettes envers l'Etat et ses mesures d'application, à savoir :

---

[215] Journal Officiel de la RDC numéro spécial du 25 juillet 2011, p.4

[216] Art. 175 de la constitution du 18 février 2006, art. 54 de la loi n°08/012 du 31 juillet 2008 et article 220 de la loi n°11/011 du 13 juillet 2011 relative aux finances publiques

1. La loi n°004/2003 du 13 mars 2003 portant réforme des procédures fiscales telle que modifiée et complétée à ce jour ;
2. Le Décret n°07/2002 du 2 février 2002 relatif au mode de paiement des dettes envers l'Etat et ses mesures d'application ;
3. L'Arrêté Ministériel n°076/CAB/MIN/ECO-FIN & BUD/2002 du 11 février 2002 portant mesures d'application du Décret n°07/2002 ;
4. La note circulaire ministérielle n°002/CAB/MIN/ECO – FIN & BUD/2002 relative au mode de paiement des dettes envers l'Etat. Pour les détails sur les modalités de perception. Cf. Supra ;
5. Les édits et arrêtés provinciaux.

En République Démocratique du Congo, le régime fiscal applicable au domaine foncier et immobilier est essentiellement défini par deux textes de base, à savoir :

- L'ordonnance-loi n° 69-006 du 10 février 1969 relative aux impôts réels, telle que modifiée et complétée à ce jour ;
- L'ordonnance-loi n° 69-009 du 10 février 1969 relative aux impôts cédulaires sur les revenus que telle que modifiée et complétée à ce jour.

Ces deux textes ont institué, en matière d'imposition foncière et immobilière, trois types d'impôt qui portent sur :

- La superficie des propriétés foncières bâties et non bâties (impôt foncier) ;
- La superficie des concessions minières et d'hydrocarbures (matière qui ne fait pas l'objet de notre étude) ;
- Les revenus provenant de la location des bâtiments et terrains situés sur le territoire congolais.

Mais il faut observer qu'en dehors de ces textes législatifs, la Province du Haut-Katanga s'est dotée de l'Edit n° 002 du 23 janvier

2018 relatif aux impôts, droits, taxes et redevances dus à la Province du Haut-Katanga. Juridiquement, cet Edit se fonde sur deux textes : d'une part, à travers la Constitution de la RDC du 18 février 2006 telle que modifiée par la loi n°11/002 du 20 janvier 2011 portant révision de certains articles, la loi n°08/012 du 31 juillet 2008 portant principes fondamentaux relatifs à la libre administration des provinces et Ordonnance-loi n° 18/004 du 13 mars 2018 fixant la nomenclature des impôts, droits, taxes et redevances de la Province et de l'Entité Territoriale Décentralisée ainsi que leurs modalités de répartition ; et de l'autre part, les ordonnances-loi n° 69-009 et n° 69-006 du 10 février 1969 relatives aux impôts cédulaires sur les revenus et aux impôts réels, telle que modifiée et complétée à ce jour ainsi que la loi n°004/2003 du 13 mars 2003 portent réforme des procédures fiscales, telles que modifiées à ce jour.

L'Ordonnance-loi n° 18/004 du 13 mars 2018 fixant la nomenclature des impôts, droits, taxes et redevances de la Province et de l'Entité Territoriale Décentralisées ainsi que leurs modalités de répartition dans son article premier dispose que les règles de perception des impôts, droits, taxes et redevances de la province et de l'entité territoriale décentralisée sont fixées par voie d'édit ou de décision des organes délibérants, conformément à la législation nationale. Les taux des impôts provinciaux d'intérêt commun sont fixés par arrêté du Ministre provincial ayant les finances dans ses attributions conformément à l'article deuxième de l'ordonnance-loi précitée. Le Ministre provincial ayant les finances dans ses attributions n'ayant signé aucun arrêté jusqu'à ce jour, les taux appliqués sont encore ceux fixés dans l'édit de 2018. Ainsi, l'édit de 2018 fixe l'assiette, le taux et la périodicité des paiements des impôts ainsi que le taux et la périodicité des paiements des droits, taxes et redevances de la Province.

Section I. Impôt sur les revenus locatifs

§.1. La base imposable

Conformément aux dispositions de l'article 55 de l'Edit n° 002 du 23 janvier 2018 relatif aux impôts, droits, taxes et redevances dus à la Province du Haut-Katanga, sont imposables, les revenus provenant de la location des bâtiments et des terrains situés dans la Province du Haut-Katanga, quel que soit le pays du domicile ou de la résidence des bénéficiaires.

En outre, la mise à disposition à titre gratuit des bâtiments et terrains en faveur d'une entreprise ou de toute personne pour usage professionnel, est imposable à l'impôt sur les revenus locatifs. Pour ce faire, la base imposable est déterminée suivant un tarif minimum. Toutefois, cette disposition ne s'applique pas à la personne physique qui utilise les bâtiments et terrains pour une exploitation professionnelle.

Le tarif minimum se décompose en six tarifs allant de A à F suivant le classement de localités[217] tel que prévu par l'article 63 de l'Edit de 2018 :

Tarif A : Il est applicable aux locaux situés dans les localités de première classe affectés à un usage industriel, commercial ou résidentiel disposant, outre la superficie bâtie supérieure à 200 m², d'un raccordement en eau et électricité et d'un des éléments suivants : garage fermé ; cave indépendante et aménagée ; jardin privé ; annexes couvertes et fermées ; nombre d'étages supérieur à deux (pour les immeubles collectifs).

Tarif B : Autres locaux situés dans les localités de premier rang.

Tarif C : Locaux situés dans les localités de deuxième classe et affectés à un usage industriel, commercial ou résidentiel et disposant d'un des éléments de confort mentionnés au tarif A.

Tarif D : Autres locaux situés dans les localités de deuxième rang.

[217] La classification des rangs de localités est prévue par l'annexe I de l'Edit n° 002 du 23 janvier 2018 relatif aux impôts, droits, taxes et redevances dus à la Province du Haut-Katanga.

Tarif E : Locaux situés dans les localités de troisième classe et affectés à un usage industriel, commercial ou résidentiel disposant d'un des éléments de confort mentionnés au tarif A.

Tarif F : Autres locaux situés dans les localités de troisième rang.

le tarif se présente de manière ci-après [218]:

- Tarif A : l'équivalent en FC de 60 USD/m² ;
- Tarif B : l'équivalent en FC de 45 USD/m² ;
- Tarif C : l'équivalent en FC de 30 USD/m² ;
- Tarif D : l'équivalent en FC de 24 USD/m² ;
- Tarif E : l'équivalent en FC de 15 USD/m² ;
- Tarif F : l'équivalent en FC de 6 USD/m².

L'impôt sur les revenus locatifs est assis sur le revenu brut des bâtiments et terrains donnés en location et sur le profit brut de la sous-location totale ou partielle des mêmes propriétés.

§.2. Les revenus imposables

Conformément aux dispositions de l'article 55 de l'Edit n° 002 du 23 janvier 2018 relatif aux impôts, droits, taxes et redevances dus à la Province du Haut-Katanga, l'impôt est établi sur le revenu brut de l'année civile antérieure. L'impôt est appliqué sur l'ensemble des revenus annuels de chaque redevable ou à raison de toute somme proportionnellement équivalente pour les périodes inférieures à un an. En cas d'aliénation de tous les droits immobiliers d'un redevable, une cotisation spéciale est réglée d'après les revenus recueillis depuis le premier jour de l'année de l'aliénation.

§.3. Le Taux et la personne imposable

[218] Article 64 de l'Edit n° 002 du 23 janvier 2018 relatif aux impôts, droits, taxes et redevances dus à la Province du Haut-Katanga.

Le taux de l'impôt sur les revenus de la location des bâtiments et terrains et les profits de leurs sous-locations est fixé à 22 %[219].

L'impôt sur les revenus locatifs est perçu par la retenue à la source. La retenue concerne tout locataire ou sous-locataire, personne morale ou personne physique. La retenue à la source comporte, dans une année donnée, autant de retenues que de paiements des loyers au bénéfice du bailleur. Le montant de chaque retenue est égal à 20 % du montant brut du loyer dû, pour les personnes physiques et pour les personnes morales, quelle que soit la périodicité du loyer, et versé dans les dix jours qui suivent le paiement de loyer. L'impôt non acquitté par le locataire est recouvré à charge du bailleur majoré des pénalités.

Pour ce qui est de la personne imposable, il est à retenir que le contribuable est le terme qui désigne toute personne astreinte au paiement d'impôt, taxe et autres droits, dont le recouvrement est autorisé par la loi. Le redevable, par contre, est une personne physique ou morale qui paie l'impôt auprès du fisc, sans être en réalité celui qui supporte le poids de L'impôt. Ici on atteint indirectement le contribuable par le truchement du redevable. Si le contribuable se confond avec le redevable, alors le contribuable, le redevable ou l'assujetti est une personne physique ou morale qui, directement ou indirectement, paye l'impôt à l'Etat.

Conformément aux dispositions de l'article 65 de l'édit sous examen, Sont redevables à l'impôt :

- Le propriétaire, le possesseur ou le titulaire d'un droit réel immobilier ;
- Le bénéficiaire du profit brut de la sous-location quel que soit le régime matrimonial adopté. La cotisation est établie au nom du mari.

§.4. Les exemptions de l'impôt

---

[219] Article 66 de l'Edit n° 002 du 23 janvier 2018 relatif aux impôts, droits, taxes et redevances dus à la Province du Haut-Katanga

L'article 69 de l'Edit n° 002 du 23 janvier 2018 relatif aux impôts, droits, taxes et redevances dus à la Province du Haut-Katanga, énumère les personnes exemptées de l'impôt sur les revenus locatifs. Il s'agit de :

- L'État, la province, les entités territoriales décentralisées, les Offices et autres établissements publics de droit congolais n'ayant d'autres ressources que celles provenant des subventions budgétaires ou qui assurent, sur la garantie de l'État, la gestion d'assurances sociales ;
- Les institutions religieuses, scientifiques ou philanthropiques crées par application de l'article 1er du décret du 28 décembre 1888 et satisfaisant aux conditions requises par le décret-loi du 18 septembre 1965 ;
- Les associations privées ayant pour but de s'occuper d'œuvres religieuses, scientifiques ou philanthropiques qui ont reçu la personnalité civile par application du décret du 19 juillet 1926 ;
- Les établissements d'utilité publique créés par application du décret du 19 juillet 1926 ;
- Les associations sans but lucratif ayant pour fin de s'occuper d'œuvres religieuses, scientifiques ou philanthropiques qui ont reçu la personnalité civile de décrets spéciaux ;
- Les organismes internationaux.

Section II. L'impôt foncier

§.1. Base imposable

Conformément aux dispositions de l'article 2 de l'Edit n° 002 du 23 janvier 2018 relatif aux impôts, droits, taxes et redevances dus à la Province du Haut-Katanga, l'impôt foncier est assis sur la superficie des propriétés foncières bâties et non bâties situées dans la Province du Haut-Katanga. Les propriétés bâties soumises à l'impôt foncier comprennent: les villas; les immeubles à étages; les appartements; les autres immeubles et les autres constructions[220].

§.2. Assiette de l'impôt

A la différence de l'impôt sur les revenus locatifs dont la base est un revenu, l'impôt foncier, appelé autrement l'impôt sur la superficie des propriétés bâties et non bâties, est un impôt réel « qui a pour base les superficies des maisons, immeubles et terrains appartenant à des personnes physiques ou morales »[221]. C'est un impôt qui concerne les propriétés bâties et non bâties suivant la nature des immeubles et le rang des localités.

Les propriétés foncières bâties et non bâties sont imposées suivant les deux modes de calcul ci-après :

- Le système d'imposition par superficie au m² ;
- Le système d'imposition forfaitaire.

Le système d'imposition par superficie au m² concerne uniquement les villas et consiste à les imposer en fonction de la

[220] Article 3 de l'édit sous examen. Au sens du présent Édit, il faut entendre par : villa : Toute maison d'habitation d'une superficie utile supérieure ou égale à 150 m² affectée au logement d'une famille, disposant outre du raccordement en eau et en électricité, de l'un des éléments ci-après : garage fermé ; cave indépendante et aménagée ; jardin privé et piscine. Immeuble à étage : Toute maison comportant un ou plusieurs niveaux. Appartement : une partie d'une maison ou d'un immeuble utilisé par une famille économique autonome. On retiendra donc dans une maison ou dans un immeuble un nombre d'appartements en rapport avec le nombre de familles utilisatrices économiques autonomes. En cas de changement d'usage, c'est la distinction de départ qui est prise en compte. Sont assimilées aux appartements les maisons dont la superficie est inférieure à 150 m² mais remplissant les conditions de confort d'une villa. Autres immeubles : toute maison ne remplissant pas les conditions d'une villa, d'un appartement ou d'un immeuble à étage. Autres constructions, notamment : hangar à usage industriel et/ou commercial ; station-service ; citerne ou tank fixé au sol ou dans le sous-sol ; entrepôt ; dépôt ; émetteur ou récepteur fixé au sol ; station terrienne réceptrice ; container fixé au sol ou immobilisé au sol et antenne de communication.

[221] BAKANDEJA wa Mpungu, *Les finances publiques : pour une meilleure gouvernance économique et financière en RDC*, Larcier, Bruxelles, 2006, p. 109.

superficie bâtie par application des taux fixés au m² suivant le rang des localités.

Par contre, le système d'imposition forfaitaire vise toutes les autres propriétés bâties et non bâties (immeubles et terrains) à l'exclusion, bien entendu, des villas. Il consiste à appliquer à ces propriétés des taux forfaitaires dont le montant varie suivant la nature des immeubles et le rang des localités.

§.3. Taux et personne imposable

1. Taux de l'impôt foncier

Le taux de l'impôt foncier sur les propriétés bâties et non bâties varie suivant la nature des immeubles et le rang des localités [222] :

- L'impôt sur la superficie des villas est calculé aux taux ci-après, payables en équivalent en francs congolais, par mètre carré de superficie :

Localité	Personnes morales	Personnes physiques
1er rang	2,00 USD/m²	1,50 USD/m²
2ème rang	1,50 USD/m²	1,00 USD/m²
3ème rang	0,75 USD/m²	0,50 USD/m²
4ème rang	0,50 USD/m²	0,30 USD/m²

  - N.B : La superficie imposable des villas est celle qui est déterminée par les parois extérieures du bâtiment, de la construction ou de la concession selon le cas. En l'absence de parois extérieures, la superficie imposable est déterminée en fonction des unités fictives résultant de la projection orthogonale sur le sol des bords du toit qui surmonte le bâtiment ou la partie du bâtiment[223].
- L'impôt forfaitaire annuel d'autres propriétés bâties est fixé de la manière suivante :

[222] Les articles 26 à 29 de l'Edit de 2018.
[223] Article 31 de l'Edit sous examen

1. *Appartement*

Localité	Personnes morales	Personnes physiques
1er rang	150 USD/APP	100 USD/APP
2ème rang	100 USD/APP	75 USD/APP
3ème rang	75 USD/APP	50 USD/APP
4ème rang	50 USD/APP	30 USD/APP

2. *Étage et autres immeubles à usage commercial*

Les étages et autres immeubles à usage commercial sont imposés forfaitairement, en fonction du nombre des locaux disponibles, au taux ci-après payables en équivalent en francs congolais :

Localité	Personnes morales	Personnes physiques
1er rang	25 USD/Local	15 USD/Local
2ème rang	20 USD/Local	10 USD/Local
3ème rang	15 USD/Local	7,5 USD/Local
4ème rang	10 USD/Local	5 USD/Local

3. *Autres immeubles à usage domestique*

Les autres immeubles à usage domestique sont imposés forfaitairement aux taux ci-après payables en équivalent en francs congolais :

Localité	Personnes morales	Personnes physiques
1er rang	20 USD	15 USD
2ème rang	15 USD	10 USD
3ème rang	10 USD	7,5 USD
4ème rang	5 USD	5 USD

4. *Autres constructions*

Les autres constructions sont imposées forfaitairement aux taux ci-après payables en équivalent en francs congolais :

Nature	Personnes morales	Personnes physiques
Hangar	200 USD	150 USD
Citerne ou tank	100 USD	50 USD
Entrepôt	200 USD	150 USD
Dépôt	50 USD	50 USD
Émetteur ou récepteur	200 USD	100 USD
Container	50 USD	25 USD
Antenne de communication	100 USD	-

- **N.B. :** Lorsque les constructions érigées représentent moins d'un dixième de la superficie totale d'une concession, l'imposition est établie en tenant compte de la superficie non bâtie[224].

- L'impôt foncier sur la superficie des propriétés non bâties est calculé aux taux payables en équivalent en francs congolais, par mètre carré de superficie :

Localité	Personnes morales	Personnes physiques
1er rang	0,5 USD/m²	0,05 USD/m²
2ème rang	0,3 USD/m²	0,04 USD/m²
3ème rang	0,2 USD/m²	0,03 USD/m²
4ème rang	0,1 USD/m²	0,02 USD/m²

[224] Article 30 de l'Edit sous examen

2. Les rangs de localités

Le classement de rangs de localités, à l'annexe I du présent Édit, est déterminé comme suit :

- *Localités dites de premier rang :*
  - Ville de Lubumbashi :
    - Commune de Lubumbashi :
      - Quartier Gambela, excepté la cellule Kamisepe ;
      - Quartier Kalubwe, excepté les cellules situées sur la rive droite de la rivière Kalubwe ;
      - Quartier Lido-Golf Kamisepe ;
      - Quartier Mampala (cellules Makomeno et Salama) ;
      - Quartier Makutano, excepté la cellule camp Assistants ;
      - Quartier Kiwele ;
      - Quartier Lumumba ;
    - Commune de Kampemba :
      - Quartier industriel, excepté le camp Tshamilemba
  - Ville de Likasi
    - Commune de Likasi :
      - Quartier centre-ville ;
      - Quartier Kampumpi, excepté les cellules insuffisamment urbanisées ;
      - Quartier Kitabataba, excepté la cellule Toyota
      - Quartier Mission ;
      - Quartier Simba (cellule Zou) ;
      - Quartier SNCC, excepté le camp des ouvriers SNCC.

- *Localités dites de deuxième rang :*
    - Ville de Lubumbashi :
        - Commune de Lubumbashi :
            - Quartier Kalubwe, cellules situécs sur la rive droite de la rivière Kalubwe.
        - Commune de Kampemba :
            - Quartier Bel-Air I et II, excepté le camp Maramba ;
            - Quartier Kigoma, cellule Hewa-Bora ;
            - Quartier Kampemba, toutes les constructions à usage industriel ;
            - Quartier Kafubu : Camp Tabacongo et cellule dite « route Munama ».
        - Commune Annexe :
            - Quartier Munua ; Quartier Kisanga, construction à usage industriel ou commercial ;
            - Quartier Kimbeimbe, cellule industrielle et résidentiel en développement
    - Ville de Likasi :
        - Commune de Panda :
            - Quartier Kakontwe, excepté les cellules insuffisamment urbanisées.
- *Localités dites de troisième rang :*
    - Ville de Lubumbashi :
        - Commune de Lubumbashi :
            - Quartier Mampala : le reste des cellules.
        - Commune de Ruashi :
            - Quartier Bendera ;
            - Quartier Matoleo ;
            - Quartier Shindaika : camp SNCC ;
            - Quartier Congo : Propriétés se trouvant le long des avenues Kiwele et Araucarias.

        - Commune de Kamalondo :
            - Tous les quartiers.
        - Commune de Katuba :
            - Katuba I, II et III (quartiers urbanisés jusqu'à l'indépendance) ;
            - Katuba Upemba : Avenue Upemba et rues de 1 à 6.
        - Commune de la Kenya :
            - Tous les quartiers, excepté ceux insuffisamment urbanisés.
    - Ville de Likasi :
        - Commune de Panda :
            - Cités ouvrières Gécamines.
        - Commune de Shituru :
            - Cités ouvrières Gécamines.
        - Commune de Kikula :
            - Quartiers urbanisés (jusqu'à l'indépendance).
    - Territoire de Kipushi :
        - Centre de Kipushi ;
        - Quartier résidentiel cadres Gécamines.
    - Territoire de Kambove : les maisons résidentielles des cadres.
- *Localités dites de quatrième rang :*
    - Ville de Lubumbashi :
        - Commune de Lubumbashi :
            - Quartier Gambela :
              - Cellule Kamisepe.
            - Quartier Makutano :
              - Cellule camp des Assistants
        - Commune de Kampemba :
            - Quartier Kigoma ;
            - Quartier Bongonga ;
            - Quartier Kafubu ;

        - Camp Maramba ;
        - Camp Tshamilemba ;
        - Quartier Kampemba.
    - Commune de Ruashi :
        - Tous les quartiers insuffisamment urbanisés.
    - Commune de Katuba :
        - Tous les quartiers construits après l'indépendance.
    - Commune de Kenya :
        - Tous les quartiers insuffisamment urbanisés.
    - Commune Annexe :
        - Quartier Kisanga ;
        - Quartier Kasungami ;
        - Quartier Kalebuka ;
        - Quartier Naviundu ;
        - Quartier Kimbeimbe.
- Ville de Likasi :
    - Commune de Likasi :
        - Quartier Simba : Cellules insuffisamment urbanisées ;
        - Quartier Kitabataba : cellule Toyota.
    - Commune de Panda :
        - Cellules insuffisamment urbanisées.
    - Commune de Kikula :
        - Cellules insuffisamment urbanisées.
- Toutes les juridictions non reprises par l'énumération ci-dessus.

§.4. Redevables de l'impôt foncier

L'impôt foncier est dû par le titulaire du droit de propriété, de possession, d'emphytéose, de superficie, de cession, de concession ou d'usufruit des biens imposables ainsi que par les personnes occupant en vertu d'un bail des biens immobiliers faisant partie du domaine privé de l'État, de la Province et des entités territoriales décentralisées y situées. L'impôt foncier est dû par les offices et autres établissements publics disposant de ressources autres que les subventions de l'État, de la Province et des entités territoriales décentralisées y situées[225].

L'impôt foncier est dû par le propriétaire même si par convention de bail, le locataire s'est engagé à le payer et si cette circonstance a été portée à la connaissance de l'Administration. Le paiement intégral de l'impôt foncier incombe au propriétaire. L'Administration n'intervient pas pour effectuer la répartition de l'impôt entre propriétaire et locataire.

En cas de mutation d'une propriété par la vente ou pour toute autre cause, le nouveau propriétaire est tenu d'en faire la déclaration à l'Administration fiscale provinciale dans un délai d'un mois prenant cours à la date de ladite mutation. A défaut, le nouveau propriétaire est tenu au paiement de tous les impôts fonciers restant dus relatifs à l'immeuble solidairement avec l'ancien propriétaire.

Le recouvrement de l'impôt foncier compris dans l'avis de mise en recouvrement au nom de l'ancien propriétaire d'un immeuble ayant changé de titulaire, peut être poursuivi en vertu du même avis de mise en recouvrement à charge du débiteur effectif de l'impôt. Ce débiteur reçoit un nouvel exemplaire de l''avis de mise en recouvrement pour autant qu'il soit délivré en vertu de la présente disposition[226].

Toute personne physique ou morale assujettie à l'impôt foncier est tenue de souscrire, chaque année, au plus tard le 1er février, une déclaration énonçant tous les éléments imposables ou exonérés.

L'impôt foncier est dû pour l'année entière sur la superficie imposable existant au 1er janvier de l'année qui donne son nom et l'exercice fiscal, sans que la mutation de propriété dans le cours de

---

[225] Article 10 de l'Edit sous examen.
[226] Article 14 de l'Edit sous examen.

ladite année puisse donner lieu à dégrèvement. L'exercice fiscal coïncide avec l'année civile[227].

§.5. Exemptions et exonérations de l'impôt foncier

Conformément aux dispositions de l'article 5 de l'Edit de 2018, sont exemptées de l'impôt foncier, les propriétés appartenant :

- A l'Etat, à la Province et aux entités territoriales décentralisées, ainsi qu'aux Offices et autres établissements publics de droit congolais n'ayant d'autres ressources que celles provenant des subventions budgétaires qu'ils leur accordent. Cette exemption est consentie aux propriétés des autres provinces et des entités territoriales décentralisées situées dans la Province du Haut-Katanga ainsi que des offices et des autres établissements publics en droit congolais n'ayant d'autres ressources que les subventions budgétaires qu'elles leur accordent sous réserve de réciprocité ;
- Aux institutions religieuses, scientifiques ou philanthropiques satisfaisant aux conditions requises par le décret-loi du 18 septembre 1965 ; aux associations privées ayant pour but de s'occuper d'œuvres religieuses, scientifiques ou philanthropiques qui ont reçu la personnalité civile par application de l'article 2 du décret du 28 décembre 1888 et visées à l'article 5 du décret-loi du 18 septembre 1965 ; aux établissements d'utilité publique créés par application du décret du 19 juillet 1926 ; aux associations sans but lucratif ayant pour fin de s'occuper d'œuvres religieuses, sociales, scientifiques ou philanthropiques qui ont reçu la personnalité civile en vertu de décrets spéciaux ;
- Aux États étrangers et affectées exclusivement à l'usage de bureaux d'ambassades ou de consulats, ou au logement d'agents ayant le statut d'agents diplomatique ou consulaire. Cette exemption n'est consentie que sous réserve de réciprocité entre l'État congolais et l'État étranger concerné ;

---

[227] Article 24 de l'Edit sous examen

- Aux personnes physiques dont les revenus nets imposables annuels sont égaux ou inférieurs au plafond de la septième tranche de revenus du barème visé à l'article 84 de l'ordonnance-loi n° 069/009 du 10 février 1969 relative aux impôts cédulaires sur les revenus, telle que modifiée par l'ordonnance-loi n° 13/008 du 23 février 2013, ou à toute somme proportionnellement équivalente pour les périodes inférieures à un an à condition de faire la preuve du paiement de l'impôt professionnel sur les rémunérations ou de l'impôt personnel minimum ;
- Aux personnes qui, au 1er janvier de l'année d'imposition, sont âgées de plus de 55 ans et les veuves à condition : qu'elles occupent leur habitation principale soit seules, soit avec des personnes considérées comme à leur charge au sens de l'article 90 de l'ordonnance-loi n° 069/099 du 10 février 1969, soit avec toute autre personne de même condition d'âge ou de situation ; que leurs revenus imposables à l'impôt cédulaire sur les revenus soient égaux ou inférieurs au plafond de la huitième tranche du barème visé à l'article 84 de l'ordonnance n° 069/009 du 10 février 1969, telle que modifiée par le décret-loi n° 015/2002 du 30 mars 2002 ; qu'elles se conforment aux dispositions des articles 15 et 21 du présent Édit.

L'exonération de l'impôt foncier est consentie aux propriétaires des immeubles ou parties d'immeubles qui les affectent[228] :

- Exclusivement à l'agriculture ou à l'élevage, y compris les bâtiments qui servent à la préparation des produits agricoles ou d'élevage, à la condition que ceux-ci proviennent de l'exploitation du contribuable dans une proportion au moins égale à 80 % de l'ensemble des produits traités ;
- sans poursuivre aucun but de lucre : soit à l'exercice d'un culte public, soit à l'enseignement, soit à la recherche scientifique, soit à l'installation d'hôpitaux, d'hospices, de cliniques, de

[228] Article 7 de l'Edit provincial de 2018.

dispensaires ou d'autres œuvres analogues de bienfaisance ; à l'activité normale des chambres de commerce qui ont obtenu la personnalité civile ; à l'activité sociale des sociétés mutualistes et des unions professionnelles qui ont obtenu la personnalité civile, à l'exception des locaux servant au logement, à un débit de boissons ou à un commerce quelconque. Le Ministère Provincial ayant les finances dans ses attributions détermine les conditions auxquelles lesdites sociétés ou associations doivent se soumettre. Des exonérations de l'impôt foncier peuvent être accordées en vertu des conventions spéciales conclues dans le cadre des investissements. Toutefois, ces dispositions ne dispensent pas les bénéficiaires des obligations imposées par le présent Édit, notamment celles relatives à la déclaration.

Chapitre IV. Quelques mécanismes de mise en œuvre et de performance de la Décentralisation fiscale

A l'instar des entreprises, l'Etat supporte de nombreuses charges et reçoit pour ce faire des produits nécessaires à la satisfaction des besoins de ses citoyens. Ces charges constituées par de multiples dépenses sont destinées à permettre le fonctionnement régulier de toutes les institutions et, en particulier, une croissance économique harmonieuse. Ces produits d'origine fiscale sont traditionnellement appelés Impôts[229].

Aucun système réel de taxation n'a sans doute été conçu comme le meilleur possible. Mais, au moins, les différents éléments constitutifs des systèmes fiscaux ont-ils été assemblés de façon délibérée et réfléchie. C'est une tâche stimulante et intéressante de chercher la solution pour dégager quelques principes de bonne fiscalité[230].

Nous pouvons néanmoins dire que dans l'ensemble, la nomenclature des impôts constituant le système fiscal de la RDC n'est pas aussi mauvaise. Le problème réside, malheureusement dans l'élargissement de l'assiette fiscale et le recouvrement qui font que les recettes sont toujours faibles.

La qualité et la bonne cohésion des éléments intervenant dans le système fiscal constituent la clé qui en détermine la force ou la faiblesse. Plus ces éléments sont efficaces et cohérents, plus le système est fort. Moins ils sont efficaces et cohérents, plus faible est le système fiscal. L'efficacité et la cohésion de ces éléments sont aussi de bons indicateurs pour mesurer l'état d'esprit de la population, car le système fiscal est un instrument qui résume le passé d'un peuple (comment il a vécu), son présent (comment il vit) et son futur (ce qu'il entrevoit pour l'avenir).

---

229 MEHL, L., *Science et technique fiscale*, PUF, Paris, 1959, p.25.
230 MIRRLEES, J., *op.cit.*, p.1.

L'évaluation du système fiscal devrait ressortir les insuffisances en vue de les dépasser et d'insister sur ses aspects positifs pour les consolider, la finalité étant d'élargir la base et de rehausser le niveau d'équité fiscale en matière d'impôt foncier et d'impôt sur les revenus locatifs. Ainsi, l'institution d'un cadre juridique, le renforcement des mécanismes de taxation, les moyens et procédures de recouvrement, la redynamisation de l'administration fiscale et la gestion rationnelle et efficiente des recettes fiscales sont des moyens de mise en œuvre et surtout de la performance de la décentralisation fiscale à travers l'impôt foncier et l'impôt sur les revenus locatifs.

Section I. La redynamisation de l'administration fiscale

Sans une Administration fiscale efficiente et efficace, il est illusoire de parler de maximisation de recettes. Faisant directement écho à cette allégation, P. Beltrame et L. Mehl pensent : « *Qu'il faille une administration compétente, intègre et dévouée au bien public pour asseoir et recouvrer l'impôt, voilà qui a peut-être quelque couleur de truisme (vérité). Il reste que Gabriel Ardant a raison de rappeler cette nécessité qui n'est pas toujours perçue. Dans nombre de pays dits en voie de développement, les impôts modernes existent sur le papier des codes, mais moins dans la réalité financière. L'Administration centrale y est souvent de qualité, mais l'efficacité est moins assurée à la base* »[231].

Le rapport du Conseil économique et social des Nations Unies était parvenu à une conclusion identique : « Une Administration fiscale efficace est la condition sine qua non d'un système fiscal productif : les systèmes fiscaux les mieux conçus eux-mêmes ne valent que par la manière dont ils sont appliqués. C'est pourquoi, les gouvernements qui décident d'entreprendre des réformes fiscales devraient se préoccuper de réformer leur administration fiscale de telle manière qu'elle puisse obtenir des contribuables la plus grande discipline possible et appliquer

[231] BELTRAME, P. et MEHL, L., *op.cit.*, p. 562.

les règles d'imposition de façon efficace et équitable, dans le respect de la plus grande intégrité »[232].

Comme le note G. Ardant, « *l'on a trop souvent tendance à oublier que le système fiscal le mieux conçu ne vaut que par l'administration qui le met en œuvre*[233]. *L'Administration fiscale joue un rôle de premier rang dans la matérialisation de tout système fiscal. Or dans les pays en voie de développement, les impôts existent sur le papier de code, mais, moins dans la réalité financière* »[234].

L'Administration fiscale qui a reçu toutes les autorisations de la hiérarchie doit d'abord s'installer physiquement en se dotant d'un siège et de l'équipement nécessaire pour travailler, en implantant les structures appropriées, et en engageant un personnel adéquat pour son fonctionnement[235], devant porter sur le recensement des contribuables ou des matières imposables, évaluation, liquidation et le recouvrement.

§.1. La Direction des Recettes du Haut-Katanga (DRHKAT)

1. La création de la Direction des Recettes du Katanga

La création de la Régie provinciale d'encadrement et de perception des recettes pour la Province du Katanga avant le démembrement constitue, au-delà du débat soulevé autour de la rétrocession aux Provinces des 40% des recettes à caractère national, une première expérience amorcée dans le cadre de l'application des prescrits constitutionnels sur l'autonomie financière en République Démocratique du Congo[236].

L'édit n° 0004 du 25 septembre 2009 a au terme de son article 1, créé dans la Province du Katanga un service public doté d'une personnalité juridique, d'une autonomie administrative et financière

---

232 NATIONS UNIES (ASSEMBLEE GENERALE DU CONSEIL ECONOMIQUE ET SOCIAL), Le rôle de l'administration publique dans l'application de la Déclaration du Millénaire, Rapport du Secrétaire général, Session de fond de 2002, Point 13 g de l'ordre du jour, New York, 1er -26 juillet 2002, A/57/262-E/2002/82, paragraphe 24, p. 7.

233 BELTRAME, P. et MEHL, L., *op.cit.*, p. 562.

234 ARDANT, G., *Théorie sociologique de l'impôt*, S.E.V.P.E.N, Paris, 1965, p.849.

235 BIFUMANU Nsompi, *op.cit*, p.18.

236 Article 171 : Les finances du pouvoir central et celles des provinces sont distinctes.

dénommé Direction des Recettes du Katanga, en sigle « *DRKAT* ». Cette régie a pour mission d'assurer : l'assiette, le contrôle, le recouvrement et le contentieux des impôts provinciaux et locaux ; le contrôle, l'ordonnancement, le recouvrement et le traitement du contentieux des recettes non fiscales ; le suivi et la tenue des statistiques des recettes à caractère national et celles relatives aux matières à compétence concurrente ; l'étude et la soumission à l'autorité compétente des projets d'édits, d'arrêtés, de circulaires et de décisions en la matière.

L'article 6 de l'édit prévoit comme structures : la Division de gestion des impôts provinciaux et locaux ; la Division de gestion des recettes non fiscales et autres ; la Division de recouvrement ; la Division de suivi ; la Division de l'administration et des finances ; la Division de l'inspection ; la Division urbaine des recettes de Lubumbashi ; la Division urbaine des recettes de Likasi ; la Division urbaine des recettes de Kolwezi.

La division de gestion des impôts provinciaux et locaux est chargée de toutes les missions et prérogatives concernant l'assiette et le contrôle des impôts qui relèvent de la compétence exclusive de la Province du Katanga[237], tandis que la division de recouvrement est chargée, elle, du recouvrement[238].

---

[237] L'article 13 de l'édit de 2009 portant création de la DRKAT lui a confié les charges suivantes : la tenue, l'actualisation et le suivi des répertoires des contribuables , la définition des orientations, l'élaboration du programme de recensement en matière d'identification des contribuables , l'élaboration et l'exécution des procédures et missions d'assiette, la coordination et la supervision des procédures d'assiette sur toutes les matières fiscales , l'élaboration et la mise en œuvre du programme de recherches et de recoupements , la tenue et la mise à jour d'une banque de données de recoupements ; la fixation des objectifs quantitatifs et qualitatifs du contrôle fiscal , la programmation et la réalisation des missions de contrôle, l'évaluation des performances et la consolidation des résultats de contrôle, l'application de la politique en matière de répression des infractions fiscales et du suivi des dossiers auprès des instances judiciaires, l'élaboration des statistiques.

[238] Conformément aux dispositions de l'article 15 de l'édit de 2009 portant création de la DRKAT, elle est chargée de la définition de stratégie et de la fixation des objectifs quantitatifs et qualitatifs en matière de recouvrement ; la perception des

La création de cette Direction des Recettes du Katanga tire son fondement juridique :

- De l'arrêté interministériel 002/CAB/ MIN/AFF.INTER. &FIN/99 du 20 mai 1999 portant modalités de perception et de répartition des taxes, recettes d'intérêt commun et des impôts cédés aux entités administratives décentralisées ;
- de la loi n° 08/012 du 31 juillet 2008, portant principes fondamentaux relatifs à la libre administration des Provinces ; la Constitution du 18 février 2006 qui, dans son volet de la décentralisation financière, établit une nette séparation entre les finances du gouvernement central et celles des Provinces (les articles 202[239], 203[240], 204[241], 205[242]) ;
- Du décret-loi 089 du 10 juillet 1998 portant fixation de la nouvelle nomenclature des taxes autorisées aux entités

---

sommes dues au trésor provincial au titre de tous les impôts, taxes, redevances et autres droits relevant de la compétence de la province ; l'établissement et l'analyse des soldes des recettes à recouvrer et la définition de la politique en matière de recouvrement des créances jugées irrécouvrables, l'émission et la gestion des imprimés relatifs aux opérations de recouvrement, l'apurement des comptes courants des redevables des impôts, taxes, redevances et autres droits relevant de la compétence de la province, l'élaboration des statistiques des recettes recouvrées et non recouvrées, la poursuite des opérations de recouvrement des recettes et la délivrance des acquits libératoires.

[239] Article 202 : prévoit des matières à compétence exclusive du pouvoir central.

[240] Article 203 : prévoit des matières à compétence concurrente entre le pouvoir central et les provinces, entre autres : l'établissement des impôts, y compris les droits d'accise et de consommation, à l'exclusion des impôts visés à l'article 174 (Il ne peut être établi d'impôts que par la loi. La contribution aux charges publiques constitue un devoir pour toute personne vivant en République Démocratique du Congo. Il ne peut être établi d'exemption ou d'allègement fiscal qu'en vertu de la loi).

[241] Article 204 prévoit des matières à compétence exclusive des provinces, entre autres les impôts, les taxes et les droits provinciaux et locaux, notamment l'impôt foncier, l'impôt sur les revenus locatifs et l'impôt sur les véhicules automoteurs.

[242] Article 205 : Une assemblée provinciale ne peut légiférer sur les matières de la compétence exclusive du pouvoir central. Réciproquement, l'Assemblée nationale et le Sénat ne peuvent légiférer sur les matières de la compétence exclusive d'une province. Toutefois, l'Assemblée nationale et le Sénat peuvent, par une loi, habiliter une Assemblée provinciale à prendre des édits sur des matières de la compétence exclusive du pouvoir central.

administratives décentralisées, des recettes administratives d'intérêt commun et des recettes fiscales cédées par l'Etat aux entités, tel qu'abrogé par l'OL du 23 février 2013.

L'article 4 de l'arrêté de 1999 dispose que : « le recouvrement des impôts cédés par l'Etat aux entités administratives décentralisées est effectué par les services des impôts territorialement compétents jusqu'à ce que les entités administratives décentralisées disposent de l'expertise nécessaire. Sans préjudice des dispositions du présent arrêté, les modalités de collaboration entre les entités administratives décentralisées et les services des impôts territorialement compétents sont définies dans une convention signée par les deux parties ».

C'est en application des dispositions de cet article que la Province du Katanga a signé, le 24 août 2004 avec la Direction Provinciale des Impôts du Katanga, deux protocoles d'accord déterminant les modalités de collaboration.

2. Les problèmes d'organisation de fonctionnement de la Direction de Recettes du Haut-Katanga

Dans les pays d'Afrique, si l'emprise des Administrations fiscales sur la mise en œuvre de la fiscalité demeure un fait indéniable, il est aussi communément admis que ces administrations « fonctionnent dans des conditions insatisfaisantes et ne sont pas plus performantes aujourd'hui qu'elles ne l'étaient dans la période postérieure aux indépendances (années soixante) »[243]. En effet, sous l'effet conjugué de

---

[243] RAMBOURG, M., « L'échec des réformes en Afrique. Le cas des pays francophones au sud du Sahara », in *Revue Française d'Administration Publique*, juillet-septembre 1998, p. 405.

la « sous-administration »[244] et de la « mal administration »[245] fiscale, aggravé par une imitation de façade, l'Administration fiscale déforme et rend difforme la fiscalité.

Cette déformation a pour cause, d'une part l'insuffisance des moyens juridiques et matériel et d'autre part défiance en quantité et en qualité qu'on observe dans le chef des agents. Mais, « plus qu'un simple reflet de la pauvreté des pays en voie de développement, les défauts et les lacunes de l'Administration fiscale ne sont souvent que l'aboutissement de la volonté des intérêts privés et de la démission de l'Etat »[246]. Ce mauvais fonctionnement de l'Administration fiscale cause des préjudices financiers (moins de recettes réalisées), administratifs (inapplication de la législation fiscale) et moraux (corruption).

Il faut observer que malgré les efforts fournis par les pouvoirs publics, la Direction des Recettes du Haut Katanga connaît encore, dans son effectivité par rapport au recouvrement, les mêmes problèmes qu'a connus l'ancien service de mobilisation des recettes créé en 2004. A cet effet, C. MWANDO Nsimba relève plusieurs contraintes qu'affronte la Direction des recettes du Katanga dans l'accomplissement de ses

---

244 BONGO, A., *op.cit.*, p.174 : Il existe quatre cas de figure de la sous-administration qui n'existent jamais évidement à l'état pur dans la pratique administrative des pays en développement : le premier qui est le plus fréquent « se résume en la combinaison d'une forte différentiation des structures administratives et d'une faible intégration sociale ». Le deuxième est inverse au précédent et se résume dans la formule suivante : forte intégration, plus faible différentiation. Le troisième « correspond lui aussi à une crise dans la répartition des ressources entre les citoyens mais une crise due, cette fois-ci, non pas à un équipement administratif insuffisant, mais à l'immensité des attentes dont l'appareil administratif est l'objet ». Enfin, le dernier cas de figure « s'analyse en l'existence d'un appareil administratif limité à l'exercice de sa fonction de domination et ressenti comme étranger par ceux à l'égard desquels il exerce son autorité ». Tous ces cas de figure peuvent s'appliquer au Katanga.

245 NGAOSYVATHN, P., *op.cit.* , pp. 146-183. Tout en soulignant que le mot *mal-administration* n'est pas employé souvent directement et semble usité beaucoup plus par référence au concept de « *mauvaise administration* ».

246 NGAOSYVATHN, P., *op.cit.* p.114.

missions de mobilisation et de maximisation des recettes du Katanga contraintes qui sont encore observables jusque à ce jour[247] :

- L'insuffisance du personnel et des moyens logistiques pour couvrir tout le territoire et atteindre tous les assujettis et particulièrement les personnes physiques ;
- L'absence des banques de données fiables et fichiers d'état civil à jour permettant de maîtriser, d'identifier et de localiser les assujettis ;
- La faiblesse de civisme fiscal nécessitant des efforts de sensibilisation et les recours récurrents à la contrainte pour obtenir les paiements des impôts, droits, taxes et redevances par les personnes physiques ;
- L'absence des huissiers fiscaux assermentés parmi le personnel de la DRKAT ;
- Les retards dans la fourniture des imprimés de valeur ;
- La restriction de l'assiette de la rétrocession due à la DRKAT sur certains actes générateurs (taxe voirie, quote-part des frais perçus à l'exportation des produits miniers) ;
- L'absence d'une administration propre aux Ministères sectoriels pour procéder à la taxation (recours aux Divisions provinciales et nécessité de clarifier la répartition de la rétrocession).

A. Sous administration fiscale

La sous-administration fiscale de la DRHKAT se manifeste sous un double aspect : l'insuffisance numérique d'agents et l'insuffisance en équipement.

1°. Insuffisance du personnel

247 MWANDO Nsimba Kabulo, C., *op.cit.*, p. 15.

C'est le personnel qui donne la vie à toute organisation quelle qu'elle soit, au risque qu'elle ne reste qu'une simple intention ou une structure inexistante. Et « *l'intensité de vie* » de toute organisation dépend aussi, en dehors de la qualité et de la motivation, de la quantité d'agents[248].

Une bonne organisation doit préciser le nombre de personnes dont elle a besoin pour son fonctionnement optimal. Le nombre d'agents ainsi que les taches doivent être définis avant même de procéder au recrutement. La DRHKAT souffre d'une insuffisance manifeste des effectifs, surtout à l'intérieur de la Province.

Cette insuffisance des effectifs s'était fait sentir lors des campagnes de recouvrement forcé réalisées dans la Ville de Lubumbashi en 2021 pour la vignette automobile et le contrôle technique. La DRHKAT était incapable de réaliser ce contrôle, au même moment, sur toute l'étendue de la ville par manque de personnel et d'équipement. Elle procédait Commune par Commune, laissant ainsi une possibilité de manœuvre aux contribuables de mauvaise foi de se soustraire à ce devoir.

Cette sous-administration fiscale trouve aussi sa raison d'être dans la façon dont le recrutement s'organise. En effet, la spécificité de l'Administration fiscale est telle qu'on devrait aussi recruter un personnel spécialisé que le marché de l'emploi ne peut malheureusement pas offrir facilement. La Ville de Lubumbashi n'offre à l'Administration fiscale qu'un personnel de qualification générale.

2°. Sous-équipements

Une gestion rigoureuse et efficace des impôts modernes est conditionnée par l'utilisation d'équipements administratifs adéquats. Or, malgré les efforts consentis, la DRHKAT ne dispose que des moyens matériels insuffisants et même inadéquats.

---

[248] BIFUMANU Nsompi, *op.cit*, p120.

A l'heure où les nouvelles technologies dominent le monde, certains agents effectuent encore manuellement des opérations liées aux impôts. Le sous- équipement de la DRHKAT est un sérieux handicap pour un recensement efficace de tous les contribuables, en particulier, de ceux qui seraient assujettis à l'impôt foncier et à l'impôt sur les revenus locatifs.

Il serait faux de justifier exclusivement le sous-développement par l'inexistence ou la déficience des moyens matériels de la DRKAT. Si les pouvoirs publics justifient, le sous-équipement par manque de moyens financiers, ces difficultés financières ne pourront malheureusement pas rendre compte de toutes les insuffisances.

B. Mal administration fiscale

La mal-administration fiscale se résume en deux points : la corruption et l'incompétence.

1°. La corruption du fisc

Tolérée, encouragée par le système socio-culturel du tiers monde, la corruption entraîne des effets nocifs sur le fisc et la fiscalité. Légitimée et amplifiée par l'environnement des pays en voie de développement, la corruption, dont celle du fisc, résiste aux mesures correctives. Mais, il semble qu'elle pourrait être résorbée par des remèdes drastiques, appliquées avec énergie et constance[249].

Le phénomène de corruption en République Démocratique du Congo a atteint un niveau systémique qui mérite non seulement une identification, secteur par secteur ou acteur par acteur, mais aussi une recherche approfondie des sources de cette dérive ainsi que des motifs de sa reproduction intensive, accélérée et généralisée pendant la transition, embrassant toute la vie nationale au niveau de l'Etat, de la société et des individus[250]. Du point de vue historique, le phénomène de

---

[249] NGAOSYVATHN, P., *op.cit.,* p.174.
[250] MUZANG Kodi, *Corruption et gouvernance en RDC durant la Transition (2003-2006)*, Institut D'études de Sécurité, Paris, 2008.

la corruption est intimement lié à un déficit de maturité politique hérité de la mauvaise et confuse décolonisation sans un fond de culture de responsabilisation politique et d'engagement idéologique pour la gestion du nouvel Etat. De même, il est lié au manque criant d'une élite nationale de gestionnaires économiques et financiers autant dans le secteur public que privé pendant toute la période coloniale et pour un temps relativement long après l'accession du pays à l'indépendance.

La DRHKAT n'échappe pas aux problèmes qui ont rongé et qui rongent les régies financières de la RDC. C'est ainsi qu'à observer la DRHKAT, on constate que la corruption du fisc à Lubumbashi est considérée comme un acte normal, un mode de vie tolérable. Comme le soutient P. Ngaosyvathn, cette corruption bénéficie de la triple impunité : politique, administrative et judiciaire. Politique, puisque les pouvoirs sont impuissants pour assainir l'administration. Cette impuissance se justifie par le fait que ceux-là qui sont chargés d'assainir l'administration se trouvent aussi plongés dans la corruption, et reçoivent chaque fois des pots de vin de la part des agents de l'administration. Cette impunité politique des agents qui trafiquent leur autorité se double d'une impunité administrative qui laisse le supérieur hiérarchique se livrer à la corruption autant que l'agent subalterne. Judiciaire, puisqu'il n'existe pas de pouvoir judiciaire indépendant : des juges sont subordonnés à l'exécutif qui participent aux mêmes activités de la corruption[251].

A ce propos, B. Rubbers soutient que : « Les hauts responsables du fisc se limitent aux rapports avec les grandes entreprises car ils refusent, pour une raison de prestige, de s'abaisser à traiter avec les petits indépendants. D'autre part, les subalternes de l'administration tiennent compte de la puissance virtuelle des citoyens dans l'arène politique : ils préfèrent se montrer prudents avec les « *grands* » car ils

---

[251] NGAOSYVATHN, P., *op.cit.*, pp. 175-176.

savent que leurs supérieurs les sacrifieront sans hésiter en cas de problème »[252].

Les Administrations fiscales en Afrique, (comme celle du Haut-Katanga), sont caractérisées tant par la petite que la grande corruption. La petite corruption concerne des simples agents du fisc qui tentent d'améliorer leurs faibles revenus grâce à des pots-de-vin et à l'extorsion, et la grande corruption concerne les intouchables du fisc et les gouvernants[253].

Les corrompus de la première catégorie sont en contact direct avec les usagers des régies financières, et leur corruption trouve sa justification dans la précarité de leurs conditions de travail et de vie, et le manque d'exemplarité de leurs supérieurs. Par contre, les corrompus de la grande corruption figurent généralement dans les hautes sphères des régies et parmi certains membres influents du gouvernement. Ils sont de ce fait, à la recherche du luxe, du confort et du paraître.

Il convient de relever que certains biens, autrefois, considérés comme un luxe dont les agents du fisc pouvaient se passer, sont de nos jours devenus indispensables : c'est le cas des voitures et des villas qui sont les « deux symboles de la société de consommation et de l'individualisme à l'occidentale »[254]. Le besoin de luxe ne saurait s'expliquer s'il ne correspond à un besoin de confort et du paraître. H. Sarassoro fait à ce sujet le constat suivant : « une voiture de luxe ou une villa de grand standing ne mérite pas ce qualificatif sans le confort qu'elle procure. Il existe des biens dont l'aspect de confort l'emporte sur celui de luxe. Tel est le cas du réfrigérateur et du climatiseur. Quant

---

252 RUBBERS, B., « Retour sur le « secteur informel ». L'économie du Katanga (Congo-Zaïre) face à la falsification de la loi », *Sociologie du travail*, vol. 49, n°3, Elsevier Masson SAS All, 2007, p.8.

253 BONGO, A., op.cit, p.203.

254 SARASSORO, H., *La corruption des fonctionnaires en Afrique*, Paris, Economica, coll. Université d'Abidjan, 1979, p.14.

à la domesticité, elle se justifie par la sécurité qu'elle assure à la jouissance du confort »[255].

Par souci de paraître, l'agent du fisc accepte de se faire corrompre lorsque, dans ses calculs, les avantages qu'il peut tirer d'un tel comportement pèseront plus que les coûts prévisibles. L'agent que l'on tente d'acheter se livre à un calcul, soupesant d'un côté les avantages personnels potentiellement liés l'acceptation du pot-de-vin et à l'accomplissement d'un acte de malhonnêteté, et de l'autre, l'éventuel coût personnel d'un tel comportement. Les avantages et coûts potentiels pour l'agent peuvent varier en fonction de la manière dont sont conduites et gérées les affaires publiques du pays[256].

2°. L'incompétence du fisc

L'incompétence du fisc n'est qu'une résultante des forces sociales et est soutenue par le rejet de la méritocratie dans le recrutement du personnel. L'Administration fiscale, en tant que service spécialisé, a besoin pour son fonctionnent d'un personnel aussi spécialisé en lieu et place d'un personnel à formation générale. A la DRHKAT, malheureusement, le mérite cède la place à la règle du favoritisme familial et politique en matière de recrutement en RDC.

En conséquence, la fiscalité en Afrique en général, et en RDC, en particulier, est mise en œuvre par des agents parfois mal formés et de surcroît recrutés selon des critères fort subjectifs. Schématiquement, on peut distinguer deux voies d'accès à l'Administration fiscale[257] :

- D'abord, l'affectation dans les services fiscaux est le plus souvent une résultante d'un recrutement sur titre. Ici, le candidat doit déposer au préalable une « demande d'emploi » auprès, du ministère de tutelle, ou de l'Administration fiscale. Pour les candidats ayant suivi des études supérieures, c'est cette procédure qui est la plus utilisée. Ces derniers manquent

[255] *Ibidem*, p.14.
[256] N'GAKOSSO, A., *Corruption, fraude, évasion fiscale et croissance*, Harmattan, Paris, 2009, p.164.
[257] BONGO, A., *op.cit.*, p.187.

souvent de formation professionnelle initiale requise devant leur permettre de réagir promptement devant les taches qui les attendent et de s'y adapter de manière adéquate[258] ;

- Ensuite, « *l'usage des passerelles entre administrations* ». Ici, il s'agit des fonctionnaires qui ont déjà évolué dans d'autres départements et qui veulent, à tout prix, intégrer le département des finances (notamment les services des impôts) qui, à leurs yeux, constitue une véritable « *vache à lait* ».

§.2. La redynamisation de l'administration fiscale provinciale

Comme on le voit, la réussite de la réforme fiscale suppose d'abord une élimination ou, du moins, une atténuation des obstacles qui rongent l'Administration fiscale cités ci-haut. Ce qui n'est pas toujours aisée, car certains de ces obstacles ne peuvent être surmontés qu'à la suite d'une évolution lente et progressive des mentalités[259] et des institutions. Toutefois, la modernisation de l'administration apparaît comme une nécessité impérieuse. A cet égard, le culte de la compétence et de l'intégrité doit être au centre de l'action des pouvoirs publics. Une telle politique, nécessité, pour produire les résultats escomptés, une rénovation des autres moyens d'action du fisc[260].

1. Le culte de la compétence

Il requiert, pour sa matérialisation, le renforcement de la formation ainsi que la promotion de la bonne conduite.

A. Le renforcement de la formation

Une législation fiscale n'est pas en soi une panacée. Comme le fait observer PF. Gonidec : « il resterait encore à voir comment elle est appliquée. Or, à cet égard, les expériences africaines sont souvent

[258] Plus souvent, en RDC en général et en particulier au Katanga, ce type de recrutement est le plus utilisé. L'important est d'être d'abord dans l'administration et le reste est une question d'adaptation.

[259] ETOUNGA Manguelle, *L'Afrique a-t-elle besoin d'un programme d'ajustement culturel ?*, éd. Nouvelles du Sud, Irvy-sur-Seine 1991, 140 pages.

[260] BANGO, A., *op.cit.*, p.370.

décevantes. À quoi bon d'avoir des institutions aussi parfaites qu'il est possible de les concevoir si les pays africains ne disposent pas des hommes capables de les faire fonctionner ? »[261]. Ces dernières années, cette question s'est installée au centre de nombreuses réflexions Parce que la formation adéquate des agents du fisc apparaît comme l'une des conditions fondamentales d'un usage efficace de l'outil fiscal et d'une bonne gestion des différents impôts, cette question est venue[262].

Cette formation doit être avant tout technique, car si la technique fiscale constitue la substance même de l'impôt, sa connaissance est indispensable non seulement, à la mise en œuvre de l'imposition, mais plus généralement à la compréhension du phénomène fiscal et de la politique fiscale[263]. Par ailleurs, comme la matière fiscale est sujette à de fréquentes modifications et les outils de gestion fiscale en constante évolution, il est naturellement impératif que cet effort de formation technique s'articule autour de deux principaux piliers : la formation initiale (la fiscalité moderne étant devenue de plus en plus complexe, les autorités devraient rendre une telle formation obligatoire avant d'affecter un agent au sein d'une régie financière[264]), et la formation permanente et le perfectionnement des agents.

B. La promotion de la bonne conduite des agents

L'exploitation du potentiel fiscal des Provinces requiert une Administration fiscale efficace réunissant des fonctionnaires d'une intégrité absolue[265]. De nos jours, cette réflexion demeure d'actualité. La compétence technique ne suffit pas pour bâtir et maintenir une bonne Administration fiscale. En effet, pour que les règles fiscales ne soient

---

261 GONIDEC, PF., *Les droits africains : évolutions et sources*, Paris, LGDJ, coll. « Bibliothèque Africaine et Malgache », 2e édition, tome 1, 1976, p. 155.

262 On sait aussi que depuis la création de la DRKAT, des séminaires réunissant ses dirigeants, les experts et ses agents ont été organisés dans le but d'améliorer le niveau de formation.

263 BELTRAME, P.et MEHL, L., *op.cit.*, p.131.

264 Ce qui n'est malheureusement pas encore le cas à la DRKAT où les agents sont d'abord recrutés, et ensuite affectés et ce, même si ces agents n'ont jamais suivi une formation initiale fiscale.

265 KALDOR, N., « Le rôle de la fiscalité dans le développement économique », in *Le développement économique : Rapport du II e congrès de l'Association Internationale des Sciences Économiques*, Paris Cujas, 1962, p. 169.

ni dévoyées, ni éludées, les agents de l'Administration fiscale doivent faire preuve des qualités morales indispensables. Pour relever ce défi de la moralisation du fisc, l'action devrait être menée sur deux fronts : la clarification des valeurs de référence des agents et l'inscription des règles de bonne conduite dans un système intégré de lutte contre la corruption[266] :

- Une valeur « est la croyance ferme qu'une finalité de l'existence ou une ligne de conduite spécifique induisant des normes comportementales est préférable à d'autres finalités ou d'autres lignes de conduite pour des raisons personnelles ou sociales »[267]. Il existe des valeurs dynamiques et novatrices qu'il faut promouvoir. Sans mener un travail exhaustif, qui serait impossible dans le cadre d'une étude qui se veut avant tout fiscale, l'on pourra centrer l'attention sur deux valeurs de référence privilégiées par la charte de la Fonction Publique en Afrique[268] : l'éthique et le professionnalisme. L'intérêt accordé à ces deux valeurs s'explique par le fait qu'elles sont des plus englobantes.
- L'amélioration de l'éthique et du professionnalisme des agents publics, avec pour corollaire le renforcement de la lutte contre la corruption. L'agent public a une conduite

---

[266] BONGO, A., *op.cit.*, p.378.

[267]KAMTO, M., « Réaffirmation des valeurs et du professionnalisme de l'administration », in *Revue Internationale Des Sciences Administratives*, n° 3, Bruxelles, 1997, p. 3470

[268] Article 21 et 22 de la Charte de la Fonction Publique du 5 Février 2001. Article 21 : Professionnalisme :

Le professionnalisme réside dans la maîtrise et le bon accomplissement de ses fonctions et tâches par l'agent public. Le professionnalisme se manifeste par le comportement de l'agent au travail et par l'effort constant qu'il fournit pour se perfectionner, approfondir et actualiser ses connaissances, affiner les aptitudes nécessaires à l'accomplissement de ses tâches et améliorer son rendement et sa productivité.

Article 22 : Ethique : L'éthique se réfère à une culture saine, basée sur des valeurs et principes déontologiques. L'agent public doit veiller au respect des règles de droit et de l'exécution des décisions de justice. L'agent public est tenu de s'acquitter correctement et efficacement de ses obligations et faire preuve de rigueur, de responsabilité, de dignité, d'intégrité, d'équité, d'impartialité, de loyauté, de civisme et de courtoisie dans l'accomplissement de ses fonctions, notamment dans ses relations aussi bien avec ses supérieurs, collègues et subordonnés, qu'avec le public. L'agent public doit à tout moment s'assurer que les biens publics dont il est responsable sont gérés conformément aux textes en vigueur, de la façon la plus utile et la plus efficace.

régulière lorsqu'il se comporte de manière à renforcer la confiance du public et à améliorer l'image de l'administration. L'agent public doit donc s'abstenir de toute activité contraire à l'éthique et à la morale, telle que le détournement de deniers publics, le favoritisme, le népotisme, la discrimination, le trafic d'influence, ou l'indiscrétion administrative. L'agent public ne doit solliciter, accepter, réclamer ou recevoir, directement ou indirectement, aucun paiement, don, cadeau ou autre avantage en nature pour s'acquitter ou s'abstenir de s'acquitter de ses fonctions ou obligations.

La RDC s'est déjà dotée d'un code de bonne conduite de l'agent public dont l'application reste encore hypothétique. Cette charte prévoit les valeurs de référence de l'agent public de l'Etat qui reposent sur la compétence et l'éthique professionnelles[269].

« La compétence professionnelle » est l'aptitude d'un agent public de l'Etat à accomplir personnellement et consciencieusement toutes les obligations qui, en vertu de ses fonctions ou de son mandat, sont imposées par les lois et règlements. Elle se traduit, dans le chef de l'agent public de l'Etat, par la connaissance, la maîtrise, le bon accomplissement de ses fonctions et par l'effort constant fourni pour améliorer la qualité de ses services[270].

« L'éthique professionnelle » est l'ensemble des valeurs morales et des principes déontologiques qui guident le comportement, les attitudes et les agissements de l'agent public de l'État dans l'exercice de ses fonctions ou de son mandat. Le sens d'éthique professionnelle de l'agent public de l'Etat doit se témoigner notamment par le dévouement, la ponctualité, la rigueur, la responsabilité, l'honnêteté, l'intégrité, l'équité, la dignité, l'impartialité, la loyauté, le civisme, la courtoisie et

[269] Article 4 du décret-loi 017-2002 du 3 octobre 2002 portant code de conduite de l'agent public de l'Etat.
[270] Article 5 du décret-loi 017-2002 du 3 octobre 2002 portant code de conduite de l'agent public de l'Etat.

le devoir de réserve dans ses relations aussi bien avec ses supérieurs, ses collègues et ses collaborateurs qu'avec le public[271].

2. La rénovation des autres moyens d'action du fisc

Parmi les autres moyens d'action de l'Administration fiscale qu'il convient de rénover, il faudra relever non seulement les moyens juridiques et techniques, mais également les moyens structurels et matériels.

A. Les moyens juridiques et techniques

Le célèbre principe général du droit *« nul n'est censé ignorer la loi »* ne peut tout seul s'appliquer sans qu'il y ait diffusion, à l'avance, de ladite loi. La loi doit donc être accessible et intelligible.

L'accessibilité s'entend en son sens le plus concret, c'est-à-dire la mise des documents (par exemple une loi) à la disposition et à la connaissance du public, indépendamment de leur contenu. L'intelligibilité consiste, non seulement à rendre le droit plus simple, mais aussi à traduire de façon stable et fiable des données juridiques.

Parmi les moyens juridiques qui peuvent concourir à l'accessibilité et à l'intelligibilité de la loi, tout en soulignant leur apport dans l'œuvre modernisatrice de l'Administration fiscale, la codification et le renforcement des moyens de contrôle et de recouvrement de l'impôt occupent une place éminente[272].

La codification, cette « machine à faire le droit »[273], « consiste à réunir en un même document des sources éparses qui pouvaient auparavant être ou non écrites »[274]. Étant donné que son succès a été « tributaire de variables dont seule la conjoncture, à un certain moment et

---

[271] Article 6 du décret-loi 017-2002 du 3 octobre 2002 portant code de conduite de l'agent public de l'Etat.
[272] BONGO, A., *op.cit.*, p.389.
[273] GOULET, J., *La machine à faire le droit*, Québec, Presses de l'Université du Québec, 1987, 278 pages.
[274] GHESTIN, J., *Traité de droit civil, Introduction générale*, 4e éd., LGDJ, Paris, 1994, n° 242.

en certains lieux, a pu cristalliser un désir de codification »[275], elle n'est donc pas, en soi, une valeur universelle de l'histoire des sociétés humaines. Généralement, une distinction est faite entre la codification compilation (une simple technique de mise en ordre d'un droit épars) et la codification créatrice (une volonté manifeste de créer des règles juridiques nouvelles ou de réformer le droit en vigueur) qui sont deux techniques synonymes, respectivement de « codification à droit constant » et de « codification innovatrice ou réformatrice »[276].

Quant aux moyens techniques, il faut retenir l'appropriation de Nouvelles Technologies de l'Information et de la Communication dont l'importance, ces dernières années, pour l'administration publique en général, et les régies financières en particulier, est devenue très présente dans tous les continents, et plus particulièrement en Afrique[277]. L'appropriation de ce « *vecteur majeur de la transformation des administrations fiscales* » doit être la pierre angulaire d'une bonne administration fiscale.

De nos jours, les Nouvelles Technologies de l'Information et de la Communication (NTIC) sont à la base de l'économie du savoir. Elles permettent de stocker, traiter et diffuser rapidement et sans coût un volume croissant de données ; et sont devenues une source de plus en plus importante de gains de productivité. Elles permettent aux contribuables de s'informer en temps réel sur le droit fiscal applicable. Mieux encore, le contribuable peut avoir une idée précise sur l'évolution de la législation fiscale, puisque toutes les lois de finances adoptées y sont reproduites. On y trouve aussi tous les imprimés fiscaux.

Outre les nombreux services qu'ils peuvent rendre aux contribuables, les NTIC offrent également plusieurs opportunités dans

---

[275] OPPETIT, B., *Essai sur la codification*, PUF, 1998, p. 8.
[276] BRAIBANT, G., « Utilité et difficultés de la codification », *Droits*, n° 24, décembre 1996, pp. 61-72 (p. 63).
[277] CHENEAU, L., Enjeux des technologies de la communication en Afrique : du téléphone à Internet, Paris, L'Harmattan, 2000, p.402.

le domaine de l'assiette, de la liquidation et du recouvrement de l'impôt[278] :

Avec l'aide des NTIC, les Administrations fiscales peuvent maintenir leur capacité d'accès à des renseignements fiables et vérifiables qui leur permettent d'identifier les contribuables et d'obtenir des informations nécessaires pour gérer au mieux leur système d'imposition. Le recouvrement des impôts et le contrôle fiscal s'en trouvent ainsi facilités. Des logiciels adaptés permettent, pour chaque catégorie d'impôts, de saisir, de traiter les données chiffrées et de déterminer (avec l'aide du calcul automatisé, donc rapide) le montant des sommes à acquitter par le contribuable.

En outre, une utilisation intensive des NTIC peut réduire les contacts directs entre le personnel des régies financières et les usagers. Ce qui diminue les risques de corruption. Par-delà ces propositions, il devrait surtout s'agir de mettre à la disposition des usagers une banque fiscale afin d'instaurer la transparence dans l'action publique.

B. Les moyens financiers et structurels

La motivation constitue sans doute une composante essentielle de l'efficacité des agents. Elle repose, notamment, sur la régularité et le caractère décent des salaires. En raison des exigences de performances que l'on attend d'une Administration fiscale ou douanière, la motivation a aussi son pesant : l'évaluation de la performance et de la productivité des agents. On peut également ajouter la question de la dotation du fisc en immeubles décents, en moyen de transport, etc.

Dans la plupart des administrations modernes, le statut pécuniaire des agents passe pour le talon d'Achille de toute œuvre modernisatrice. « *Le problème du traitement a, en effet, une importance tout à fait primordiale. Et pourquoi ? Parce que le sentiment de satisfaction du fonctionnaire, en considération du traitement qui lui est servi, est la condition capitale de la valeur de son travail* ». Cette

---

[278] BONGO, A., *op.cit.*, p.411.

réflexion de Fernand CASTERS qui date de 1944, rejoint la thèse selon laquelle la rémunération peut influer sur le changement culturel et le style de gestion publique. Cette thèse est de plus en plus d'actualité de nos jours[279].

Deux principaux moyens structurels sont à performer : l'organisation de l'Administration fiscale par catégorie de contribuable qui aidera énormément dans la gestion du grand nombre de contribuables de l'impôt foncier et de l'impôt sur les revenus locatifs, et la résolution de l'épineuse question du cadastre fiscal.

La matrice de ce cadastre fiscal peut être élaborée à partir du cadastre général. C'est dire que la mise en place d'un cadastre fiscal performant suppose que le plan cadastral général soit lui-même efficient. Ce cadastre fiscal, faut-il le préciser, doit présenter trois caractères cumulatifs : l'identification physique des biens immobiliers ; l'identification des propriétaires de ces biens ; l'identification des occupants et de la nature de l'occupation de ces biens.

La mise en place du cadastre fiscal, très déterminante pour l'élargissement de l'assiette foncière, devrait occasionner des retombées positives sur les recettes fiscales. On ne peut toutefois s'empêcher de noter que la création d'un cadastre fiscal aux fins d'assurer une répartition équitable de la charge fiscale, est une solution technique par excellence, qui ne peut, à elle seule, changer radicalement les habitudes. Elle doit être accompagnée d'une réelle volonté politique d'extraction de la matière imposable.

Section II. Le renforcement des mécanismes de taxation

Techniquement, l'augmentation des recettes requiert soit la hausse des taux de l'impôt, soit la création de nouveaux impôts, soit la modification des anciens impôts ou encore l'amélioration du recouvrement et le renforcement des contrôles. Dans les pays en voie de développement, comme la RDC, cette hausse apparaît, non comme

---

[279] BONGO, A., *op.cit.*, p.412.

une manipulation des techniques fiscales, mais comme un art politique, ce qui explique l'absence d'une philosophie fiscale claire en RDC.

Ainsi dit, le renforcement des mécanismes de taxation de l'impôt foncier et l'impôt sur les revenus locatifs passe par la mise en place du cadastre fiscal et le fonctionnement concret du service de l'urbanisme et habitat qui dépendent totalement des facteurs politiques (volonté de faire) et des facteurs économiques (les moyens financiers).

§.1. Le renforcement des mécanismes de taxation à travers l'urbanisation

Qu'on l'accepte ou qu'on le rejette, le processus d'urbanisation est déjà bien présent et il doit se poursuivre puisque l'existence de l'impôt synthétique immobilier est liée à celle des villes.

Ville diluée, ville informe, mal structurée au premier abord, avec d'immenses quartiers étalés sans fin dans le même maillage de rues en damier, une énorme périphérie sous-équipée, une périphérie qui a grandi trop vite autour d'un noyau ancien hérité de la période coloniale, voilà l'image que l'on garde le plus souvent des villes de la RDC[280].

La ville de Lubumbashi est caractérisée par la coexistence de deux types d'urbanisation : d'une part, la ville planifiée constituée des constructions qui était, à l'origine, réservée aux colons, ainsi que de nouvelles constructions résidentielles qui ont été aménagées après l'indépendance et, d'autre part, la ville spontanée, où l'on trouve des constructions nouvelles qui se développent dans les zones non aménagées, sans infrastructures et équipements.

L'urbanisation est manifestement un fait marquant de l'Afrique contemporaine. Elle entraîne avec elle des transformations radicales et rapides des structures sociales et économiques[281]. Le fondement pratique des impôts fonciers et sur les revenus locatifs reste le cadastre

---

280 PAIN, M., *Kinshasa : la ville et la cité*, ORSTOM, Paris, 1984, p.5.
281 GAPYISI, E., *Le défi urbain en Afrique*, Harmattan, Paris, 1989, p.31.

qui dans son rôle fiscal, dépend du degré d'urbanisation et de la politique d'habitat. De ce fait, si la province du Haut-Katanga veut compter sur l'imposition immobilière pour matérialiser l'autonomie financière qui se traduit sous la forme d'un fédéralisme fiscal atypique, il faut nécessairement penser encore à réorganiser totalement le cadastre dans son aspect fiscal ainsi que le service d'urbanisme et d'habitat.

1. Principe

Conformément aux dispositions des articles 1 et 2 de l'Arrêté n° 013 cab/MIN.URB-HAB/2005 du 06 mai 2005 modifiant l'arrêté n° CAB/CE/URB./012/88 du 22 octobre 1988 réglementant la délivrance de l'autorisation de bâtir, quiconque désire entreprendre une construction en matériaux durables ou semi-durables, quel que soit l'usage auquel elle est destinée, sur le territoire des villes, des communes et des agglomérations de plus de 3.000 habitants doit, au préalable, obtenir une autorisation de bâtir.

Cette autorisation de bâtir est également exigée pour les clôtures et les modifications extérieures à apporter aux constructions existantes, les reprises de grosses œuvres, les surélévations ainsi que pour les travaux entraînant une modification importante de la distribution intérieure du bâtiment.

L'article 3 du même arrêté précise que l'autorisation de bâtir est délivrée, au nom de l'Etat, par :

I. *Le Ministre de l'Urbanisme et de l'Habitat, lorsqu'il s'agit de* :

1. Construction à ériger pour le compte des Départements Ministériels, pour les Etablissements Publics, pour les Entreprises Publiques ou pour les services publics de l'Etat ;
2. Construction à étage ;
3. Projets d'investissements importants, tels les complexes industriels, les hôtels, les complexes commerciaux, les

bâtiments d'affaires, les stations-services, les chancelleries, les ensembles immobiliers de plus de deux hectares.

II. *Le Gouverneur de Province dans le ressort duquel la construction doit être réalisée, ou le Gouverneur de la Ville de Kinshasa pour tous les autres travaux que ceux énumérés ci-dessus.*

L'arrêté départemental CAB/CE/URB.HAB/013/88 du 14 novembre 1988 a créé la commission urbaine et la commission régionale de l'autorisation de bâtir chargée de statuer sur les demandes d'autorisation de bâtir dont est saisi le chef de division régionale et urbaine de l'urbanisme et de l'habitat, et de donner son avis sur chaque dossier à soumettre au gouverneur. Cette commission poursuit plusieurs missions[282], dont celles de : fixer les priorités d'intervention dans le domaine de l'Urbanisme et de l'Habitat ; coordonner les activités des institutions et services intervenant dans le domaine de l'Urbanisme et Habitat ; améliorer les conditions de l'Habitat tant en milieu urbain que rural, notamment par la réhabilitation, la rénovation et la réintégration des quartiers d'habitat ancien et vétuste ainsi que par la régularisation des quartiers d'habitat spontané ; favoriser le développement de la recherche en matière de l'Urbanisme et de l'Habitat ; veiller au respect strict des règles d'urbanisme en vue de combattre les constructions anarchiques.

---

[282] élaborer la législation en matière de baux à loyer dans le but de lutter contre les abus et l'anarchie dans les délais de préavis, garanties locatives, taux exorbitant des loyers, troubles de jouissance des lieux et biens loués ; mobiliser les ressources financières tant nationales qu'internationales en vue d'assurer une meilleure planification de la production des logements et d'amélioration des conditions d'habitat ; gérer, rentabiliser et conserver le patrimoine immobilier du domaine privé de l'Etat ; harmoniser les actions à mener dans le cadre de lotissement et de viabilisation des terrains destinés à l'Habitat ; organiser et assainir l'espace urbain ; promouvoir la construction et l'acquisition des logements au profit des catégories sociales à faibles revenus ; accroître le parc de logements destinés à la location pour satisfaire la demande de plus en plus accrue de logements, notamment par la réglementation des prix et la promotion des matériaux de construction ; apporter une assistance technique à l'auto-construction.

2. renforcement de la taxation

La construction ou les travaux qu'on envisage doivent être conformes aux règles contenues dans le plan local d'urbanisme de la ville ou, à défaut, prévues par le règlement national d'urbanisme.

Il est impossible, selon la réglementation, de construire une maison sans permis de construire, à moins qu'il s'agisse des travaux très discutables, comme la construction d'une « *maison* » annexe de 20m² en fond de jardin. Malgré l'existence de la réglementation sur l'autorisation de bâtir, les constructions dans la ville de Lubumbashi s'étalent d'une façon spectaculaire.

Cette extension de la ville de Lubumbashi se fait malheureusement sans un plan d'urbanisation gouvernemental, surtout dans la commune périphérique. L'espace urbain et la terre deviennent rares et disputés, et la lutte pour y accéder devient plus rude. L'espace étant déjà affecté dans le vieux centre urbain (bien qu'on y trouve aussi des luttes foncières), c'est maintenant surtout à la périphérie de la ville que la lutte foncière est intense[283]. La commune Annexe qui forme la ceinture de la ville est l'exemple vivant d'une commune créée mais non planifiée, ni par les topographes de l'administration de la ville, ni par les détenteurs des pouvoirs publics.

Agissant contre cette politique de planification, certains chefs coutumiers ainsi que différentes autorités administratives interviennent dans la vente et distribution des terres, provoquant ainsi l'urbanisme spontané. Ce qui entraîne une « *anarchie foncière* » qui a permis à des acteurs de tout genre de vendre et gérer la terre et la propriété dans la ville sans une réglementation claire et bien définie. Conformément à la législation, seul le service des affaires foncières a le droit de distribuer, de faire louer et de vendre la terre. La réalité est malheureusement tout autre.

---

[283] WAGEMAKERS, I., MAKANGU Diki, T., DE HERDT et KITSHIABA, « Lutte foncière dans la ville : gouvernance de la terre agricole urbaine à Kinshasa et Kikwit », in *À la recherche de l'Etat en RDC : acteurs et enjeux d'une reconstruction post-conflit*, L'Harmattan, Paris, 2011, p.74.

L'étalement spectaculaire des constructions pose aux pouvoirs publics de gros problèmes dont le plus difficile à résoudre est sans doute le problème foncier. De ce fait, l'extension de la ville s'opère le plus souvent dans l'anarchie, sans que la puissance publique puisse effectivement assumer son rôle, que les textes lui reconnaissent[284].

Suite à l'impossibilité d'accéder à la propriété dans les anciens quartiers de la ville, cet étalement des quartiers spontanés trouve sa justification dans le souci qui amène une population, sans moyens nécessaires, d'avoir un chez soi, d'autant plus que la majorité de la population n'a pas les ressources nécessaires pour réaliser des constructions conformes aux normes. Ne pouvant obtenir les autorisations officielles de bâtir, beaucoup de ménages sont amenés ainsi à réaliser des constructions extra-légales[285].

En effet, faute d'une politique de réserves foncières et pour avoir, au contraire, contribué à dilapider le patrimoine foncier local, les pouvoirs publics éprouvent aujourd'hui des grandes difficultés pour conduire et guider une politique de promotion foncière publique, la seule en mesure de constituer une solution aux problèmes d'urbanisation spontanée et de favoriser une évaluation convenable de l'impôt foncier et de l'impôt sur les revenus locatifs. Les logements se construisent, en conséquence, au gré de plusieurs opportunités : opportunités foncières, opportunités financières de certains acteurs et opportunités juridiques. Pourtant, une planification existe à travers les règles de construction du Plan Local d'Urbanisme de Lubumbashi. Dont la mise en œuvre semble faire défaut pour trois raisons :

- Des permis de construire délivrés après les constructions et sans aucune valeur coercitive ou réparatrice ;
- L'absence de définition de projets urbains pour aménager l'espace en vue d'un accueil massif de populations futures ;

[284] PROUZET, M. et CLAVER KOBO, P., « Le problème foncier en milieu péri-urbain », in : *Systèmes fonciers à la ville et au village*, Harmattan, Paris, 1986, p.281.
[285] GAPYISI, E., *op.cit.*, 1989, p.61.

- L'absence, dans la plupart des cas (construction de fortune), de devis qui permettront le calcul de la taxe sur l'autorisation de bâtir des immeubles malgré la minimisation du taux[286].

En somme, le problème de l'habitat est avant tout celui de l'urbanisme car, au-delà du logement, l'habitat désigne le mode d'organisation et de peuplement par l'homme du milieu où il vit. Il ne peut donc être dissocié de l'urbanisme et des questions foncières. A Lubumbashi, le tissu urbain est délabré, le cadre de vie connaît une dégradation très avancée et les services d'urbanisme et habitat sont insuffisants en qualité et en quantité.

A Lubumbashi, en effet, l'urbanisme présente les six caractéristiques suivantes[287] :

- L'occupation des terrains, qui se fait en général sur des espaces nus non viabilisés ;
  Les risques de catastrophe liés à l'occupation des sites à risque : inondation, ensablement, érosion et glissement de terrain ;
- Le caractère dépassé du décret-loi du 20 juin 1957 sur l'urbanisme, aggravé par l'inexistence, dans les agglomérations, de schémas d'urbanisme approuvés et à jour ;
- L'insuffisance des ressources humaines et financières autonomes ;
- L'absence notoire d'aménageurs fonciers tant publics que privés ;
- L'absence de cadre et de mécanismes appropriés pour la construction et l'entretien des infrastructures de base et des équipements collectifs.

Le manque d'une politique d'habitat effective et réaliste est un véritable handicap pour la taxation de l'impôt foncier et de l'impôt sur

---

[286] Le taux est de 0,6 à 1% du devis conformément à l'annexe de l'arrêté provincial n°0032/ Katanga du 13 avril 2013 fixant les taux et la périodicité de paiement des taxes, droits, et redevances provinciaux à percevoir à l'initiative du ministère provincial de l'urbanisme.

[287] Programme des Nations Unies pour les Établissements Humains, Bureau Régional pour l'Afrique et les Pays Arabes, document de programme-pays 2008 – 2009, RDC, p.7.

les revenus locatifs. L'existence de cette politique devrait permettre d'identifier, dans n'importe quel quartier, et à tout moment quelles sont, par exemple les maisons qui sont destinées à la location et à l'habitation afin d'arriver à mieux estimer les valeurs locatives. De ce fait, une révision ou une remise à niveau du service d'urbanisme s'avère importante afin de disposer d'une base fiable pour une meilleure taxation de l'impôt foncier et de l'impôt sur les revenus locatifs.

§.2. Le renforcement des mécanismes de taxation à travers l'instauration du cadastre fiscal

1. Aperçu général sur le cadastre

Le cadastre est, certes, une institution à la fois trop citée et trop peu connue. Elle est entourée d'incompréhension, de préjugés, qui vont quelquefois jusqu'à un discrédit[288]. Il joue trois rôles majeurs, à savoir : fiscal ; civil et social. Dans les lignes qui suivent, nous allons nous attarder sur le seul rôle fiscal qui cadre avec cette étude.

Si plusieurs auteurs ont défini le cadastre comme « *étant l'ensemble des opérations qui permettent l'identification des biens-fonds ; d'autres réservent cette appellation à l'ensemble des documents qui constatent les éléments techniques et juridiques caractérisant des propriétés foncières* »[289].

En fonction de sa finalité, le cadastre fiscal est à distinguer du cadastre légal ou du cadastre polyvalent. Le cadastre fiscal est un système d'information foncière qui permet d'assurer la gestion des données et informations nécessaires à l'évaluation des biens fonciers en vue de la détermination de la taxe foncière ou afférente au foncier. L'information requise porte sur : a) les éléments permettant d'apprécier la valeur (locative ou vénale) de la propriété, et b) l'identification du contribuable (ce peut être le propriétaire du bien ou son occupant).

---

288 MARSTBOOM, L., *Le cadastre et l'impôt,* Wester, Bruxelles, 1946, p.4.
289 MARSTBOOM, L. et Cie, *Le cadastre et l'impôt foncier,* Lielens, Bruxelles, 1956, p.20.

L'inventaire du cadastre fiscal ne doit donc pas seulement être descriptif, exhaustif et permanent ; il doit être aussi évaluatif[290].

Le cadastre légal, quant à lui, cherche à identifier le propriétaire d'une parcelle et à déterminer les droits qu'il peut faire valoir sur cette parcelle. Il suppose donc que le statut juridique, l'état et les limites exactes de la parcelle soient clairement établis ainsi que les droits et servitudes afférents[291]. Sa mise en place exige plus de rigueur que celle d'un cadastre fiscal.

On peut déduire que l'objectif principal attribué à tout cadastre fiscal est la répartition équitable de la contribution foncière et l'égalité de tous devant l'impôt. Pour ce faire, il faudra dresser un inventaire précis de tous les biens-fonds[292].

La conservation des titres immobiliers qui gère tous les certificats d'enregistrement ne peut fonctionner que si elle repose sur un cadastre exact, comme pour dire que la conservation et le Cadastre se complètent, la première donnant la description juridique du sol, et le second, sa description matérielle. L'assiette de l'impôt foncier ne peut être fixée d'une manière rationnelle qu'en recourant aux opérations fondamentales du cadastre : le levé du plan représentant le terrain divisé en parcelles d'après les limites réelles ou véritables et l'estimation de revenus de ces parcelles.

Pour renouveler le cadastre, deux opérations s'avèrent indispensables : la réfection et la révision cadastrales. On parle de la réfection cadastrale lorsque les documents cadastraux sont de mauvaise qualité ou lorsque la détermination du relevé parcellaire sur terrain devient difficile à réaliser. La révision cadastrale, elle, est la mise à jour

---

[290] LASSERVE, D., *Conditions de mise en place des systèmes d'information foncière dans les villes d'Afrique sub-saharienne francophone*, publié pour le Programme de gestion urbaine par la Banque mondiale, Washington, DC., mars 1994, pp. 12-13.
[291] *Ibidem*, p. 13.
[292] MARSTBOOM, L. et Cie, *op.cit.*, p.119.

des documents cadastraux. Cette révision est décidée en principe par les services fiscaux.

2. Etablissement du cadastre fiscal

Pour établir un cadastre fiscal, il faut observer trois opérations : les travaux techniques (délimitation du territoire et levé des parcelles) ; l'évaluation du revenu net des parcelles d'après une classification et un classement déterminé ; et la rédaction de divers documents administratifs[293].

A. Les travaux techniques

Ils se résument dans les opérations d'arpentage qui consistent à scinder le territoire concerné. La ville de Lubumbashi, objet de notre expérimentation, est scindée en communes et ces dernières en quartiers. Selon la politique foncière, ce travail est généralement effectué par un géomètre. Le travail d'arpentage laisse la place au levé du plan parcellaire.

Le plan parcellaire est un plan à grande échelle qui reproduit la configuration graphique des parcelles cadastrales et des bâtiments construits sur celles-ci, chaque parcelle y étant numérotée par section. Il représente exactement le territoire d'une commune dans ses plus petites subdivisions, soit de culture, soit encore de propriété[294]. Une parcelle est donc une portion de terrain plus ou moins grande formée des maisons ainsi que des autres propriétés non bâties.

B. Evaluation du revenu

L'expertise cadastrale fixe, en se conformant aux règles préétablies par loi, le revenu cadastral de toutes les parcelles mentionnées sur le levé du plan parcellaire, sauf exemption expresse. Pour ainsi évaluer la valeur d'une parcelle, on peut utiliser le système

---

[293] MARSTBOOM, L. et Cie, *op.cit*, p.29.
[294] *Ibidem*, p.31.

de classification par catégorie en recherchant le nombre de classes d'après le degré de revenu.

C. Les opérations administratives

A la fin des travaux techniques et de l'évaluation, l'Administration cadastrale doit dresser les différents documents y afférents. Il s'agit : du plan d'assemblage, du plan parcellaire, de la matrice cadastrale et du tableau indicatif[295].

Si le tableau indicatif reprend les différentes parcelles en précisant le nom, post nom et prénom, la profession et le domicile du propriétaire, la matrice cadastrale note la nature des propriétés et est un registre qui, par commune, mentionne pour chaque propriétaire sous un article propre numéroté, les parcelles qu'il possède, le total des contenances et celui des revenus de ces parcelles. Autrement dit, la matrice cadastrale est le registre foncier qui fait figurer, par propriétaire, toutes les parcelles d'une commune et où il est mentionné les résultats d'arpentage, du classement et du revenu des parcelles.

Si le plan d'assemblage indique la division de la commune en quartier et les subdivisons des quartiers, le plan parcellaire donne le tracé des parcelles avec tous les détails de configuration.

3. Le cadastre fiscal à Lubumbashi

Les terres sont régies en RDC par la loi n° 073-021 du 20 juillet 1973 portant régime général des biens, régime foncier et immobilier et régime des sûretés, telle que modifiée et complétée par la loi du 18 juillet 1980.

Comme dans tous les pays de l'Afrique Centrale, cette loi affirme le principe de l'appartenance de toutes les terres à l'Etat congolais, y compris les terres dites indigènes sous l'ancien régime. L'article 53 énonce que *« le sol est la propriété exclusive, inaliénable et imprescriptible de l'Etat »*. La loi a ainsi organisé le patrimoine

[295] MARSTBOOM, L. et Cie, *op.cit*, pp. 35-37.

foncier de l'Etat en domaine foncier public d'une part et, d'autre part, en domaine foncier privé (article 54). Le domaine foncier public est reconnu par les dispositions de l'article 55, alinéa 1, qui le définissent comme constitué des terres affectées à un usage ou à un service public. Les terres du domaine privé sont celles qui ne sont affectées ni à l'usage public, ni à l'usage d'un service public.

L'inscription ou l'enregistrement des droits de l'Etat sur son domaine public ou privé n'est pas légalement requis. Il n'existe par ailleurs aucun registre des terres domaniales légalement prévu et organisé. Le domaine privé de l'Etat est régi par le principe de la présomption légale de domanialité sur toutes les terres non affectées à un usage ou à un service public. Ces terres ne peuvent faire l'objet de transfert de propriété. Elles sont, comme les terres du domaine public, déclarées inaliénables et imprescriptibles. Cependant, elles (les terres du domaine privé) peuvent faire l'objet de servitude (article 57, loi foncière) ou de concession des droits sous forme, selon le cas, de concessions foncières (article 57, loi foncière), de concessions forestières (article 82, code forestier), de concessions agricoles (nouvelle loi agricole) ou d'autres types de droits d'exploitation (miniers et pétroliers).

Un bref aperçu sur le régime foncier congolais[296] actuel permet de constater que son application se réalise à travers la répartition du territoire national en circonscriptions foncières créées par décret

[296] On peut résumer le constat fait du processus normatif au Congo dans le domaine de la gestion des terres en quelques propositions : 1. Les temps forts du mouvement législatif se suivent et se ressemblent : on part des meilleurs espoirs et promesses, et on aboutit à une législation qui révèle rapidement ses vices cachés, nombreux et graves. 2. Ainsi s'est perpétuée, voire progressivement aggravée, une option d'étatisation des terres et de leur distribution ; Léopold II avait inauguré cette « technique d'exploitation terrienne » et y avait échoué ; la « Deuxième République » s'y frotta (art. 53 de la « loi foncière : Le sol est la propriété exclusive, inaliénable et imprescriptible de l'Etat ») et s'y piqua à en mourir ; 3. De bons textes de lois ont existé ; mais non utilisés, voir LWANGO, T., « Analyse du code foncier et évolution de la législation foncière en RDC», in : *La problématique foncière et ses enjeux dans la province du Sud-Kivu, RDC, actes de la table ronde organisée a Bukavu du 10 au 11 mai 2010*, IFDP, 2010, p.7.

présidentiel et dirigées chacune par un conservateur des titres immobiliers.

La procédure pour obtenir une parcelle (jouissance immobilière ou titre foncier) en République Démocratique du Congo comprend les trois étapes suivantes : la demande de terre, les travaux techniques du cadastre, et l'établissement du contrat de concession.

A. La demande de terre

La personne désireuse adresse une lettre de demande de terre au Conservateur des Tires Immobiliers qui apprécie après avis du Chef de Bureau du Domaine foncier, lequel lui répond sur la disponibilité d'un numéro Plan de lotissement et des formulaires d'identification. Le Conservateur des Titres Immobiliers prépare à son tour une demande des travaux à adresser au Chef de Division du Cadastre.

B. Les travaux techniques du cadastre

Sur base de la demande des travaux du Conservateur des Titres Immobiliers, le Chef de Division du Cadastre demande à son chef de Bureau Technique de lui désigner des techniciens pouvant donner des informations sur la parcelle ciblée, dresser un procès-verbal de constat des lieux, (mesurage et bornage), élaborer un croquis des lieux et octroyer un numéro cadastral.

C. Établissement du contrat de concession

C'est la marche retour des documents du Technicien vers le Conservateur des Titres Immobiliers, via d'abord la taxation et la comptabilité, le Chef de Division du Cadastre pour signature finale au cadastre, et le Bureau du Domaine Foncier pour établissement du contrat de location signé par le Conservateur des Titres Immobiliers après paiement de redevance à la DGRAD. La mise en valeur est suffisante, on établit le certificat d'enregistrement.

En vérité, la ville de Lubumbashi n'a pas de cadastre fiscal, le cadastre étant jusque- là, utilisé dans ses aspects foncier, minier, agricole et forestier. Il est donc nécessaire d'y penser si on veut bien maximiser les recettes fiscales provenant de la fiscalité immobilière. Il faudra, néanmoins, retenir que l'ordonnance-Loi n° 69-006 du 10 février 1969 sur l'impôt réel telle que modifiée et complétée à ce jour tente, dans une certaine mesure d'instaurer un cadastre fiscal atypique[297]. Ainsi, pour recouvrer l'impôt foncier, l'ordonnance-loi précitée a institué un impôt forfaitaire annuel dont le montant varie suivant la nature des immeubles et le rang des localités. La RDC est subdivisée sur le plan fiscal en quatre rangs de localité.

D'où, la nécessité d'instituer un cadastre fiscal à Lubumbashi pour renforcer la taxation et de distribuer rationnellement les terres afin d'éviter des problèmes, tels que : [298]

- La distribution anarchique, c'est-à-dire celle qui est faite sans que les autorités aient organisé un plan d'équipement du Territoire en vue d'un développement rationnel. Les fonctionnaires et autres autorités politiques qui distribuent des parcelles de terre urbaines et délivrent des contrats ou autres titres d'occupation, et des autorisations de bâtir, sont bien conscients qu'ils posent des actes illégaux, nuls (de nullité absolue) et de nul effet ;
- Le non-respect des droits fonciers, voire immobiliers de l'Etat. Le prétendu régime du domaine public ne protège plus grand chose. Les terrains réservés à la puissance publique, aux besoins actuels ou futurs des services publics, sont allègrement spoliés à l'Etat et vendus.

Section III. L'harmonisation des relations entre le fisc et le contribuable

La fiscalité a deux sujets, l'Administration fiscale et le contribuable. L'une est étudiée et l'autre, ignoré, si bien qu'en étant au

[297] Voir la subdivision dans le chapitre sur l'imposition fiscale des revenus immobiliers : approche comparative.
[298] LWANGO, T., *op.cit.*, pp.8-9.

centre du phénomène fiscal, le contribuable reste inconnu. Le terme contribuable recouvre un contenu sociologique et juridique très complexe. Ainsi, un épicier de village est contribuable au même titre qu'un supermarché, bien que nous soyons devant deux réalités tout aussi différentes[299]. Il est inconcevable, voire impossible de parler de l'impôt sans parler du contribuable dans la mesure où c'est justement au contribuable qu'incombe la charge de payer l'impôt.

On peut donc dire que le contribuable fait partie de l'appareil administratif de l'impôt puisqu'il est souvent l'acteur de l'établissement de l'impôt. Son intervention se manifeste à tous les stades de l'acte d'imposition, qu'il s'agisse de l'assiette, de la liquidation ou du recouvrement de l'impôt[300].

Si la finalité de tout système fiscal est l'acquittement correct, par le contribuable, de ses obligations fiscales, le contribuable devient alors l'acteur le plus déterminant dans la mise en œuvre de tout impôt. S'il ne se trouve pas dans les conditions idéales, il se verra alors dans l'obligation d'utiliser tout moyen à sa disposition pour l'éviter. Le rapport du contribuable au système fiscal est d'abord un problème de perception que le citoyen se fait de l'ensemble des prélèvements qu'il doit acquitter. Cette représentation est essentiellement caractérisée par un sentiment de contrainte, voire d'oppression, qui explique la permanence du phénomène de rejet dont l'impôt est l'objet[301].

Pour mettre en place une Administration fiscale efficiente, la redynamisation qui passe par une collaboration franche entre le fisc et le contribuable doit être de mise. Cette collaboration se justifie par le fait que, fort du caractère régalien de sa mission, l'Administration fiscale a traditionnellement entretenu avec des contribuables des relations fortement teintées d'unilatéralisme. La réduction des tensions psychologiques entre le contribuable et le fisc qui demande sans doute

---

[299] MARTINEZ, JC. et DI MALTA, P., *Droit fiscal contemporain : l'impôt, le fisc, le contribuable*, T1, Litec, Paris, 1986, p.326.
[300] BELTRAME, P. et MEHL, L., *op.cit.*, p. 570.
[301] GEFFROY, JB., *op.cit.*, p.548.

que celui-ci accorde une plus grande attention aux relations humaines, requiert davantage une éducation du citoyen qui devra prendre conscience de l'importance de l'impôt dans un régime qui reste libéral, tout en sauvegardant l'autorité et la mission de l'Etat[302].

Pour que le contribuable ne constitue pas un obstacle à la mise en œuvre aux impôts foncier et sur les revenus locatifs, il faudra créer un climat de confiance qui réduira des tensions entre le fisc et lui. Il faudra, pour cela, procéder à l'éducation du contribuable et lui montrer d'une façon claire la destination finale de son argent. Aujourd'hui à Lubumbashi, le contribuable à la vignette automobile commence à s'acquitter de cette obligation du fait que la réhabilitation des routes, qui est la destination de cet impôt, est bien effective.

Ainsi, l'Administration fiscale doit traiter les problèmes fiscaux dans le détail des difficultés que soulève l'application de l'impôt aux faits concrets en saisissant ces problèmes dans leur réalité sensible et humaine. Elle doit s'efforcer de faire accepter la loi plutôt que de la faire subir, de convaincre plutôt que de vaincre[303].

Si la mise en œuvre de l'impôt comporte des actes de puissance publique, qui créent des obligations unilatérales à la charge du contribuable, des garanties doivent être accordées au contribuable pour le protéger de l'arbitraire. Ces garanties découlent de la notion de légalité qui domine les rapports entre l'Etat et les citoyens dans les nations modernes[304].

Ces garanties qui sont de plusieurs ordres, peuvent être juridictionnelles, de recouvrement et administratives en matière d'assiettes. Seules ces dernières cadrent avec notre étude et se composent du droit à l'information, de la possibilité de négocier et de l'amnistie fiscale[305].

---

302 BELTRAME, P.et MEHL, L., *op.cit.*, p. 667.
303 SCAILTEUR, C., *Le contribuable et l'Etat*, SEMSJ, Bruxelles, 1961, p.13.5
304 *Ibidem*, p. 582.
305 BELTRAME, P.et MEHL, L., *op.cit*, pp. 582-586.

§.1. Le droit à l'information

La publicité de la règle fiscale, doit être soigneusement organisée, qu'elle porte sur des textes législatifs et réglementaires, la jurisprudence ou des circulaires administratives, ce qui, malheureusement n'est pas encore le cas. Mais eu égard à la multiplicité, à la complexité et à la mutabilité des règles fiscales, on pourra objecter qu'une telle publicité est d'un intérêt limité pour le contribuable. L'adage : « *Nul n'est censé ignorer la loi* » est un aphorisme en matière fiscale peut sembler d'une cruelle ironie.

Il faudra donc une publicité massive en plusieurs millions d'exemplaires, et des campagnes d'informations à l'occasion d'une réforme. De ce fait, il est impérieux de créer des centres d'information et de communication au sein de l'administration.

§.2. La possibilité de négocier

La problématique de l'acceptation de l'impôt avec ses modalités de recouvrement trouve sa réponse à travers les principes de consentement à l'impôt (vote parlementaire) et de légalité (pas d'impôt sans loi). Ce principe d'acceptation de l'impôt est aujourd'hui enrichi par d'autres dispositifs complémentaires qui améliore le fonctionnement du système fiscal (pratique de concertation, accords entre fisc et contribuable, etc.)[306], comme la conciliation, la médiation, et la consultation.

Les procédures de conciliation et de médiation, par exemple, sont des instruments de communication qui permettent un dialogue entre le fisc et le contribuable et qui déboucher soit sur une transaction, soit sur une remise gracieuse de la dette fiscale. De tels mécanismes sont de nature à faire progresser la réalité du consentement à l'impôt et à rapprocher le contribuable de l'administration. De plus, ils évitent

---

[306] CHRISTINE, M., « Mieux adapter la contrainte fiscale, l'essor des diapositifs d'essence contractualiste en droit fiscal français », in *Réforme des finances publiques et mondialisation de l'administration*, economica, Paris, 2011, p. 199.

aux acteurs de passer par des procédures pénales lourdes et coûteuses[307].

§.3. L'amnistie fiscale

Périodiquement, le législateur prend des mesures d'amnistie fiscale. Ces mesures tendent à ramener les fraudeurs sur le chemin de la régularité fiscale en les invitant régulariser leurs situations sans qu'ils ne soient astreints aux sanctions fiscales ou pénales. Il arrive même que l'administration éponge tout le passé. Comme la fraude a un caractère cumulatif, le contribuable non sincère qui sait qu'il est lié à ses irrégularités antérieures et qui a l'intention de rentrer dans le devoir nourrit toujours la crainte des redressements en cascade dont il peut être l'objet sur les divers impôts dont il est redevable et de l'accumulation des pénalités[308].

Section IV. Promotion du civisme fiscal dans le chef des contribuables

Comme le soutient P. Ngaosyvathn « dans les circonstances du sous-développement, le prélèvement fiscal est éminemment un acte politique, un art du possible, c'est-à-dire un art de pouvoir. Il s'agit de contraindre et de se faire obéir tant des riches qui défendent leur superflu que des pauvres qui sauvegardent leur nécessaire. Devant cette convergence de la résistance des groupes sociaux aussi opposés, les pouvoirs publics doivent disposer d'une bonne condition politique pour pouvoir désamorcer les mécontentements et imposer des sacrifices »[309].

Cet art s'explique par une volonté politique émanant des pouvoirs publics de lever autant d'impôt que l'exigera la réalisation des besoins gouvernementaux. La philosophie unique qui justifie un système fiscal est la mobilisation des fonds à mettre à la disposition des dirigeants pour la gestion du pays pour garantir l'intérêt général du peuple. La question majeure qui se pose pour les Provinces est celle de

---

[307] KALINA, K. et MONNIER, JM., *op.cit.,* 2009, p. 52.
[308] BELTRAME, P. et MEHL, L., *op.cit.*, p. 585.
[309] *Ibidem*, p.191.

savoir si les dirigeants comptent, et à quel degré, sur les fonds d'origine fiscale.

L'on voit bien que le développement ou le sous-développement fiscal d'un pays, n'est qu'un reflet de la force ou de la faiblesse de la volonté politique fiscale. Par conséquent, les techniques fiscales sans volonté politique (philosophie fiscale) de s'en servir sont vaines, et la volonté politique sans techniques est destructrice.

En somme, le contribuable est confronté à trois problèmes qui sont psychologiques, sociaux et moraux[310]. Les premiers renvoient à des hostilités contre la fiscalité, le fisc et les pouvoirs publics. Inquiets et désorientés par une législation inextricable, les contribuables se sentent désarmés et surtout exploités par le fisc arbitraire et incontrôlé. Ce malaise provient surtout de l'absence de diffusion des textes légaux et de clarification des droits et des obligations du contribuable[311]. Les problèmes sociaux renvoient à l'incivisme fiscal (fraude fiscale) et les problèmes moraux à l'habitude de corrompre le fisc.

L'hétérogénéité sociologique du contribuable nous conduit à distinguer, en matière de l'imposition immobilière dans la Ville de Lubumbashi, deux attitudes : celle du « *petit et moyen contribuable* » et celle du « *grand contribuable* ». Chez les petits et moyens contribuables qui voient en l'impôt un enrichissement sans cause dans le chef des agents de l'administration, le sentiment premier est encore aujourd'hui l'inquiétude et la crainte de l'Administration fiscale et de ses agents, à moins qu'ils n'aient établi de bons rapports avec ces derniers. Les gros contribuables, quant à eux, sont plus sereins et plus à l'aise du fait qu'ils sont conscients de représenter une force avec laquelle les agents du fisc doivent composer.

---

[310] Mais, il faut observer qu'il est parfois difficile d'établir des frontières entre les problèmes psychologiques et sociologiques du contribuable.
[311] NGOASYVATHN, P., *op.cit.*, p.127.

A ce titre, et pour de nombreuses personnes, voler un épicier ou n'importe quel commerçant est mal, voler le fisc est, par contre, un bon. Cette disproportion dans le jugement résulte sans doute du fait que l'État n'est pour beaucoup de contribuables qu'une abstraction, ils n'arrivent pas à établir, en général, le lien entre les impôts payés et l'usage qui en est fait.

Quand bien même on l'appréhenderait, on estime alors que la fraude compense l'injustice fiscale. Il y a donc une propension assez naturelle à tolérer la fraude, à faire preuve d'un civisme fiscal de plus rudimentaire. Peu de personnes admettent que ***« voler l'impôt c'est voler les autres »***.

Dans le cas contraire, le contribuable n'aura que la fraude devant lui. Il faudra toutefois noter que la volonté de nombreux contribuables d'éviter le paiement de l'impôt ne se manifeste toujours pas d'une manière aussi directe que le recours à la fraude fiscale. Celle-ci suppose une véritable violation, une transgression des textes formels, qui se traduit le plus souvent par une dissimulation de la base imposable. A côté de ces comportements clairement illicites, on en trouve d'autres qui, tout en aboutissant à ce résultat, n'enfreignent en rien une disposition légale quelconque. Ce comportement, qualifié d'évasion fiscale ou évitement de l'impôt, comporte au fait un élément intentionnel qui le rapproche de la fraude, puisque dans les deux cas, l'intention est d'éviter ou de réduire l'impôt[312].

La fraude fiscale serait alors une sorte d'exutoire pour certains contribuables qui, frustrés par un sentiment d'impuissance politique, jugent qu'entre deux élections, ils ne peuvent autrement exprimer leur désaccord à l'égard de certaines décisions ou encore exercer de pression véritable sur l'action des gouvernements. La fraude trouverait alors sa légitimité dans le refus d'obtempérer à des règles jugées abusives et qu'il est impossible de changer. Elle devient, dès lors, un moyen de protection du contribuable sans défense contre un Etat malfaiteur. Et la

---

[312] AFSCHRIFT, T., *op.cit.*, pp. 15-16.

désobéissance civile que constitue dans les faits la fraude fiscale est, à partir de là, tout à fait légitime[313].

Pour qu'il ne soit plus un obstacle au recouvrement de l'impôt foncier et de l'impôt sur les revenus locatifs, le contribuable doit être convaincu du bien-fondé pratique (*la visibilité)* de l'imposition. Il faudra donc créer dans le chef du contribuable une adhésion populaire à l'impôt. Sans cette conviction, le contribuable risque de se rebeller contre l'impôt ; ce qui le rendrait moins efficace. L'acquittement de la dette fiscale doit se faire par conviction et non par débarras, comme c'est le cas actuellement[314].

Section V. La gestion rationnelle et efficiente des recettes fiscales

Le contribuable paie d'une part, et d'autre il attend bénéficier des effets de l'impôts. Ce sont donc les effets (la destination de son argent) qui, au fait, motivent ce dernier à s'acquitter sans remords de cette charge. Gonidec, cité par JB. Fosting, estime que « la perception fiscale doit se rapprocher aussi que possible de l'utilisation qui sera faite des fonds ainsi collectés ». C'est ainsi que l'adéquation entre ponction fiscale et réalisations publiques se présente comme un facteur mobilisateur et légitimant de l'impôt dans les nouveaux Etats, à condition que les pouvoirs publics déchiffrent le message qui remonte ainsi du peuple[315].

Pour pallier à cette image négative, les pouvoirs publics se doivent, même si cela est difficile à démontrer, à mobiliser la théorie de « l'impôt-*image* » qui stimule l'acceptation de l'impôt par le contribuable. L'acceptation du principe de l'impôt et la soumission volontaire à l'obligation fiscale supposent, en principe, un sentiment d'appartenance à une communauté sociale. Il existe donc une

[313] TREMBLAY, P. et LACHAPELLE, G., *Le contribuable : héros ou malfaiteur,* Sainte-Foy, Presses de l'Université du Québec, 1996, p.16.
[314] BIFUMANU Nsompi, *op.cit.,* p. 135.
[315] FOSTING, JB., *op.cit.*, p.292.

corrélation certaine entre le degré de cohésion et de stabilité d'une société, la force de l'attachement que ses membres manifestent à l'égard des principes politiques qui sont à sa base d'une part, et le niveau de spontanéité et de sincérité dans l'exécution des obligations fiscales, d'autre part[316].

La gestion rationnelle des recettes fiscales passe par l'observation du mécanisme des « quatre temps alternés[317] » qui est le fondement de la procédure budgétaire et de la vie financière et qui règle l'alternance des interventions de l'exécutif et du Parlement dans le processus décisionnel budgétaire. L'exécutif prépare d'abord un projet de budget (premier temps), qui est ensuite débattu, amendé le cas échéant, et adopté par le Parlement (deuxième temps). Le budget adopté est mis en œuvre par l'exécutif (troisième temps) sous le contrôle a posteriori du Parlement (quatrième temps). De ce qui précède, la gestion rationnelle et efficiente des recettes fiscales passe par la stricte observation des principes de gestion de finances publiques.

§.1. Le principe de la légalité

La légalité des recettes et des dépenses tient au fait qu'on ne peut percevoir des recettes et n'engager des dépenses que pour autant qu'elles aient été prévues par la loi des finances. Ce principe qui ne souffre d'aucune exception, est prévu par la Constitution et la loi relative aux finances publiques :

- En son article 174, la constitution dispose qu'il ne peut être établi d'impôts que par la loi. La contribution aux charges publiques constitue un devoir pour toute personne vivant en République Démocratique du Congo. Il ne peut être établi d'exemption ou d'allègement fiscal qu'en vertu de la loi. L'article 175 est aussi clair à ce sujet : Le budget des recettes et des dépenses de l'Etat, à savoir celui du pouvoir central et des

---

316 BELTRAME, P. et MEHL, L., *op.cit.*, p.631.

317 FRANCK WASERMAN, *Les finances publiques*, 8ième Ed., la documentation française, Paris, 2016, p.10.

provinces, est arrêté chaque année par une loi. La loi fixe la nomenclature des autres recettes locales et la modalité de leur répartition et article 122 Sans préjudice des autres dispositions de la présente Constitution, la loi fixe les règles concernant les finances publiques ;

- Pour ce qui est de la loi relative aux finances publiques : l'article 9 dispose que (Il ne peut être établi d'impôts que par la loi. Il ne peut être établi d'exemption ou d'allégement fiscal qu'en vertu de la loi. La loi fixe la nomenclature des autres recettes locales et les modalités de leur répartition. L'article 122 point 10 pour sa part, insiste sur le fait que les règles relatives à l'assiette, au taux et aux modalités de recouvrement des impositions de toute nature sont fixées par la loi) et article 10 précise qu'aucune dépense ne peut être exécutée : si elle ne rentre pas dans les compétences du pouvoir central, des provinces ou des entités territoriales décentralisées telles que définies dans la Constitution et la loi; si elle n'a pas été définie par un texte régulièrement adopté et publié par l'autorité compétente; les obligations financières créées par toute loi, édit, décision, ordonnance, règlement ou contrat ne deviennent certaines et définitives qu'avec l'ouverture des crédits correspondant au budget du pouvoir central, de la province ou de l'entité territoriale décentralisée; si les crédits nécessaires ne sont pas disponibles au budget; si elle correspond à des opérations financées en tout ou partie sur ressources extérieures pour lesquelles la mobilisation des fonds y relatifs n'est pas effective.

En conséquence, Les aménagements et rectifications des budgets en cours d'exécution répondent à des exigences d'équilibre budgétaire et de résultats conformément aux programmes arrêtés. Seule la loi de finances rectificative, peut, en cours d'année, modifier certaines dispositions de la loi de finances de l'année. Mais très souvent, le budget public est rectifié avant même que la loi de finances rectificative ne soit votée au parlement.

§.2. Le principe de spécialité

Le principe de spécialité concerne les dépenses autorisées par le budget : celles-ci sont spécialisées, selon une nomenclature budgétaire, ce qui signifie que l'exécutif doit utiliser les crédits ouverts, de manière en principe limitative, selon leur destination telle qu'elle résulte du budget voté par le Parlement[318]. Le principe de la spécialité du budget veut qu'un crédit inscrit au budget soit utilisé pour couvrir la dépense prévue à cet effet. En d'autres termes, les crédits budgétaires sont prévus et autorisés à des fins précises. Les crédits sont spécialisés par grande nature de dépenses ou titre tel que précisé par la loi et par source de financement. Ils sont regroupés par programme. Les programmes peuvent être regroupés par fonction. La spécialité et le détail des crédits doivent être conformes à la nomenclature budgétaire des dépenses en vigueur[319].

Ce principe n'est pas très souvent respecté à l'intérieur de la loi de finances de l'année où d'autres dépenses des certaines institutions sont engagées en dépassement de leur crédit au détriment des autres. Le dépassement budgétaire est une faute de gestion budgétaire et il est observé avec répugnance à la Présidence de la République[320].

---

318 FRANCK WASERMAN, *Les finances publiques*, 8ième Ed., la documentation française, Paris, 2016, p.25.

319 Article 8 de la loi relative aux finances publiques.

320 Selon le rapport du Zoom-eco.net : Les dépenses effectuées par la Présidence de la République en 11 mois de l'année 2021 sont chiffrées à hauteur de 596,9 milliards de Francs congolais (CDF) soit un montant équivalent à 299,5 millions dollars américains. D'après les prévisions budgétaires renseignées dans le rapport mensuel des états de suivi budgétaire, en 11 mois la Présidence de la République devrait normalement consommer 293,0 milliards de CDF soit 147,0 millions de dollars américains. Faisant foi à ce rapport, il y a lieu de noter un taux d'exécution budgétaire de l'ordre de 203,6 % par rapport aux prévisions linéaires arrêtées en faveur des dépenses de la Présidence de la République en 11 mois. Ainsi, la Présidence de la République enregistre un écart négatif de 103,6% par rapport aux projections budgétaires, suivant les mêmes données des services du ministère du Budget. S'agissant de la clé de répartition des dépenses effectuées à la Présidence de la République, ce rapport montre que les frais de fonctionnement restent la plus grande source de consommation. En 11 mois, les frais de fonctionnement de la Présidence de la République sont évalués à 395,7 milliards de CDF sur des prévisions linéaires de

§.3. La reddition des comptes

Par l'adoption et le vote de la loi des finances, le Parlement autorise l'Exécutif à engager les dépenses et à réaliser les recettes prévues au Budget. Il est normal qu'à l'issue de l'exercice budgétaire, l'exécutif rende compte au parlement de ce qu'il a fait du budget qu'il lui a été autorisé d'exécuter.

Ainsi, « La reddition des comptes désigne l'opération qui découle de l'obligation de répondre de l'exercice d'une responsabilité. Elle suppose l'existence d'une partie qui attribue une responsabilité (en l'occurrence le Parlement) et une autre qui s'engage, en l'acceptant, à rendre compte sur la façon dont elle les a assumées. La reddition des comptes est donc le fait de produire les comptes de gestion de l'Etat du dernier exercice clos »[321]. Elle a deux fondements : politique et technique :

- Politique : le budget est un acte d'un organe politique, du pouvoir politique exercé par le Parlement. Le Gouvernement (organe politique) est donc responsable vis-à-vis d'un autre organe politique. Sa responsabilité à l'égard du Parlement est politique et, en cas d'échec de gestion du budget, la sanction qui

---

114,7 milliards de CDF pour la même période soit un taux d'exécution de 344% ou un taux de dépassement de 244%, indiquent les données du ministère du Budget. Quant aux dépenses liées à la rémunération du personnel de la plus haute institution de la République, elles sont chiffrées à 174,7 milliards de CDF soit 85,5 millions de dollars américains contre les prévisions linéaires de 160,2 milliards de CDF (78,5 millions USD), soit un taux d'exécution de 109% ou un taux de dépassement de 9%. Au total 14,5 milliards CDF, soit plus de sept (7) millions de dollars américains ont été utilisés pour les interventions économiques, sociales, culturelles et scientifiques de la Présidence de la République. Pour toute l'année 2021, les dépenses globales de la Présidence de la République ont été arrêtées à hauteur de 319,7 milliards de CDF soit plus de 160,4 millions de dollars américains. A un mois de la fin de l'exercice budgétaire 2021, la Présidence de la République a consommé 277,2 milliards de CDF soit 139,1 millions de dollars américains de plus que les prévisions budgétaires de toute l'année.

[321] KITAMBALA N'GBEZE, la gestion des finances publiques au niveau des Pouvoirs central, provincial et Local : cycle budgétaire. Atelier d'échanges sur la mise en œuvre des contrôles à posteriori de la gestion des finances publiques provinciales et locales. Lubumbashi, du 25 au 27 octobre 2012, p.16

en découle est tout aussi politique, la méfiance (motion de censure). La reddition des comptes est donc un acte de haute politique dans un pays démocratique ;

- Technique : la reddition des comptes est un outil de gestion et de contrôle de la gestion budgétaire. Avant qu'elle n'aboutisse au Règlement définitif du budget, la reddition des comptes est avant tout un travail technique : vérifications des opérations des recettes et des dépenses publiques tant budgétaires que de trésorerie, contrôle des documents et pièces comptables, opérations de réimputation, de rapprochement, d'apurement et de suivi des litiges résultant de la tenue des comptes publics, passage au crible de tous les comptes des intervenants dans l'exécution du budget de l'Etat, mise en cause éventuelle de leur responsabilité devant la Cour des Comptes où le Parlement et, enfin, Arrêt des comptes et Règlement Définitif du Budget.

Malheureusement, le parlement ne joue pas le rôle qui lui est dévolu à travers la reddition des comptes, celui de contrôleur budgétaire. L'on adopte avec facilité la loi portant reddition des comptes sans aucune inquiétude.

Section VI. L'institution d'un nouveau cadre juridique : la réforme fiscale

Conformément à la loi naturelle de l'évolution, toute œuvre humaine est dynamique. C'est pourquoi les scientifiques soutiennent que l'immobilisme n'est pas une vision à défendre mordicus. Dans ce cas, « on comprend l'impérieuse nécessité d'adapter les principes établis aux réalités du présent dans le but d'améliorer ceux qui s'avèrent obsolètes. C'est dans cette logique que toute réforme devrait être envisagée pour qu'il y ait adéquation entre les principes réformés et les réalités auxquelles on voudrait s'adapter ou le problème que l'on voudrait résoudre »[322].

---

[322] BIFUMANU Nsompi, *op.cit.*, 2006, p.1.

La littérature relative à la réforme fiscale porte, en réalité, sur plusieurs aspects assez différents, même s'ils se situent tous dans une perspective d'équilibre : « certains travaux traitent surtout de l'existence de réformes fiscales possibles, tandis que d'autres insistent sur le processus de mise en place même des réformes. Les uns considèrent la réforme à partir d'une solution de départ optimale, d'autres traitent du cas plus général où la fiscalité initiale est non optimale »[323].

C'est dans cette optique et en application de la célèbre courbe de Laffer, connue sous la fameuse expression : « *Trop d'impôts tue l'impôt*[324] », que les instances monétaires internationales, FMI et Banque mondiale, vont placer la fiscalité au cœur des débats dans les pays du tiers monde[325], dont la RDC.

La réforme fiscale consiste en une modification de l'impôt en vue de l'améliorer par rapport à la politique fiscale choisie. Toute réflexion sur la réforme fiscale, croyons-nous, devra aboutir à la recherche du meilleur système fiscal possible. « Ce *bon système* » fiscal doit permettre aux autorités, de mettre en œuvre la politique fiscale de la façon la plus efficace. Les caractéristiques d'un tel système fiscal passent par une structure fiscale efficiente qui permet de générer des revenus suffisants, de respecter l'équité, de simplifier la gestion[326].

---

[323] GUY, G., Economie de la réforme fiscale et systèmes fiscaux comparés : une revue de littérature, in : *Revue économique*. Volume 33, n°4, 1982. pp. 750-752 et 768.

[324] BETZ LAFFER, A., (né le 14 août 1940) est un économiste libéral américain et chef de file de l'école de l'offre ("supply side"). C'est un défenseur fervent des politiques de réduction des impôts. Il est aussi l'auteur de la célèbre courbe de Laffer qui porte son nom et qui tente de montrer que « trop, d'impôt tue l'impôt ». Le schéma de Laffer est une modélisation économique, basée sur l'idée que la relation positive entre croissance du taux d'imposition et croissance des recettes de l'Etat est vérifiable jusqu'à un seuil très élevé, à partir duquel une augmentation de l'impôt conduirait alors à une baisse des recettes de l'État, parce que les agents économiques surtaxés seraient incités à moins travailler (cela ne vaut plus la peine de travailler si les revenus issus du travail sont trop faibles).

[325] KARIMI, L., *Culture de civisme fiscal, Management Public, et intégration euro-méditerranéenne : Le cas des réformes fiscales au Maroc*, Quatrième Dialogue Euro-Méditerranéen de Management Public, 2011, p.5

[326] Mais, le tout avec une administration fiscale efficace et transparente. Il est évident que dans la pratique, il est impossible de remplir à la fois toutes ces caractéristiques, ce qui pousse Anny Vallée à soutenir que : « les réformes fiscales cherchent souvent à concilier plusieurs objectifs

Pour y arriver, l'on doit, certes, comprendre que la fiscalité se modifie ou doit se modifier en fonction des changements qui s'opèrent dans la société. Il est tout autant nécessaire de considérer que le rôle moteur joué par l'impôt dans les transformations qui se font implique que toute réflexion en matière fiscale soit systématiquement associée à une réflexion plus globale sur les transformations de l'Etat[327].

Comme le soutient P. Beltrame, « la fiscalité des pays sous-développés doit subir une réforme qui doit être adaptée aux particularités culturelles, sociales, et économiques de chaque pays sous peine de n'avoir aucune incidence réelle [328]». Tel est le cas des impôts foncier et sur les revenus locatifs en RDC. La finalité de cette réforme contribuera à n'en point douter à l'augmentation, de façon durable, à la capacité endogène des Provinces à satisfaire les besoins de base et à réduire la pauvreté. Pour atteindre cet objectif, il faut nécessairement, entre autres, augmenter de façon soutenable les recettes provenant des impôts fonciers.

De tout ce qui précède, une réforme de la fiscalité foncière et immobilière en RDC s'impose. L'assiette miracle n'existe certes pas, mais l'urgence d'une réforme demeure. Pour procéder à cette réforme qui envisage la fusion des impôts foncier et sur les revenus locatifs, il faudra concilier les enjeux qui touchent aux intérêts de la population avec les besoins financiers de la Province, et trouver un point d'équilibre qui tienne compte autant de la capacité de la population à satisfaire son besoin minimum vital que d'évaluation des besoins à combler ou aurait alors une imposition unitaire en matière de fiscalité immobilière et foncière plus rationnelle qui s'éloignerait sur le principe de Laffer.

---

souvent contradictoires entre eux : « (…) rendement, efficacité, équité ; la pluralité de ces objectifs, et les contraintes politiques, économiques, administratives, obligent à des compromis qui se soldent parfois par l'immobilisme », VALLÉE A., *op.cit.*, p.17.

327 BOUVIER, M., *Introduction au droit fiscal général et à la théorie de l'impôt*, 11e éd., LGDJ, Paris, 2012, p. 291.

328 BELTRAME, P., *op.cit.*, p. 28.

§.1. Fondement de la réforme fiscale foncière et immobilière

1. Des systèmes fiscaux

La législation fiscale n'est pas seulement l'affaire du législateur. Elle dépend aussi, dans une très grande mesure, des conditions économiques dans lesquelles le système fiscal trouve à s'appliquer. Le niveau de développement économique, la diversité des modes de production de la richesse influent nécessairement sur la répartition du prélèvement fiscal, sur son évolution technique et, bien évidemment sur son rendement[329].

La République Démocratique du Congo dispose d'un système fiscal rigide[330] et cette rigidité est liée à l'absence de la créativité théorique et idéologique. Il suffit d'interroger le passé de la République Démocratique du Congo depuis l'époque de l'Etat Indépendant du Congo jusqu'à nos jours pour relever les différentes formes de créativité dans ce domaine. Malheureusement, le système fiscal congolais est, dans ses grandes lignes, calqué sur celui de sa métropole. L'exemple le plus récent est le transfert pur et simple de la TVA qui n'a pas tenu compte des préalables et du contexte socio-économique du pays[331].

En somme, pour que le système fiscal soit utilisé comme instrument d'action politique au secours de la régulation conjoncturelle et des stratégies économiques et sociales, il faudra considérer « les

---

[329] GEFFROY, JB., *op.cit.*, p.162.

[330] La rigidité du système fiscal tient de sa nature qui relève du domaine régalien et légal, donc de la puissance publique.

[331] La taxe sur la valeur ajoutée (TVA) s'inscrit dans le cadre de la réforme fiscale que le pays a lancé il y a de cela une décennie, soit de 2002 à 2012. La taxe sur la valeur ajoutée est un impôt qui doit être assis sur l'ensemble de la consommation intérieure finale et non sur la consommation intermédiaire (ceci pour éviter le cumul d'imposition aux différents stades de la production et de la distribution) ni sur les exportations, et il doit aussi être indépendant de l'origine des produits (étrangère ou intérieure). L'un de ses problèmes majeurs de la mise en œuvre est l'absence de structure de prix pour un contrôle efficace. En réalité, les prix sont affichés sans aucune référence à cette structure et l'État a jusque-là échoué à remettre de l'ordre. Cela s'est ressentie au lendemain même de l'entrée en vigueur de la loi, la spéculation a vite débuté et a embrasé le secteur économique. Aucune structure de prix n'est prévue par le ministère de l'économie et observée par les opérateurs économiques. Un semblant d'affichage de prix est fait en monnaie locale mais n'est pas d'application dans une économie dollarisée. L'indice de prix donné par le ministère de l'économie doit non seulement être affiché mais aussi observé par les vendeurs.

dimensions sociologiques de la mise en œuvre du système fiscal qui, à des degrés divers, mais dans une constante mesure, reste un terrain de confrontation d'intérêts et de mentalités hétérogènes. Point d'affrontement, le système fiscal invite à une réflexion sur les difficultés et des possibilités de la régulation des rapports entre ses principaux protagonistes, l'administration et le contribuable »[332].

De tout ce qui précède, nous pouvons affirmer que la plupart des systèmes fiscaux des PVD, calqués sur le modèle de leurs métropoles, rencontrent d'énormes difficultés pour leur mise en œuvre. En outre, les systèmes fiscaux sont inefficaces principalement à cause de la corruption du fisc et des dimensions pandémiques de la fraude. Cette raison tire sa source dans les facteurs défectueux du système économique.

- **Caractéristiques des systèmes fiscaux des PVD**

Il a été rappelé que les pays en voie de développement ont des systèmes fiscaux qui sont des copies conformes de ceux de leurs métropoles et qu'ils doivent, pour leur rendement, tenir absolument compte des caractéristiques qui leur sont propres.

S'il est vrai qu'aujourd'hui, presque tous les systèmes fiscaux dans le monde reposent sur la même classification d'impôts : impôt direct et impôt indirect, la façon d'imposer devra tenir compte des spécificités de chaque pays. Car, l'aptitude à l'imposition dépend non seulement des caractéristiques économiques, telles que la structure de production, les degrés de monétarisation, le niveau moyen de la répartition des revenus, mais également des données politiques et administratives, telles que l'efficacité de l'administration, la volonté politique d'imposition, l'arsenal législatif[333].

C'est ainsi que plusieurs auteurs, entre autres P. Beltrame, partant de l'influence du développement économique sur les systèmes

---

332 GEFFROY, JB., *op.cit.*, p.14.

333 BERREBEH, J., *Efficacité et équité de l'impôt le cas de la Tunisie,* Thèse de Doctorat en Science économique, Université de Paris X Nanterre, Paris 1996, p.244.

fiscaux s'accordent sur une classification des systèmes fiscaux basés sur deux critères : critères socio-politiques et critères socio-économiques, pour avoir le regroupement suivant[334] :

- Les systèmes fiscaux des pays industrialisés ;
- Les systèmes fiscaux des pays en voie de développement ;
- Les systèmes fiscaux des pays d'économie en transition[335].

Les pays dits en voie de développement présentent, en dépit de leur diversité géographique, un certain nombre de caractères communs tant économiques, sociaux que politiques. Leurs économies, par exemple, se caractérisent par une pauvreté ou une faiblesse de leur produit intérieur brut par an et par tête qui s'étage de 100 à 2000 USD contre 6000 à 25000 USD dans les pays industrialisés. En outre leurs économies sont essentiellement agricoles, l'industrie et le commerce étant tournés vers l'extérieur et dominés par des sociétés multinationales. Du point de vue social, on y trouve, à côté d'une minorité riche et dominante, des masses des paysans analphabètes vivant d'une économie de subsistance[336].

Ces caractères qui ne se vivent pas avec la même ampleur dans ces pays en voie de développement, déterminent malgré tout un certain type de système fiscal à faible rendement, mal équilibré et sous administré.

La faiblesse du rendement fiscal est souvent liée à la médiocrité du rendement de ces économies et aux difficultés rencontrées par ces pays dans l'Administration de l'impôt.

Le déséquilibre des systèmes fiscaux des PVD est favorisé par une dominance des impôts indirects, c'est-à-dire, les droits de consommation, la TVA et les droits de douane[337]. Cette suprématie des

---

[334] BELTRAME, P., *op.cit.*, p. 12.
[335] Ce point ne sera pas développé, puisque n'ayant pas d'intérêt par rapport à la recherche. Nous l'avions cité à titre d'indication.
[336] BELTRAME, P., *op.cit.*, p. 20.
[337] VIEIRA, IP., *La valeur en droit fiscal et douanier*, LGDJ, Paris, 2012, p.12 : L'auteur observe que les droits de douane représentent pour certains Etats une source importante de

impôts indirects apparait donc comme une caractéristique de la structure fiscale des pays sous-développés, qui s'explique par divers facteurs[338] : d'une part, le faible niveau moyen par habitant qui limite le prélèvement global et interdit également, de la même manière, toute imposition efficace du revenu qui pourrait porter atteinte aux besoins vitaux d'une grande partie de la population. D'autre part, les exigences techniques et administratives de l'application d'un système d'impôts modernes sur le revenu dépassent fréquemment les possibilités des administrations du tiers monde en raison, notamment, de l'absence de comptabilité régulière et de cadastre, ainsi que de l'insuffisance du personnel chargé d'établir, de recevoir et de contrôler les impositions.

En outre, les pays sous développées, marqués par une part assez grande de la fiscalité extérieure, dépendent largement des recettes fiscales liées aux droits de douane et à la taxe à l'importation et l'exportation. Ainsi, les recettes fiscales de la fiscalité extérieure proviennent des importations nécessaires au fonctionnement de l'économie nationale ou même à l'alimentation des populations. On le voit bien, les recettes fiscales de la RDC sont essentiellement assises sur sa propre misère.

La RDC présente une situation caractérisée par un personnel insuffisant et peu qualifié, et des services inorganisés chargés d'appliquer des textes inadaptés. Deux causes principales peuvent expliquer cet état des choses :

- Les séquelles de la colonisation. Les colonisateurs ont laissé plus souvent aux administrations autochtones des systèmes fiscaux complexes nivelés en raison de leurs intérêts et adaptés à leurs degrés de développement alors que les économies de pays colonisés étaient et sont encore de subsistance. En conséquence, la RDC, à travers ses Provinces n'a pas songé à fournir assez d'effort pour

revenus. Sur le Continent africain, dans certains pays, tel que la RDC le pourcentage des recettes douanières dans le budget national peut dépasser les 30,2 %.

[338] BELTRAM, E P., *op.cit.*, p. 23.

modifier le modèle fiscal de la Belgique en matière d'impôt foncier et d'impôt sur les revenus locatifs et construire une fiscalité propre qui tienne compte à la fois du caractère archaïque de la société et des mutations rapides que lui imposent les relations avec les pays industrialisés. Cette pauvreté de réflexion et d'imagination en matière fiscale s'est longtemps retrouvée dans la doctrine congolaise. A cet effet, H. Nonorgues soutient que « les *décisions relatives aux questions fiscales sont souvent prises d'une manière fragmentaire, sous l'impulsion des besoins budgétaires du moment. Et de ces études trop hâtives naissent inéluctablement des textes imprécis et incomplets, mal adaptés aux besoins du pays parce qu'ils ne sont pas intégrés dans un plan de développement* »[339] ;

- Le défaut d'une politique fiscale adaptée au développement, dont le problème demeure la place de la fiscalité dans l'économie en développement. En RDC, la fiscalité a plus d'importance du fait qu'elle doit non seulement assurer la couverture des dépenses publiques, mais aussi servir d'instrument de développement économique. Elle implique, pour se réaliser, une profonde réforme. Malheureusement, les choses, en pratique, se passent autrement ;

Au vu de ce qui précède, il nous paraît pertinent de repenser le système d'imposition des biens immobiliers en RDC et de procéder, comme nous le pensons, à sa simplification.

2. Le droit comparé

En nous référant aux législations fiscales belge, français et suisse, nous remarquons, d'une manière générale, que l'imposition multiple des biens immobiliers a cédé la place à une imposition unique.

---

[339] NONORGUES, H., *La fiscalité et le développement des pays du Tiers monde*, Secrétariat d'État aux affaires étrangères, Paris, 1974, p.37.

Quoi de plus normal pour la RDC que d'emboîter les pas de ceux-là qui ont inspiré notre système fiscal ?

A. Structure d'imposition

Les régimes fiscaux belge, français et suisse imposent les deux revenus liés à la possession des immeubles. Le premier revenu est celui résultant de la location des immeubles et le second est celui qui provient de l'occupation de l'immeuble par son propriétaire.

Le principe d'imposition des personnes physiques en droit fiscal belge[340], français[341] et suisse[342], est la globalisation des revenus pour une imposition unique : impôt sur le revenu des personnes physiques. C'est dans cette globalisation que l'on trouve les revenus provenant de la possession des biens immobiliers.

---

340 Article 5 du code des impôts sur les revenus (CIR) : Article 5 : Les habitants du royaume sont soumis à l'impôt des personnes physiques à raison de tous leurs revenus imposables visés au présent Code, alors même que certains de ces revenus auraient été produits ou recueillis à l'étranger. Article 6 : Le revenu imposable est constitué de l'ensemble des revenus nets, diminué des dépenses déductibles. L'ensemble des revenus nets est égal à la somme des revenus nets des catégories suivantes : 1° les revenus des biens immobiliers ; 2° les revenus des capitaux et biens mobiliers ; 3° les revenus professionnels ; 4° les revenus divers.

341 Article 1 du CGI (code général des impôts) : il est établi un impôt annuel unique sur le revenu des personnes physiques désigné sous le nom d'impôt sur le revenu. Cet impôt frappe le revenu net global du contribuable déterminé conformément aux dispositions des articles 156 à 168. Ce revenu net global est constitué par le total des revenus nets des catégories suivantes : - Revenus fonciers ; -Bénéfices industriels et commerciaux ; -Rémunérations, d'une part, des gérants majoritaires des sociétés à responsabilité limitée n'ayant pas opté pour le régime fiscal des sociétés de personnes;-Bénéfices de l'exploitation agricole ; -Traitements, salaires, indemnités, émoluments, pensions et rentes viagères ; -Bénéfices des professions non commerciales et revenus y assimilés ; -Revenus de capitaux mobiliers ; -Plus-values de cession à titre onéreux de biens ou de droits de toute nature, déterminés conformément aux dispositions des articles 14 à 155, total dont sont retranchées les charges énumérées à l'article 156.

342 Article 1de loi fédérale sur l'impôt fédéral direct : Au titre de l'impôt fédéral direct, la Confédération perçoit, conformément à la présente loi : a. un impôt sur le revenu des personnes physiques… article 14 : L'impôt est calculé sur la base de la dépense du contribuable et de sa famille et il est perçu d'après le barème de l'impôt ordinaire (art. 36, al. 1 et 2). Il ne doit toutefois pas être inférieur aux impôts calculés d'après le barème ordinaire sur l'ensemble des éléments bruts suivants: a. les revenus provenant de la fortune immobilière sise en Suisse; b. les revenus provenant des objets mobiliers se trouvant en Suisse; c. les revenus des capitaux mobiliers placés en Suisse, y compris les créances garanties par gage immobilier; d. les revenus provenant de droits d'auteur, de brevets et d'autres droits semblables exploités en Suisse; e. les retraites, rentes et pensions de source suisse; f. les revenus pour lesquels le contribuable requiert un dégrèvement partiel ou total d'impôts étrangers en application d'une convention conclue par la Suisse en vue d'éviter les doubles impositions.

Pour le droit fiscal belge, le code des impôts sur le revenu prévoit une imposition sur les immeubles donnés et non donnés en location[343], et un précompte immobilier suivi de centimes additionnels.

Outre les immeubles donnés en location à des fins professionnelles, dont le loyer est pris en compte, les autres immeubles sont imposés sur base soit du revenu cadastral, soit du revenu cadastral indexé et ou majoré de 40%.

Par contre, en droit fiscal français, le code général des impôts prévoit un impôt foncier basé sur le loyer réel suivi d'un régime de micro foncier, lorsque les revenus annuels d'un contribuable ne dépassent pas 15.000 euros[344]. À côté de cet impôt, deux autres taxes foncières sur l'habitation et sur la propriété bâtie et non bâtie sont imposées sur base de la valeur locative cadastrale.

Enfin, en droit fiscal suisse, la loi fédérale sur l'impôt direct prévoit une imposition sur le rendement de la fortune immobilière au niveau fédéral et un impôt foncier au niveau cantonal[345].

Dans ce rendement, la loi frappe la jouissance directe et la jouissance indirecte de la fortune. En cas de jouissance discute, (utilisation de l'immeuble pour habitation du contribuable), l'imposition tient de la valeur locative cadastrale alors que en cas de jouissance indirecte, (location d'immeuble), seul le loyer est pris en compte pour l'imposition. L'impôt foncier des cantons est assis aussi sur la valeur locative cadastrale.

---

[343] Article 7 du CIR: Les revenus des biens immobiliers sont : 1° pour les biens immobiliers qui ne sont pas donnés en location : a) pour les biens sis en Belgique : - le revenu cadastral lorsqu'il s'agit de biens immobiliers non bâtis ou de l'habitation; - le revenu cadastral majoré de 40 p.c. lorsqu'il s'agit d'autres biens; b) pour les biens sis à l'étranger : la valeur locative; 2° pour les biens immobiliers qui sont donnés en location : a) pour les biens sis en Belgique donnés en location à une personne physique qui ne les affecte ni totalement ni partiellement à l'exercice de son activité professionnelle : - le revenu cadastral lorsqu'il s'agit de biens immobiliers non bâtis ; - le revenu cadastral majoré de 40 p.c. lorsqu'il s'agit d'autres biens.

[344] Article 46, 1409, 1380 du CGI.

[345] Article 21 de la LIFD.

A la différence de la Belgique, de la France et de la Suisse, nous pourrions avoir un seul impôt immobilier qui frapperait soit la possession d'un bien immobilier, soit les revenus générés par la mise en location, qu'il s'agisse d'une jouissance directe ou indirecte au lieu d'en avoir deux qui frappent séparément la possession et la mise en location.

B. Imposition unique

L'efficacité d'un impôt est perçue à travers sa pression fiscale, ou mieux son rendement qui ne peut être atteint sans restructuration fiscale. C'est ainsi que « nombreux sont les auteurs qui, en raison des difficultés posées par les systèmes fiscaux, se sont attachés à en proposer des réformes ou des transformations. D' autre part, les systèmes fiscaux ne sont pas des systèmes figés, ils évoluent sous l'influence de leur environnement interne et externe »[346].

Dans le cadre de cette réflexion, l'efficacité de l'impôt s'entend à la minimisation de la charge fiscale immobilière. Pour ce faire, il faudrait rechercher les modalités de l'impôt qui permettent une fusion aisée de l'impôt foncier et de l'impôt sur les revenus locatifs.

Le revenu d'un contribuable peut être soumis soit à une imposition de type cédulaire, soit à une imposition de type unitaire, ou encore à une imposition mixte combinant les caractères des deux premiers. L'imposition cédulaire[347] consiste à soumettre chaque catégorie de revenu à un impôt propre dont les règles d'assiette et le taux sont adaptés à la nature du revenu. Par contre, l'imposition unitaire vise à atteindre, en les soumettant à un taux de taxation uniforme, l'ensemble des revenus imposables d'un contribuable sans aucune discrimination sur leur origine.

Si l'on se place du côté de l'imagination fiscale, la suppression de l'impôt foncier et l'impôt sur les revenus locatifs serait l'idéal pour

[346]BOUVIER, M., MARIE, C. et LASSALE, JP., *Finances publiques*, 10éd, LGDJ, Paris, 2010, p.773.
[347] C'est le cas, par exemple, de la RDC qui connaît un impôt cédulaire sur les revenus : locatif, mobilier et bénéfice.

toute la population. Toutefois le principe constitutionnel de nécessité rend quasiment impossible cette suppression. Ainsi, soutient M. Bouvier, « *l'imaginaire fiscal qui s'exprime souvent de manière négative (révoltes, refus de l'impôt, fraude ...), peut également présenter des figures positives en s'exprimant autour de réflexions et constructions proposant le « bon impôt »* »[348]. La suppression de l'impôt foncier et de l'impôt sur les revenus locatifs en remplacement d'un nouvel impôt unique, pourrait donc être une réponse à ce débat.

En effet, la préférence de l'imposition unitaire en matière de fiscalité immobilière et foncière, se justifie par le fait que la RDC est passée d'un Etat social et économique stable à un Etat économiquement instable, où la place de chacun dans la société est fixée par le volume des revenus et non pas par l'Etat lui-même. En outre, l'imposition unitaire constitue pour la RDC un cadre plus favorable au développement de l'impôt immobilier, d'autant plus que l'impôt immobilier unique présentera de nombreux avantages, dont :

- La simplicité de la législation fiscale. Cette simplicité allège le coût de l'administration en termes d'organisation.
- La clarté en ce qui concerne le montant individuel de la charge fiscale ; le coût d'assiette et de recouvrement qui est en principe moindre que dans un système composite.

3. Analyse économique de l'impôt

La théorie d'imposition optimale telle que conçue par l'économie normative, ne prend en compte que l'efficacité et l'équité. Or, ces critères à eux seuls ne peuvent conduire aisément un système fiscal. Un système fiscal optimal se mesure à trois critères : la légitimité de l'impôt, son efficacité et son équité. D'autres critères sont aussi souvent cités, comme le rendement, la simplicité, la flexibilité et la stabilité, qui sont importants, car ils déterminent les conditions concrètes de perception de l'impôt et affectent donc indirectement

[348]BOUVIER, M., *Introduction au droit fiscal général et à la théorie de l'impôt*, 11ed, LGDJ, Paris, 2012, p.248.

l'efficacité et l'équité[349]. Mais la théorie de l'analyse économique de l'impôt ajoute un critère capital : « l'efficience ».

La légitimité de l'impôt est liée à deux conditions. La première est l'existence d'une contrepartie équivalente en termes d'intervention publique (principe d'équivalence), qui permet au contribuable de retirer une satisfaction comparable au sacrifice que représente l'impôt versé. Largement théorique puisque l'impôt n'est pas volontaire et que, par la fonction de redistribution évoquée ci-après, le citoyen qui paye l'impôt n'est pas celui qui bénéficie principalement des dépenses publiques, ce principe est néanmoins important car il fonde le sentiment de légitimité. La deuxième condition est le respect de la capacité contributive du citoyen.

L'équité de l'impôt qui ne doit pas être confondue avec l'égalité, est traditionnellement présentée sous deux aspects : les personnes se trouvant dans la même situation ou disposant de la même capacité contributive sont traitées de la même manière (équité dite horizontale) ; par contre, les personnes se trouvant dans des situations inégales ou à capacité contributive différente doivent être traitées inégalement (équité verticale).

L'efficacité de l'impôt est un concept délicat à définir. Dans l'une de ses conceptions, l'impôt le plus efficace est celui qui ne déforme pas la structure des prix et qui ne provoque pas d'effet de substitution (lequel incite un contribuable à adopter un autre comportement économique). Cet impôt est neutre.

Pour maitriser les effets incitatifs et les coûts de transaction (comprendre la règle de droit), il faut comprendre l'homme et ses interactions en se basant sur le fait que le droit n'est pas toujours édicté dans le souci de l'intérêt général. Pour ce faire, cette relecture du droit doit se réaliser à partir des comportements de l'être humain et ses interactions afin de dégager la véritable économie du droit.

---

349 TROSCH, A., *op.cit.*, p.26.

L'analyse économique du droit fournit donc des éléments pour un jugement éclairé sur les institutions juridiques et sur des réformes proposées. Elle est, de ce fait, un outil précieux pour le législateur et le juge ainsi que pour la doctrine, qu'elle rappelle à sa mission noble de mettre en lumière des fondements du droit et de montrer la voie des adaptations aux réalités nouvelles[350]. Ces précisions étant faites, il convient maintenant de relever d'abord les niveaux d'analyse dans lesquels l'analyse économique du droit peut être engagée, puis les étapes par lesquelles elle procède. La combinaison de ces niveaux et étapes de l'analyse doit concourir à la réalisation de trois missions que propose Backhaus[351], cité par Ejan et Stéphane :

1.Analyse des effets ;

2. Analyse descriptive de la cohérence des règles ;

3. Analyse normative du caractère souhaitable des solutions incorporées dans les règles.

A. Niveau d'analyse

Pour produire une situation sociale souhaitée, il suffirait de l'énoncer dans la loi. Lorsque, à l'heure actuelle, on observe la production haletante de lois, on ne peut guère douter que cette lecture inspire les présents titulaires du pouvoir législatif. Bien que le droit soit imbu d'un positivisme arrogant qui dépasse les bornes, l'on soupçonne que les citoyens visés ne jouent pas entièrement le jeu. La loi ne produit pas toujours l'effet escompté[352]. Pour corriger cet aspect des choses, l'analyse économique du droit propose trois niveaux d'analyse : l'analyse des effets de la règle ; le fondement de la règle ; et la règle souhaitable pour permettre de prédire les effets que produiront des règles particulières, expliquer pourquoi des règles particulières existent, et permettre de décider quelles règles devraient exister.

L'analyse des effets de la règle détermine les principaux effets d'un changement de règle et en conséquence les effets de la règle qu'on

---

[350] MACKAAY, E. et POUSSEAU, S., *op.cit.*, p.591.
[351] MACKAAY, E. et POUSSEAU, S., *op.cit.*, p.592
[352] *Ibidem*, p.2

n'aura pas modifiée. Cette analyse des effets permet au chercheur de réaliser un jugement éclairé sur la valeur de la règle en question. L'idéal de la législation sur l'imposition foncière et immobilière est de permettre aux pouvoirs publics d'avoir les ressources nécessaires pour la couverture de dépenses publiques. Mais, la réalité est tout autre car les crises que les provinces de la RDC ont connues ont été telles que le législateur a provoqué des effets contraires, comme :

- La possession d'une propriété est, de l'avis de tous, considérée en RDC comme un signe de responsabilité et de considération d'une personne dans la société. Contraindre une personne à plusieurs obligations sur ce qui est considéré comme élément de responsabilité risquerait de pousser cette dernière à un comportement de résistance. La triste réalité est que beaucoup de ces propriétés « *signe de responsabilité* » sont « *de fortune*[353] », et difficilement imposables à cause de la pauvreté de la population.

- La modicité des loyers que payent les locataires, certainement liés aux crises et à l'état de fortune de propriétés, rendent l'imposition difficile. L'administration ne gagneraient rien et les contribuables ne penseraient pas à payer, puisque ces loyers n'arriveraient même pas à couvrir leur minimum vital. A ce propos, le rapport sur le développement humain du PNUD de 2013 et le RNB de la Banque Mondiale de 2012, prouvent à suffisance que la population congolaise vit dans une économie de précarité[354].

- Ceux qui bénéficient d'un loyer raisonnable, recourent à plusieurs subterfuges pour échapper à l'impôt. Très souvent on pratique la technique de deux contrats de bail dont l'un est à loyer réel et l'autre, à loyer apparent bien inférieur au loyer réel. Le prix est même parfois fictif, parfois

353 Qui ne respecte pas les règles urbanistiques, et dont l'objectif est d'avoir un chez soi, quelles que soient les conditions.
354 RNB par habitant en 2012 : 220 USD, cfr rapport sur les indicateurs du développement au monde de la banque mondiale de 2012.

dissimulé[355]. Le prix est fictif, lorsqu'au moyen d'une contre lettre, les parties conviennent que le prix ne sera jamais payé. On assiste ici à une donation déguisée. Il est par contre dissimulé dans le cas où la contre lettre prévoit un prix soit supérieur, soit inférieur à l'acte de bail.

Le fondement de la règle cherche à éclairer la raison d'être des règles que l'on observe dans le système existant. Les règles sont jugées par leurs effets et l'analyse pointe ici vers un bilan positif des effets dégagés. En RDC, la législation en cours portant sur l'impôt foncier et l'impôt sur les revenus locatifs ne produit pas les effets escomptés, tel que souhaité par le législateur. A titre purement illustratif, l'imposition de la possession et de la location des immeubles étant obligatoire, l'observation que nous avons faite dans la ville de Lubumbashi montre qu'il existe des immeubles non imposés, malgré l'inexistence d'une loi fiscale autorisant ces exonérations.

La règle souhaitée est donc le souci de déterminer la règle efficace et de la comparer à la règle existante. Cette règle est, dans le cas d'espèce, la fusion de l'impôt foncier et de celui sur les revenus locatifs en un seul impôt immobilier.

B. Les étapes de l'analyse

Il existe trois étapes de l'analyse : la première porte sur la structure incitative, la seconde sur les objectifs qui découlent de la première étape et la troisième sur les coûts de transaction[356].

La première étape cherche à mettre au jour la structure incitative des règles. Différentes règles impliquent différents coûts pour les agents, et il faut établir ce que feront les acteurs dans un régime bien déterminé et comparer les résultats (calcul des effets). Le postulat du choix rationnel prévoit qu'ils adapteront leur comportement de manière à réduire l'incidence des fardeaux que leur impose le droit. Pour retracer ces effets, il est utile de comparer la règle avec son contraire. Cette étape

---

355 PUIG, P., *Contrats spéciaux*, 2ième éd., Dalloz, paris, 2007, p. 177.
356 MACKAAY, E. et POUSSEAU, S., *op.cit.*, pp. 595-600.

est essentielle au niveau premier de l'analyse économique du droit (calcul des effets) et constitue un premier pas dans les deux autres niveaux d'analyse (fondement de la règle et règle souhaitable).

Dans le cas sous examen, il s'agira de comparer l'imposition double des biens immobiliers (possession et location) et à l'imposition unique en considérant séparément l'imposition sur la possession et celle sur la location. On déterminera les actions des acteurs et on comparera les résultats.

Dans la deuxième étape, il s'agit de comparer les résultats obtenus dans le calcul des effets des différentes règles, pour déterminer la règle qui entraîne au total les coûts les moins élèves dans le but d'éviter le gaspillage. Sauf une prétention exagérée de notre part, l'imposition unique produira des résultats meilleurs que l'imposition double et nous portera aux niveaux 2 ou 3 de l'analyse économique du droit.

La troisième étape, quant à elle, tient compte du réalisme de la règle souhaitée, ce qui, pour l'analyse économique du droit, équivaut à l'introduction des coûts de transaction. Les coûts de transaction sont tous les frais qui empêchent qu'un échange au sens économique en apparence fructueux soit réalisé (frais d'organisation, de recherche, de négociation, de surveillance, de précaution contre le resquillage[357]). Ces coûts seront analysés dans le point C.

C. L'efficience

L'efficience est l'usage rationnel des moyens dont on dispose pour atteindre des objectifs fixés au préalable. C'est donc la capacité d'atteindre les objectifs et les buts envisagés tout en minimisant les coûts afin d'optimiser les moyens engagés et le temps.

Cette notion d'efficience renvoie à la confrontation de l'ensemble des bénéfices et coûts d'une situation donnée. L'efficience de la règle juridique favorise l'application de la règle, puisque les agents concernés évaluent mieux les coûts et bénéfices de ladite règle. De

[357] Profiter d'un avantage des autres sans avoir le droit c'est-à-dire sans rien faire.

même, l'efficience ne se confond pas avec l'efficacité qui, en principe, est la propension à atteindre l'effet souhaité de la règle juridique par l'autorité chargée de la création du droit.

L'analyse économique de l'impôt propose une vision plus large de la théorie d'imposition optimale[358] : « Cette vision se base sur les inefficacités économiques, en tenant compte des différents coûts liés à la taxation. Il permet, ensuite, de définir à l'égard des politiques fiscales nationales des recommandations spécifiques, d'où peut résulter un nouvel ensemble de dispositifs légaux optimaux (pénalités optimales, aléas optimaux etc.). Ainsi sont définis les traits caractéristiques de l'Administration fiscale optimale au regard des coûts d'efficience. Ce cadre d'analyse étudie, par ailleurs, le comportement des contribuables et du fisc face à la possibilité de réduction de la charge fiscale. Les notions de fraude et d'optimisation fiscales sont ainsi introduites dans l'analyse »[359].

Dans cette nouvelle conception de la théorie de la taxation optimale, il faut tenir compte aussi de l'impact des comportements d'évitement sur la collecte de l'impôt et élaborer un cadre fiscal qui tienne compte des caractéristiques institutionnelles et sociales, ignorées jusque-là par la théorie de la taxation optimale. Trois catégories de coûts doivent être observées[360] : les coûts administratifs, les coûts de mise en conformité et les coûts de renforcement légal.

---

[358] Dans son volet normatif, la théorie de la taxation optimale suppose que le prélèvement fiscal peut être effectué sans que cela n'impose de coûts aux contribuables ou à l'administration fiscale. Ceci est manifestement une image erronée de la réalité économique. Si Posner a présenté une analyse du droit fiscal très proche de la théorie de la taxation optimale, d'autres auteurs comme SLEMROD, montrent qu'aucune structure fiscale ne peut être mise en place sans dispositif coercitif visant à assurer la collecte effective de l'impôt. Il est donc indispensable de tenir compte des coûts d'efficience, de la réalité des codes fiscaux et de l'existence d'institutions fiscales.

[359] KOLEVA, K. et MONNIER, JM, *op.cit.*, p. 12.

[360] *Ibidem*, pp.16-17 : il convient de retenir que les coûts administratifs sont pour nous plus importants que les autres puisque conditionnant la mise en œuvre de tout système fiscal. Les coûts de mise en conformité, quoi que importants pour éviter d'avance la fraude, peuvent être contournés par les premiers, l'administration fiscale ayant l'obligation d'effectuer un contrôle de la déclaration du contribuable. Il est à noter que notre système fiscal est déclaratif. Celle-ci apparaît aujourd'hui comme le mode normal d'évaluation de la matière imposable. C'est l'acte par lequel le contribuable fait connaître à l'administration fiscale l'existence de la matière

1°. Les coûts administratifs

Les Administrations fiscales sont souvent confrontées au problème de la collecte d'information, mais la modélisation de ce processus est d'autant plus difficile que l'information varie en qualité. En effet, il existe une nette différence entre le cas où un inspecteur des impôts suspecte une fraude et celui où il dispose d'assez d'éléments pour mener une enquête[361].

Les coûts de l'Administration fiscale diffèrent selon que l'assiette imposable est enregistrable ou non. Ils varient aussi avec le nombre de contribuables effectivement imposables, ainsi qu'avec le degré de partage d'information entre les différents niveaux du fisc. En outre les coûts administratifs peuvent être fonction de la combinaison d'impôts utilisés et de leur taux. Ceci est lié au fait que la collecte de l'information concernant une taxe quelconque est susceptible de faciliter le processus de collecte d'un autre impôt (l'inspection des recettes de la TVA, par exemple, contribue parfois à la collecte de l'impôt sur le revenu).

On peut distinguer trois catégories de coûts de l'Administration fiscale. D'abord les coûts dédiés à la détection de la fraude proprement dite, ensuite ceux liés à la réduction d'activités d'optimisation fiscale légale chez les contribuables assez fortunés pour avoir accès à des niches fiscales, et enfin les coûts administratifs proprement dits qui comprennent des coûts de collecte et de traitement des impôts. Ils comportent, notamment, le budget de fonctionnement de l'Administration fiscale[362].

---

imposable, son montant et éventuellement tous les éléments nécessaires au calcul de l'impôt (situation de famille, charges déductibles, etc.). On l'appelle « *déclaration contrôlée* » pour la simple raison qu'elle n'a qu'une présomption d'exactitude ; le fisc se réserve le droit de vérifier la véracité de la déclaration.

361 KOLEVA, K. et MATISSE, A la recherche de l'administration fiscale optimale : l'approche par les couts d'efficience, *in Cahier de la Maison des Sciences Economiques*, Paris, en ligne, 2005, p.5.

362 *Ibidem*, p.6.

2°. *Les coûts de mise en conformité*

Ils sont encourus par le redevable à l'occasion des opérations d'assiette et de liquidation de l'impôt. On peut les classer dans deux sous catégories : d'abord les coûts liés à l'obligation de se conformer à la loi fiscale ; ensuite les coûts imputables à l'effort de réduction de la facture fiscale.

Il existe deux groupes de facteurs explicatifs du phénomène de mise en conformité : le premier et de nature économique, le second de nature socioculturelle. Sont citées comme facteurs de nature économique, les infractions et les sanctions pénales, la charge de l'obligation fiscale, l'utilisation judicieuse ou non des taxes collectées par le gouvernement et enfin la surestimation par les contribuables de la probabilité de contrôle, qui est en réalité faible. Parmi les facteurs socioculturels on cite surtout le rôle des « *normes sociales* » qui est un concept difficile à définir avec précision, mais qui représente néanmoins, en général, une ligne de conduite, jugée de la même façon par toute la société qui accorde son accord ou son désaccord. Ainsi, il semble que les individus se conformant à la loi considèrent la fraude comme « immorale ». De plus, la conformité est plus importante dans des sociétés à haute cohésion sociale. Enfin, plus les individus ont un sentiment d'injustice sociale ou de mépris envers les autorités, plus ils auront un penchant pour la fraude fiscale[363].

3°. *Les coûts de renforcement légal*

Ils sont encourus aussi bien par les institutions fiscales que par les contribuables. On observe deux cas de figure : d'une part, les coûts liés à la sanction éventuelle qui frappe les contribuables et d'autre part, les coûts de monitoring qu'engage l'Administration fiscale. Les coûts qui frappent les contribuables sont dédiés au risque, liés à la probabilité de détection des irrégularités fiscales. On s'interroge sur la nature des coûts et des pénalités que les contribuables encourent en cas d'irrégularités fiscales détectées. Du côté des autorités fiscales, ces

---

[363] KOLEVA, K. et MATISSE, *op.cit.*, p.7.

coûts sont constitués de toutes les dépenses dédiées à la quête d'information, à la vérification de cette information et au *monitoring* des contribuables. On y ajoute naturellement les coûts de renforcement légal, la mise en place de programmes d'audits, les frais de gestion et de fonctionnement des services de contrôle etc.

En fusionnant l'impôt sur les revenus locatifs et l'impôt foncier en un seul impôt immobilier, et en utilisant une évaluation forfaitaire basée sur la valeur locative[364], les coûts administratifs dans le chef du fisc, les coûts de mise en conformité, aux contribuables et les coûts de renforcement seront minimisés parce qu'on évitera les confessions de déclarations, pour les premiers, que le montant de l'impôt sera comme à l'avance pour les seconds, et que les pénalités d'assiette vont disparaître, pour les derniers.

En effet, comme les valeurs locatives sont généralement estimables grâce à la méthode dite comparative (comparaison avec d'autres logements similaires qui, eux, sont loués), la valeur de l'utilisation propre correspondra alors en principe au loyer qu'un tiers devrait payer dans les mêmes circonstances pour un immeuble de même nature et présentant les mêmes caractéristiques (en ce qui concerne sa situation, son âge, le nombre de pièces, l'aménagement et la surface de dégagement).

L'imposition foncière et immobilière doit donc être un système de prélèvements obligatoires qui maximise les recettes fiscales tout en minimisant les désexcitations à l'effort chez les contribuables. Le problème posé est donc celui du choix des barèmes et de la forme d'imposition des revenus devant maximiser le bien-être collectif. Ce choix résulte, comme l'a montré E. Saez, « *d'un arbitrage entre redistribution et efficacité économique, dès lors qu'on cherche à limiter*

---

364 La valeur locative est le facteur déterminant de la fiscalité dans le domaine des impôts locaux. Elle a des impacts très lisibles sur la prévision fiscale et, par voie de conséquence, sur l'objectif global assigné à l'Administration fiscale. La valeur locative présente « un critère de valeur, tout à fait normal, utilisé pour évaluer un bien. Néanmoins, cette valeur locative est une valeur basée sur un loyer théorique qu'un propriétaire pourrait tirer de son bien s'il le donnait en location aux conditions normales du marché ».

les coûts d'efficience de l'imposition (effets négatifs sur l'activité économique) tout en poursuivant un objectif d'équité donné, fonction des préférences collectives par un taux marginal d'imposition »[365].

Il faut, en dehors des critères d'équité et d'efficacité économique qui sont les plus couramment admis en fiscalité, ajouter le critère de minimisation des coûts (efficience). On doit donc, comme le développent Kaliva et Monnier, abandonner la théorie de la taxation optimale qui ne prend en compte que la combinaison « *Assiette fiscale-taux* » au profit de la nouvelle conception de la théorie économique du droit fiscal qui, elle, considère tout le problème lié à l'impôt pour un bon rendement fiscal[366].

4. La décentralisation fiscale

Comme nous l'avions déjà dit, la RDC, à travers ses différentes constitutions ne cesse, depuis son accession à l'indépendance, de chercher une forme de l'Etat pouvant lui permettre d'atteindre un développement intégré de son peuple et de son territoire.

Pour renforcer cette autonomie fiscale qui se traduit par une décentralisation fiscale et qui doit permettre aux Provinces d'avoir les moyens de leur politique, une fusion de l'impôt foncier et de l'impôt sur les revenus locatifs s'impose.

Ainsi, les Provinces ont l'obligation de repenser et adopter une nouvelle manière d'imposer les revenus immobiliers[367], qui tienne compte des caractéristiques de la décentralisation fiscale. Cette révision est utile puisque[368]:

---

[365] SAEZ, E., « Les développements de la théorie de la fiscalité optimale », contribution, in : *Economica*, Paris, 2010, p.1.

[366] KALINA, K. et MONNIER JM., *op.cit.*, p.1.

[367] Par revenus immobiliers, il faut entendre dans le cadre de cet ouvrage, les revenus qui sont frappés par l'impôt immobilier et provenant, soit de la jouissance directe (impôt foncier) ou, soit de la jouissance indirecte (impôt sur les revenus locatifs) d'un bien immobilier.

[368] BIRD, R. et VAILLANCOURT, F., *op.cit.*, p.352.

- L'impôt immobilier est un impôt local par excellence. Selon une règle usuelle de répartition des impôts entre les échelons de gouvernements, tout ce qui est mobile revient à l'Etat et tout ce qui est immobile revient aux collectivités. Cette règle cherche, en particulier, à éviter des effets de distorsions de la fiscalité locale car si la fiscalité modifie la localisation des activités ou des richesses, il en résulte une perte collective de bien ;
- L'impôt immobilier est un impôt quasi forfaitaire. En raison de sa faible pression fiscale effective, la fiscalité foncière urbaine entraîne un faible impact sur la localisation des actifs fonciers. Il semble possible de considérer l'impôt foncier comme proche d'un impôt forfaitaire au sens de la théorie économique ;
- L'impôt immobilier est un impôt en relation avec le développement urbain. Il est l'un des rares impôts dont le produit potentiel semble à la mesure du défi du développement rapide des villes. L'expansion urbaine se traduit par la création d'actifs fonciers nouveaux qui déterminent certes l'évolution des besoins collectifs locaux en infrastructures, sécurité, éducation, santé, etc. ;
- Dans des pays où la citoyenneté fiscale se construit encore tant au niveau national que local, l'impôt foncier présente deux qualités importantes : il est d'abord direct, et concerne ensuite potentiellement une large partie de la population. Ces deux caractéristiques font de cet impôt un élément fondateur de la citoyenneté.

§.2. Essai d'opérationnalisation de la fusion de l'impôt foncier et l'impôt sur les revenus locatifs

L'opérationnalisation consiste à fusionner l'impôt sur les revenus locatifs et l'impôt foncier en un seul impôt synthétique immobilier. Par impôt synthétique, il faut entendre un ensemble d'opérations ou des revenus qui est taxé en une seule fois[369]. Par impôt synthétique immobilier, il faut retenir, dans le cadre de cet ouvrage, l'impôt qui frappe soit la jouissance directe des superficies bâties et non bâties (occupation ou utilisation par le propriétaire) ou soit la jouissance indirecte des mêmes superficies (location ou occupation par un tiers).

1. Évaluation de la matière imposable

Avant de donner la base d'évaluation fiscale en matière immobilière, il convient de placer un mot sur la notion de revenu en droit fiscal.

A. Conceptions de la nature du revenu

En RDC, la terre est considérée comme l'un des éléments essentiels du patrimoine de l'individu. C'est pour cette raison que le droit fiscal attribue une place de choix aux biens immobiliers, car la propriété foncière est facilement constatable et mesurable par principe.

C. Ambroise soutient d'ailleurs : « *qu'il y a lieu de s'étonner si, en abordant l'impôt foncier, nous nous trouvons en présence, non seulement d'une contribution constamment perfectionnée en ce qui concerne la technique de son assiette, mais encore d'une taxe ayant presque absolument le caractère d'un impôt sur les fruits et par conséquent sur les revenus au sens juridique du mot* »[370]. Ainsi, l'impôt immobilier atteint non seulement le revenu de la terre ou du bâtiment pris isolément, mais aussi le revenu qu'il donne ou qu'il donnerait s'il est ou s'il était loué.

Il existe, dans la doctrine économique et fiscale, plusieurs définitions du revenu qui font toutes font référence à un ensemble de biens que l'on peut consommer ou dépenser sans entamer la fortune[371].

---

[369] BOUVIER, M., *Introduction au droit fiscal général et à la théorie de l'impôt*, 11e éd., LGDJ, Paris, 2012, p.41.

[370] AMBROISE C., *Notion du revenu en matière de législation fiscale*, Dalloz, Paris, 1924, pp.71-72.

[371] Il faut observer que le revenu est une notion qui a été étudiée depuis longtemps parce qu'il constitue la base de toute fiscalité qui, elle aussi, compte des siècles.

Il faut retenir avec J. Brack que : *« plusieurs auteurs se font les conceptions les plus diverses de la nature du revenu : les uns y voient une simple notion de valeur ou une somme de recettes pécuniaires, les autres, un ensemble de biens réels ou de services rendus par des biens ou des personnes »*[372].

Pour Brack, qui s'appuie sur la doctrine la plus courante, le revenu se compose des recettes pécuniaires qu'une personne encaisse comme produit de son travail, de sa fortune, de ses entreprises ou de ses droits à des prestations périodiques. Cette somme, que l'on appelle souvent *« le revenu nominal »,* se compose d'une certaine quantité de monnaie, figurant au crédit de la personne envisagée ou lui étant payée en numéraire, à époques fixes ou variables suivant les circonstances[373]. A cette conception du revenu nominal acquis en monnaie, on peut opposer la conception du revenu réel, acquis sous forme de biens matériels et de services permettant de satisfaire directement les besoins et les goûts des individus.

B. Les théories fiscales du revenu

Le revenu, nous venons de le dire, présente une multiplicité de définitions qui font qu'on se place, pour les classer, aux points de vue divers. J. Brack, propose une méthode simple et très courante qui groupe les théories du revenu d'après les caractères spécifiques. Il en distingue cinq [374] :

- La théorie du fonds de consommation : Le revenu est la somme des biens économiques qui affluent pendant une période déterminée dans le patrimoine d'une personne qui peut les dépenser sans entamer sa fortune. La théorie du fonds de consommation repose sur l'idée que le revenu comprend uniquement l'excédent des recettes brutes d'une personne sur ce qui est nécessaire à la conservation de sa fortune ;

---

[372] BRACK J., La *notion du revenu global en théorie et en droit fiscal suisse*, librairie de droit, Lausanne, 1941, p.36.
[373] *Ibidem* p.67.
[374] *Ibidem*, pp.37-59.

- La théorie de la périodicité : le revenu est la somme des biens économiques qui affluent périodiquement (régulièrement) dans le patrimoine d'une personne qui peut les consommer (dépenser) sans entamer la substance de sa fortune. Cette théorie exclut dans le revenu, toutes les recettes qui ne sont pas de nature à affluer régulièrement et même tous les biens qui ne sont pas destinés à être consommés directement ;
- La théorie de la source : elle fait dépendre l'existence d'un revenu d'une source permanente. Le revenu est en conséquence l'ensemble des biens dont une personne dispose pendant une certaine période pour faire face à ses besoins, s'ils proviennent d'une source permanente. Un revenu est lié à une source déterminée de recettes (le travail, l'entreprise, la fortune . . .)[375]. Autrement dit, le revenu est l'ensemble des biens réels affluant au cours d'une période déterminée (année) de sources durables de produit que possède un individu, biens dont il dispose pour satisfaire ses propres besoins et ceux des personnes qu'il est légalement tenu d'entretenir. Comme source permanente de revenu, on peut citer: les immeubles ; les parcelles ; les capitaux mobiliers ; les entreprises commerciales et industrielles ; les activités lucratives et les droits à des prestations périodiques ;
- La théorie des catégories de produits : le revenu ne se compose que du produit de l'activité économique exercée par la personne qui en jouit en vertu d'un droit quelconque. Cette activité peut s'exercer soit en prenant part directement à la production en travaillant, soit en prêtant des capitaux mobiliers ou immobiliers (terre et construction). On distingue trois catégories principales de produits : le produit du travail, des capitaux et des terres ;
- La théorie de l'accroissement du patrimoine : le revenu se compose de tout accroissement du patrimoine constaté au cours de la période envisagée. L'on compare la fortune nette au début et en fin d'exercice pour déterminer le revenu. Il s'agit donc

---

375 RIVIER, JM., *Droit fiscal Suisse : l'imposition du revenu et de la fortune*, Neuchâtel : Ides et Calendes, Suisse, 1980, p.89.

d'une conception extrêmement large du revenu qui prend en compte non seulement le produit du travail, des capitaux et des droits à des prestations périodiques, mais également la valeur des services appréciables en argent que rendent des personnes ou des choses, les donations, héritages et legs, etc.

En conclusion, deux tendances se dégagent de ces différentes théories : celle qui limiter la notion du revenu aux recettes consomptibles, et la conception basée sur la théorie de l'accroissement du patrimoine.

- Pour la tendance qui limite la notion du revenu aux recettes consomptibles, c'est-à-dire à celles que l'on peut consommer sans entamer sa fortune parce qu'elles se renouvellent ou sont susceptibles de se renouveler, le revenu comprend donc uniquement les recettes périodiques (théorie de la périodicité), celles qui sont le produit de sources durables (théorie des sources) ou celles qui proviennent de l'activité économique de la personne qui en bénéfice (théorie des catégories de produits)[376].
- La conception plus large du revenu basée sur la théorie de l'accroissement du patrimoine, ne distingue pas, comme dans la première conception, les accroissements de la fortune[377] des recettes consomptibles[378]. Cette conception part de l'idée que toutes les recettes et tous les avantages appréciables en argent sont de revenu dans la mesure où ils constituent un accroissement du patrimoine que l'on possédait au début de la période envisagée »[379]. Cette conception est d'application dans plusieurs pays.

---

[376] BRACK, J., *op.cit.* p.70.
[377] Gain en capital et plus-values des capitaux.
[378] Produits périodiques du travail, des capitaux et des autres sources de recettes.
[379] BRACK, J., *op.cit.*, p.72

C. Le revenu immobilier

Le revenu immobilier est défini comme étant « les recettes qu'obtient le contribuable du fait de la propriété ou de l'usufruit d'immeuble, autrement dit, il comprend tout avantage appréciable en argent qui provient de l'immeuble avec une certaine régularité, sans entamer la substance de celui-ci et sans travail important »[380].

Si un contribuable occupe lui-même son immeuble pour besoin d'habitation, il faut observer que cet usage compense les frais que le contribuable devrait payer en cas de location d'immeuble. Par ailleurs, l'usage de son immeuble présente une valeur économique qui, de surcroit, peut être déterminée. La majorité de la doctrine considère que l'usage personnel de multiples éléments de fortune a une telle valeur qu'il doit être considéré comme revenu[381].

Fondamentalement, les rendements de la fortune immobilière sont tous des revenus obtenus en contrepartie de l'usage ou de la jouissance d'un immeuble, y compris pour l'usage personnel du titulaire du droit réel ou personnel sur cet immeuble[382].

Autrement dit, les revenus immobiliers sont le produit ou le fruit périodique d'un bien[383]. Lorsqu'un bien immobilier est donné en location, le revenu de ce bien est constitué par le loyer perçu et les avantages dits locatifs retirés par le propriétaire. Lorsqu'un bien est occupé ou exploité par son propriétaire, le droit fiscal considère que le revenu retiré par le propriétaire du bien est égal à la valeur locative du bien, c'est-à-dire au prix que l'occupant aurait normalement dû payer pour pouvoir user et jouir du bien s'il avait dû le prendre en location[384].

---

380 RUSCONI, C., *op.cit.,* pp. 18- 20.
381 *Ibidem,* p. 34.
382 RIVIER, JM., *op.cit.*, p.429.
383 En droit fiscal belge par exemple, le revenu immobilier est constitué du revenu cadastral des biens immobiliers non donnés en location ou des biens immobiliers donnés en location. Voir l'article 7 du CIR.
384 BLAFFART, A. et GODDEVRIENDT VAN OYENBRUGGE, F., *L'essentiel du droit fiscal*, ASP, Bruxelles, 2009, p.65.

L'usage personnel de la fortune immobilière (immeuble) est imposé en vertu de la notion de la valeur locative. En effet, la valeur locative représente l'usage personnel effectué par le propriétaire ou celui qui détient de droit de jouissance sur l'immeuble. Elle n'est pas un revenu fictif, même si le propriétaire ne reçoit pas de revenu en espèces, mais un revenu en nature qui a une valeur économique correspondant au loyer qu'il aurait pu obtenir d'un tiers en louant son logement. En utilisant lui-même ce bien, le propriétaire épargne une dépense indispensable, « le loyer », qui n'est pas déductible pour le locataire de logement privé[385].

A ce sujet, J. Brack nous apporte la lumière à travers sa discussion doctrinale en ces termes [386] : *« la doctrine dominante estime que l'on doit refuser le nom de revenu par le simple usage que le propriétaire fait de l'immeuble, car en faisant usage de son immeuble, il n'accroît pas son patrimoine ; il fait, tout au plus, l'économie d'une dépense de loyer. Personne n'a l'idée de faire figurer dans ses comptes la valeur locative de sa maison. Cependant, il est vrai que si l'on n'ajoutait pas au revenu d'un contribuable la valeur locative de son habitation, on le mettrait sur un pied plus favorable que le contribuable dont la fortune est représentée par des capitaux productifs de revenus imposables avec lesquels il doit pourvoir à son logement. Par conséquent, disent les auteurs de cette thèse, s'il est illogique de considérer l'usage d'un immeuble comme un revenu, puisqu'il ne représente pas un accroissement du patrimoine de son bénéficiaire, on doit cependant imposer sa valeur locative car l'équité l'exige. D'autres auteurs estiment, au contraire, que les services rendus par l'immeuble d'un contribuable doivent être considérés comme du revenu dans la mesure où ils ont une valeur pécuniaire et pour autant qu'ils accroissent sa capacité contributive. Bien entendu, il n'est pas question de tenir compte, dans le calcul du revenu imposable, de la valeur pécuniaire des services rendus par tous les éléments de la fortune des*

---

385 OBERSON, X., *op.cit.*, p.128.
386 BRACK, J., *op.cit.*, pp.141-142

contribuables, mais uniquement par les plus importants et les plus faciles à constater »

En somme, si les auteurs n'attribuent pas tous le nom de revenu aux services rendus par un immeuble, ils reconnaissent qu'il est indispensable d'imposer les plus importants de ces services comme revenu, comme l'usage d'une habitation par son propriétaire. Cette position, qui est la nôtre, soutient notre thèse de fusionner l'impôt foncier et l'impôt sur les revenus locatifs pour n'en avoir qu'un seul, synthétique immobilier à deux faits générateurs.

Par principe, la valeur locative, bien que plus basse que les loyers du marché, mais doit garder un seuil tolérable. Cette différence se justifie par deux faits que l'usage de sa propre maison ne constitue pas un revenu en argent, et que le locataire est surtout plus libre dans le choix de son logement que le propriétaire. En droit fiscal belge, l'évaluation cadastrale de chaque propriété bâtie ou fraction de propriété bâtie est déterminée en fonction de l'état du marché locatif ou, à défaut, par référence aux autres critères prévus par la présente loi. Elle tient compte de l'affectation, de la nature, de la destination, des caractéristiques physiques, de l'utilisation, de la situation, de l'état et de la consistance de la propriété ou fraction de propriété considérée[387].

Le revenu immobilier comprend donc tout avantage appréciable en argent qui provient de la propriété foncière bâtie et non bâtie avec une certaine régularité, sans entamer la substance de celui-ci et sans travail important. Il s'agit notamment des fruits naturels et des fruits civils de l'immeuble, ainsi que des services ou jouissance que procure ce bien[388].

---

[387] Article 2 de loi n°90-669 du 30 juillet 1990 relative à la révision générale des évaluations des immeubles retenus pour la détermination des bases des impôts directs locaux.

[388]PASCHOUD, JB., *L'imposition des immeubles et de leur rendement en droit fiscal international : étude critique de jurisprudence*, imprimerie pont frères, Lausanne, 2003, p.47.

Les fruits naturels sont les produits périodiques et tout ce que l'usage autorise à tirer de la chose suivant sa destination. Il existe ainsi deux espèces de fruits naturels[389] : les produits périodiques fournis par l'immeuble qui sont les produits organiques que la chose recrée toujours à nouveau d'une part et ; tout ce que l'usage autorise à tirer de la chose suivant sa destination, d'autre part. Ces fruits, au sens large, peuvent être de nature diverse (les arbres d'une forêt, les pierres, gravier, etc.).

Les fruits civils, quant à eux comprennent les recettes pécuniaires et les autres avantages appréciables en argent que produisent les biens immobiliers donnés en location, dont les loyers.

Pour ce qui est des services ou jouissances, on admet, de manière générale, qu'il est équitable de considérer et d'imposer certains services comme des revenus. Il existe deux formes de jouissance : la jouissance directe, lorsque l'immeuble est utilisé directement, immédiatement par le propriétaire et la jouissance indirecte lorsque l'immeuble est mis à disposition d'un tiers, à titre onéreux.

2. Base d'évaluation fiscale en matière immobilière

En matière fiscale, l'harmonisation des bases d'évaluation est un moyen qui aide à définir de manière identique l'assiette de l'impôt. Pour rendre effective la rationalisation administrative et l'équité fiscale, il faudra procéder par un rapprochement des modes d'imposition.

Le processus de l'évaluation fiscale cherche à déterminer l'assiette d'imposition pertinente qui n'est pas une assiette fondée essentiellement sur la perfection mathématique. Cette assiette est plutôt déterminée à partir de tous les éléments dont l'ensemble permet d'obtenir un chiffre aussi voisin que possible de celui qu'aurait entraîné le jeu normal de l'offre et de la demande et au nombre desquels

---

[389] *Ibidem*, p.47.

l'objectivité mathématique peut occuper une place, pour le moins, non négligeable[390].

Le cas le plus frappant est celui du droit fiscal belge qui applique la théorie du revenu cadastral majoré de 40% pour les immeubles donnés en location à une personne physique qui ne les affecte ni totalement ni partiellement à l'exercice de son activité professionnelle[391]. Cette assiette qui n'est pas mathématique, puisque n'étant pas basée sur le montant réel de la location, est bien pertinente, puisqu'elle n'a pas d'effets négatifs sur les revenus des contribuables.

Déterminer la valeur en droit fiscal revient à quantifier la capacité contributive de chaque contribuable qui jouit des avantages économiques que procurent la détention et la transmission des biens. Cet exercice suppose l'utilisation, à bon escient, des règles économiques et financières complexes et en perpétuelle évolution[392].

L'évaluation en droit fiscal s'articule en principe autour des trois notions clés : la valeur, le bien et le marché. Ainsi, la valeur d'un bien est forcément liée aux caractéristiques essentielles de celui-ci, et sa détermination dépend des caractéristiques du marché au sein duquel ce bien est échangé. La question majeure que pose l'évaluation en droit fiscal est celle de savoir trouver la méthodologie à adopter pour déterminer la valeur d'un bien.

De ce raisonnement, il ressort que les caractéristiques des marchés sur lesquels les biens à évaluer sont échangés demeurent les principaux déterminants de la méthodologie de l'évaluation en droit fiscal. Il en résulte que les marchés assez actifs au sein desquels des biens comparables au bien à évaluer sont échangés, inciteront à adopter une méthodologie dite « *comparative* ». Celle-ci se traduira par une « *évaluation par observation* » qui retiendra, pour un bien, le prix

---

390 JEMMAR, S., *L'évaluation des biens et services en droit fiscal*, L'Harmattan, Paris, 2010, p.112.
391 Voir l'article 7 du CIR.
392 JEMMAR, S., *op.cit.,* p.34.

constaté sur le marché pour des biens similaires. Les marchés peu actifs au sein desquels les biens échangés sont peu ou pas comparables, contraindront à admettre une méthodologie dite « *multicritères* ». Celle-ci se traduira par une «*évaluation par reconstitution*» qui prendra en compte l'ensemble des éléments permettant de reconstituer la valeur qui aurait découlé du jeu de l'offre et de la demande sur un marché réel et actif[393].

Ainsi, pour bien évaluer les biens immobiliers, il faut établir la valeur de l'immeuble en fonction de son prix de revient, c'est-à-dire ce qu'il apporte, ou de sa valeur d'usage ou de rendement, c'est-à-dire ce que l'on pourrait en recevoir par aliénation, ou encore de sa valeur vénale. En d'autres termes, le processus d'évaluation des biens immobiliers tend, d'une manière générale, à déterminer la valeur de ces biens à travers la valeur vénale (valeur en capital), ou la valeur d'usage (le loyer ou la valeur locative)[394].

A. La valeur en capital

Economiquement, la valeur indique le prix contre lequel un objet peut être échangé, vendu, et en particulier, son prix en argent. La valeur se définirait d'un côté comme la somme des coûts nécessaires à sa production et de l'autre comme l'utilité marginale qu'en retirerait un consommateur (plus un bien est rare et demandé, plus il a de la valeur)[395].

Pour déterminer la valeur d'un produit, il faut une analyse qui met en relation ses fonctions et son coût. Cette valeur sert de référence[396] et désigne aussi une quantité approximative, une

---

[393]JEMMAR, S., *op.cit.*, p.36.

[394] Il faut observer que pour cette étude nous avons opté pour la méthode de la valeur locative qui sera donc la méthode d'évaluation de l'ISI. Notre choix se justifie par le fait que le système d'imposition en ce qui concerne l'IRL est basé sur la valeur d'usage « le loyer » et ce système ne donne pas jusque-là les fruits escomptés.

[395] HEBEL, N., FAUCONNIER et DAVID, M., *La nouvelle sensibilité des consommateurs aux prix*, cahier de recherche n° 215, novembre 2005, p. 73.

[396] RAHERIMAMPIONONA, T., *Harmonisation de la valeur locative*, ENAM, Madagascar, 2005, p.4.

équivalence, un caractère de ce qui est valable, ce qui est posé comme vrai selon des critères personnels ou sociaux.

La valeur vénale est définie comme étant « le prix qui pourrait être obtenu du bien par le jeu de l'offre et de la demande dans un marché réel, compte tenu de l'état dans lequel il se trouve avant la mutation» et, en matière de mutations à titre onéreux, « compte tenu des clauses de l'acte de vente »[397].

Autrement dit, on entend par valeur vénale, la valeur réelle d'une propriété mise en vente sur le marché immobilier. Elle est donc le prix du marché d'un bien reflétant l'équilibre entre l'offre et la demande des biens immobiliers. La valeur vénale est directement utilisée pour asseoir une imposition destinée à appréhender non pas le revenu d'un bien, mais sa valeur en capital telle qu'elle se forme en cas de cession ou de construction.

Le jeu de l'offre et de la demande étant en cause, c'est ce jeu qu'il convient de rechercher. Or, la recherche ne peut être faite autrement que par comparaison avec des mutations similaires réelles[398]. En nous référant au critère objectif de la valeur vénale, la méthode comparative s'impose comme l'unique méthode pouvant satisfaire le souci de l'objectivité qui guide le processus fiscal de l'évaluation.

L'approche comparative doit d'abord se baser sur les cessions portant sur des biens présentant des caractéristiques similaires pour intégrer par la suite, un autre facteur, qui est le temps propre à toute évaluation.

L'approche des caractéristiques similaires, en tant que condition de comparaison par rapport au bien à évaluer, n'est pas une similitude

---

[397] JEMMAR, S., *op.cit.*, p.37.

[398] HATOUX, *La notion de valeur vénale réelle en matière fiscale : le contrôle de la Cour de cassation,* étude au rapport annuel de la Cour de cassation de 1992, p. 61, la documentation française.

parfaite jusqu'aux moindres détails. Chaque bien présente, généralement, des caractéristiques propres à lui-même.

Pour ce qui est du « *facteur temps* », le déterminant de l'état du bien dépend, pour fixer la valeur vénale, du jeu de l'offre et de la demande qui porte sur divers biens aux caractéristiques variées et se prolonge indéfiniment dans le temps. Dans la mesure où il s'agit de fixer la valeur vénale d'un bien déterminé ayant fait l'objet d'une opération à un moment donné, il faut que les mutations, issues du jeu de l'offre et de la demande et servant de base à l'évaluation de ce bien, portent sur des biens similaires et s'opèrent dans des conditions de marché similaires[399].

B. La valeur locative

La valeur locative est le facteur déterminant de la fiscalité dans le domaine des impôts locaux. Elle a des impacts très lisibles sur la prévision fiscale et, par voie de conséquence, sur l'objectif global assigné à l'Administration fiscale. La valeur locative présente « un critère de valeur, tout à fait normal, utilisé pour évaluer un bien. Néanmoins, cette valeur locative est une valeur basée sur un loyer théorique qu'un propriétaire pourrait tirer de son bien s'il le donnait en location aux conditions normales du marché »[400].

La valeur locative est le revenu que peut rapporter un bien immeuble en location. La valeur locative correspond alors au loyer annuel théorique qu'un propriétaire pourrait retirer de son bien en le louant dans des conditions normales de marché. En d'autres termes, la valeur locative est une valeur théorique calculée de façon indiciaire par l'Administration fiscale. Elle est destinée à appréhender le revenu d'un bien (son flux), et non sa valeur en capital. C'est lors de la révision foncière que la valeur locative des propriétés est déterminée, et peut même être actualisée pour servir de référence à l'évaluation des propriétés achevés après cette révision foncière.

---

399 JEMMAR, S., *op.cit.*, p.84.
400 VIEIRA, IP., *op.cit.*, p.133.

L'objectif de l'évaluation de la propriété est d'apprécier la valeur locative brute que chaque propriété pourrait procurer en fonction de son usage actuel, si elle était louée dans des conditions normales du marché. Pour déterminer la valeur locative de chaque local, il faut évaluer celle des locaux de référence qui sont destinés à servir de termes de comparaison pour le calcul de la valeur locative des autres locaux.

Bref, la valeur locative (revenu cadastral) se base sur la valeur du marché. Elle est déterminée par « le cadastre en se fondant sur des locaux de références, auxquels il compare les différents locaux imposables au regard de leurs situations géographiques, de leur surface, de leur niveau de confort et d'entretien, etc. »[401]. Ceci s'explique par le fait que pour déterminer de façon correcte la valeur d'un immeuble, il faut d'abord impérativement connaître la contenance.

Ce revenu cadastral ou la valeur locative cadastrale est censé(e) représenter le revenu moyen normal net d'une année. Il s'agit d'un forfait qui est généralement inférieur au revenu réel[402]. Il est donc établi, pour chaque bien immobilier bâti et non bâti, un revenu cadastral, et l'Administration fiscale a l'obligation de notifier le montant de ce revenu au contribuable.

1°. Méthodes de détermination de la valeur locative

Deux méthodes sont généralement utilisées pour déterminer la valeur locative. Il s'agit de la méthode par comparaison et de la méthode par revenu[403].

---

[401] COLLET, M., *op.cit.*, p.309.

[402] DEBOUCHE, G., *Impôt sur les personnes : la fiscalité immobilière*, Larcier, Bruxelles, 2006, p.48.

[403]JEMMAR, S., *op.cit.*, pp.198-200. Voir aussi POLIGNAC, MONCEAU, JP. et de CUSSAC, X., *Expertise immobilière,* EYROLLES, 4e Edition, 2007; *Evaluation: terrains, immeubles bâtis, fonds de commerce, titres non cotés,* Editions Francis Lefebvre, Se Ed, 2007, p.125. Méthode par comparaison : la valeur vénale des biens immobiliers est déterminée par principe par référence à des transactions portant sur des immeubles similaires. Cette méthode consiste, en effet, à déterminer la valeur d'un immeuble par référence aux prix de vente de biens comparables, l'estimation de la valeur d'un bien ne pouvant, en effet, résulter que de comparaisons avec des biens

Pour déterminer la valeur à travers ces deux méthodes, on peut utiliser les plans fiscaux de valeurs qui sont des standards d'évaluation d'immeubles, « tels que le nombre de mètres carrés, la localisation, la qualité matérielle de l'immeuble, la date de construction. Ces plans facilitent le travail de l'Administration fiscale, étant donné l'impossibilité du fisc de déterminer la valeur vénale de chaque bien spécifiquement »[404].

similaires en droit et en fait. Cette exigence n'implique pas de retenir des ventes de référence se rapportant à des immeubles strictement identiques à celui que l'on cherche à évaluer, même si cela serait la situation idéale. A défaut, on peut se référer à des cessions concernant des biens d'une superficie différente ou situés dans la zone la plus proche, puis effectuer des corrections en tenant compte des écarts de valeur liés à ces différences. Cette méthode est plus fiable et plus simple lorsqu'elle s'applique à des cas exceptionnels : « tel que le cas des maisons ou des appartements construits sur le même modèle ». Mais il faut observer que cette méthode est effectivement difficile à appliquer en pratique car chaque bien présente des particularités propres, ce qui rend la recherche des termes de comparaison identiques, particulièrement difficile, voire vaine. L'évaluation par revenu est d'une application simple car elle est basée sur l'élément « revenu ». Cette méthode est applicable aux immeubles locatifs qui sont productifs de revenus. L'application de cette méthode à des immeubles « libres » en se basant sur un revenu hypothétique est de nature à déboucher sur de simples valorisations théoriques. Cette méthode consiste à déterminer la valeur vénale d'un bien en appliquant un taux de capitalisation au revenu qu'il procure. Toute la difficulté consiste à fixer ce taux en fonction de la réglementation applicable au bail, du montant du loyer, de la date de construction et du confort des immeubles. En effet, le choix du taux de capitalisation reste un élément majeur quant à la mise en œuvre de la méthode d'évaluation par le revenu. Le taux de capitalisation exprime, en pourcentage, le rapport existant entre le revenu de l'immeuble et sa valeur vénale. Il est dit « brut » ou « net » selon que l'on retient au numérateur le revenu brut ou le revenu net de l'immeuble. Il s'agit d'un taux déduit de l'observation des opérations sur le marché immobilier. Cette méthode est, dans son esprit, la plus adaptée pour évaluer les immeubles productifs de revenus. Cependant, elle suscite un certain nombre de difficultés d'application. D'une part, l'analyse du marché locatif fait ressortir des disparités assez importantes au niveau des loyers qui peuvent osciller entre des montants anormalement faibles (loyers de complaisance) et des montants excessivement élevés (loyers dits « à l'américaine »). D'autre part, il existe un risque sérieux d'une détermination théorique ou arbitraire du taux de capitalisation qui s'affranchirait de l'analyse rigoureuse du marché immobilier en se fondant sur une démarche purement mathématique. Ce risque est d'autant plus sérieux qu'une différence d'un point au niveau du taux de capitalisation se traduit automatiquement par un écart important de valeur.

[404] VIEIRE, IP., *op.cit.*, p. 133.

Pour les parcelles bâties, le revenu cadastral est fixé sur la base des valeurs locatives normales à l'époque de référence[405]. A défaut de pouvoir être établi sur cette base, ou lorsqu'il doit être fixé ou révisé en dehors d'une péréquation générale, le revenu cadastral peut aussi être établi par comparaison à des parcelles bâties similaires dont le revenu cadastral est devenu définitif. A défaut de points de comparaison adéquats dans la Commune, les références sont prises dans les Communes voisines qui, sont similaires du point de vue de l'habitat et de la structure de population[406].

Pour les parcelles non bâties, le revenu cadastral est fixé par comparaison aux revenus cadastraux à l'hectare. A défaut de points de comparaison dans la Commune, les références sont prises dans la Commune la plus proche où se rencontrent des propriétés de la nature voulue. Quand, pour une parcelle non bâtie, il ne se trouve aucune parcelle de référence adéquate, le revenu cadastral est calculé en appliquant un taux X407 à la valeur vénale normale de la parcelle.

2°. Opérationnalisation de l'évaluation de la valeur locative

Telle que présentée, la méthode d'évaluation sur base de la valeur locative cadastrale posera beaucoup de problèmes s'il faut l'appliquer au contexte urbanistique actuel de la RDC en général et, en particulier, de la ville de Lubumbashi.

En effet, les valeurs locatives sont généralement estimables grâce à la méthode dite comparative (comparaison avec d'autres logements similaires qui, eux, sont loués). La valeur de l'utilisation propre correspondra alors en principe au loyer qu'un tiers devrait payer dans les mêmes circonstances pour un immeuble de même nature et présentant les mêmes caractéristiques (en ce qui concerne sa situation,

---

[405]Par époque de référence, on entend le 1er janvier de l'année qui précède celle de la mise en application des revenus cadastraux résultant d'une péréquation générale : article 486 du CIR.

[406] Voir article 477 du code belge des impôts sur les revenus.

[407] En droit fiscal belge le taux est de 5,3 %, cfr : article 478 du CIR.

son âge, le nombre de pièces, l'aménagement et la surface de dégagement).

Or, il est impossible que l'on trouve dans la ville de Lubumbashi, dans le voisinage, des immeubles loués de même nature et de même grandeur. Cela s'explique par le fait que le service d'urbanisme et habitat n'existe que de nom, et chaque propriétaire d'une parcelle construit à sa manière et suivant ses moyens. Ce n'est que pour les logements en propriété, par étages, qu'il est possible dans la plupart de temps de se référer à des valeurs directement comparables. Si les pays développés ne parviennent pas à réviser leurs cadastres, que dirons-nous de la Province du Katanga ? En France, par exemple comme nous l'avons dit plus haut, explique M. Collet, « le problème tient au fait que ces valeurs cadastrales ne sont que trop rarement révisées, de sorte qu'elles n'ont bien souvent qu'un rapport très lointain avec la valeur réelle des biens en question »[408].

Il sera difficile, pour ne pas dire impossible, de réaliser dans l'état actuel de la Province un tel travail qui demande de grands moyens et beaucoup de temps, alors que la Province du Haut- Katanga a besoin d'argent dans l'immédiat pour concrétiser l'autonomie financière consacrée par la Constitution.

La base d'évaluation étant au cœur même du processus d'imposition dans tout système fiscal, l'idéal devrait être l'application du système de la valeur locative tel que développé pour maximiser davantage les recettes fiscales. En d'autres termes, on devra se référer soit aux loyers de comparaison où la valeur locative du bien immobilier est mise sur la balance avec un autre de même type, soit estimer le rendement correspondant aux fonds propres investis, où la valeur est calculée en tenant compte de la valeur usuelle du marché.

Mais, comme la ville de Lubumbashi n'a toujours pas réuni pas tous les préalables (les statistiques d'urbanisation détaillées[409]), et en

---

408 COLLET, M.., *op.cit.*, p.309.
409 Voir par là de plans d'aménagement qui couvrent tout le territoire.

attendant la finalisation des travaux de recensement par des bureaux d'enregistrement et d'urbanisme qui permettront de mettre à jour l'assiette fiscale et d'identifier les contribuables, on peut retrouver à une autre base de détermination du revenu cadastral qui est : *« la valeur du site »*.

3°. La détermination de la valeur locative par la valeur du site

L'impôt doit s'appliquer sur la matière imposable dont la valeur peut être connue à l'aide d'une évaluation. Cette opération est d'application difficile car le contribuable a souvent tendance à dissimuler la matière imposable.

L'imposition foncière idéale devrait être tout à la fois rentable, équitable et incitatrice[410]. Rentable, en ce que le produit de l'impôt devrait être suffisant pour couvrir, concurremment avec les autres impôts locaux, les dépenses. Equitable, en ce que l'impôt ne devrait pas être inégalement réparti entre les contribuables. Incitatrice enfin, en ce que la fiscalité sur les terrains en milieu urbain devrait contribuer à la réalisation des objectifs des plans d'urbanisme.

La méthode d'évaluation de la valeur locative cadastrale basée sur la valeur du site pourrait être intéressante et facile à mettre en place, puisque moins coûteuse et facilement révisable.

Cette méthode, en effet, ne tient compte que de la valeur du terrain, c'est-à-dire, du prix auquel le bien-fonds pourrait être vendu, sans les constructions et autres aménagements. Base d'évaluation efficace, cette méthode présente des avantages administratifs : elle est un système peu onéreux à gérer, facile à comprendre, et qui facilite le recouvrement. Les différentes utilisations potentielles pouvant être prises en considération sont uniquement celles autorisées par les plans d'aménagement du territoire ou les catégories de zonage[411]. Pour y arriver, il faudra mettre à contribution les services de cadastre et ceux

---

[410] ADEF, *Les enjeux de la fiscalité foncière*, Economica, Paris, 1983, p.4.

[411] KEITH, S. et MCCLUSKY, W., *La décentralisation et l'impôt sur la propriété rurale*, Organisation des Nations Unies pour l'Alimentation et l'Agriculture, Rome, 2004, p.32.

de la conservation des titres immobiliers. Pour la simple raison qu'il existerait des rapports intimes nécessaires et évidents entre les politiques foncières et l'impôt foncier. De la sorte, l'ensemble de la fiscalité locale jouerait un rôle déterminant dans l'aménagement des territoires et des villes[412].

4° La formation de la valeur foncière dans l'espace urbain

Les prix du sol en site urbain présentent une très grande diversité qui est liée à la multiplicité des usages des biens fonciers, aux imperfections du marché foncier et aux facteurs qui interfèrent dans le processus d'allocation d'usage du sol[413]. Plusieurs éléments, plusieurs strates entrent en jeu dans le prix du terrain urbain. P. Derycke estime que quatre éléments peuvent constituer les composantes du prix d'un terrain[414] non aménagé et aménagé [415] :

- La valeur agricole qui dépend d'abord et directement de la destination du terrain (terrain à usage résidentiel, à usage commercial ou industriel. Elle dépend ensuite de son emplacement (centre ou périphérie);
- Les éléments de plus-value qui se mesurent en valeur réelle et non en valeur nominale. Cette plus-value peut être : la rente de rareté qui dépend de la loi de l'offre et de la demande ; la rente d'anticipation qui provient d'une rétention opérée par le propriétaire dans l'attente d'une hausse future ; la rente de situation qui dépend de l'emplacement du terrain ;
- Les coûts d'aménagement qui comprennent l'ensemble des dépenses exposé pour viabiliser un terrain et le rendre constructible : le nivellement et le déboisement éventuel, le drainage et les fondations spéciales, les frais de démolition, l'adduction d'eau, l'évacuation des eaux usées, etc. ;

[412] ADEF, *op.cit.*, p.260.
[413]TSHIBANDA Kalala, *L'incidence de la valeur foncière en milieu urbain : enjeux et perspectives à Lubumbashi*, DEA, CCPGU, Unilu, 2003, p.19.
[414] La superficie d'un terrain normal selon, les usages des services de cadastre à Lubumbashi, est 1200 m².
[415] DERYCKE, P., *Economie et planification : Espace urbain*, PUF, Paris, 1979, pp.264-267.

- Les redevances et taxes spécifiques qui s'ajoutent aux dépenses directes de viabilisation (taxe d'urbanisation et taxe d'équipement).

Il faut observer qu'à Lubumbashi, les terrains sont vendus en leur état primaire, et leurs prix varient selon les aménagements réalisés par les propriétaires. Ainsi, conformément à l'annexe II portant sur les prix de référence et redevances des parcelles domaniales en RDC de l'arrêté interministériel n°003/CAB/MIN/AFFFONC/2013 et CAB/FINANCES/2013 du 03 juillet 2013 portant fixation des taux des droits, taxes et redevances à percevoir à l'initiative du ministère des affaires foncières, un m² de terre dans les Communes de Lubumbashi (Lubumbashi plateau, Est et Ouest) et de Kampemba (Bel-air) revient à 0,20 USD, dont 240 USD pour un terrain. Dans les autres Communes, un m² revient à 0,12 USD, dont 144 USD pour un terrain. A ces prix, s'ajoute les frais du contrat de 25 USD, conformément à l'annexe I portant sur les droits fixes et proportionnels et les frais de mesurage et de bornage de 15 USD, majorés de 2 USD par borne à placer.

Il faut, cependant, observer que ces prix, qui du reste, ne s'appliquent pas dans la pratique, ne sont possibles que dans la Commune annexe où il est encore possible de trouver des parcelles domaniales que les services des affaires foncières peuvent vendre. Toutes les parcelles domaniales dans les autres Communes ont déjà été vendues. Il est donc difficile pour cette raison, d'établir les valeurs de terrains sur base de ce taux. Pour résoudre ce problème, P. Derycke, propose les facteurs suivants[416] :

- Les facteurs généraux qui expliquent la dérive du prix moyen de terrain au cours du temps. Il s'agit de la taille de la ville, la croissance urbaine, la conjoncture générale, les facteurs institutionnels, la fiscalité, etc. ;
- Les facteurs de micro-localisation qui comprennent les facteurs physiques et techniques (qui dépendent de la forme, de

[416] DERYCKE, P., *op.cit.*, pp.291-310.

l'étendue, de la position et de l'insertion de la parcelle dans le tissu urbain déjà construit), les facteurs d'accessibilité locale (qui dépendent de la proximité des écoles, de commerce, de marché, du transport, des) et l'environnement économique et social qui influent sur l'agrément du site ;

- Les facteurs de macro-localisation qui comprennent les conditions d'accessibilité aux réseaux de la Ville, l'influence du réseau de transport, la densité et le coefficient d'occupant du sol.

Tous ces éléments nous ont permis de diviser les quartiers des Communes de Lubumbashi en quatre rangs de localités (voir infra) sur base du principe de décroissance plus ou moins régulière des valeurs foncières depuis le centre-ville jusqu'à la périphérie. En d'autres termes, le prix de nouveaux sols à bâtir ne peut dépasser celui du sol un peu plus anciennement urbanisé.

§.3. Etablissement de l'impôt synthétique immobilier

La création d'un impôt requiert une vision anticipée, générale mais claire, des conditions de mise en œuvre de cet impôt, qu'il s'agisse d'une innovation fiscale ou comme pour le cas de la présente étude, de l'aménagement d'un prélèvement préexistant. Inversement, les modalités d'établissement des impositions individuelles doivent être conçues et appliquées en considération des objectifs qui ont conduit à la création du nouvel impôt ou aux changements dont il a été l'objet[417].

Il ressort de ce qui précède que l'acte de l'établissement de l'impôt est celui par lequel l'impôt est appliqué à la situation individuelle du contribuable, et comporte trois phases majeures : l'assiette, la liquidation et le recouvrement.

1. L'assiette de l'impôt synthétique immobilier

L'assiette de l'impôt est l'ensemble des opérations administratives qui ont pour but de rechercher et d'évaluer la matière imposable. Autrement dit, l'assiette de l'imposition est la base

---

[417]BELTRAME, P. et MEHL, L., *op.cit.*, p. 82.

imposable, c'est-à-dire ce sur quoi le taux va s'appliquer[418]. Asseoir l'impôt c'est constater et évaluer la matière imposable, déterminer le fait générateur de l'imposition ainsi que la personne imposable. Elle peut être une réalité physique (hectolitre pour les droits de consommation), une réalité économique (le revenu) ou encore une réalité juridique (la propriété pour les droits de mutation).

Si la définition de la matière imposable est de l'entière compétence du législateur, il appartient à l'Administration fiscale de déterminer, par la suite pour chaque contribuable l'assiette de son imposition, c'est-à-dire la base d'imposition[419].

A. La matière imposable

La matière imposable est une notion capitale parce qu'elle conditionne l'existence de tout impôt. Sans elle, il n'y aurait point d'imposition.

La détermination de la matière imposable en tant qu'élément constitutif de l'impôt obéit à des règles juridiques très précises qui sont au cœur du droit fiscal : les règles de qualification.

La matière imposable n'est pas une matière brute : revenu, capital, dépense, chiffre d'affaires. C'est une matière *juridiquement qualifiée*, qu'il s'agisse des opérations imposables à la TVA, des revenus ou des bénéfices appartenant à l'une des grandes catégories fiscales (bénéfices industriels et commerciaux, bénéfices non commerciaux, bénéfices agricoles, traitements et salaires, revenus fonciers, revenus des capitaux mobiliers, etc.), d'une activité imposable (par ex. pour la taxe professionnelle), d'actes particuliers (notamment pour les droits d'enregistrement) ou des biens imposés à l'impôt sur le capital. Ces questions de qualification posent tout le problème de l'autonomie du droit fiscal au regard des catégories et des distinctions du droit privé.

---

[418] LAMARQUE, J. et Cie, *Droit fiscal général*, Lexis Nexis, Paris, 2009, p. 475.
[419] BOUVIER, M., *Introduction au droit fiscal général et à la théorie de l'impôt*, 11ième éd., LGDJ, Paris, 2012, p.42.

La recherche de la matière imposable s'effectue par le procédé du recensement ou par celui de la déclaration d'existence. Le recensement conduit les agents du fisc à se déplacer pour rechercher la matière imposable alors que la déclaration d'existence qui est le procède le plus couramment employé, oblige le contribuable à déclarer l'existence de son activité ou de son entreprise au fisc.

L'impôt synthétique immobilier tel que nous le préconisons, aura pour matière imposable les revenus immobiliers provenant soit de la location (jouissance indirecte), soit encore de l'usage personnel (jouissance directe) des bâtiments et terrains situés en RDC, quel que soit le pays du domicile ou de la résidence des bénéficiaires. Cet impôt frappera également la sous-location des bâtiments et terrains.

B. Evaluation de la matière imposable

Il ne suffira pas d'identifier la base d'imposition pour déterminer la matière imposable, il faudra aussi l'évaluer. L'Etat, demandeur de l'impôt, devra, à ce titre établir l'existence de la matière imposable, la quantifier et la déterminer. La complexité de la matière imposable, a induit plusieurs procédés d'évaluation qui commencent toutes par la détermination de l'assiette, véritable support de l'impôt. Ainsi, asseoir l'impôt, « c'est déterminer les matières imposables et mesurer dans chaque cas la quantité des matières imposables à laquelle doit s'appliquer l'impôt»[420].

1°. Le fait générateur

Il s'analyse comme l'événement ou l'acte dont la survenance crée l'obligation fiscale, c'est-à-dire la créance d'impôt pour l'Etat. Le législateur le définit à partir d'un événement économique (la livraison de produits pour la TVA) ou d'un acte juridique (le transfert de propriété pour les droits d'enregistrement). Le fait générateur de l'impôt synthétique immobilier serait soit la jouissance directe, c'est-à-dire l'utilisation personnelle (habitation), soit la jouissance indirecte,

---

420 BAKANDEJA wa Mpungu, *Droit des finances publiques*, éd. Noraf, Kinshasa, 1997, pp.63-35.

c'est-à-dire la mise en location des bâtiments et terrains à la date du premier janvier de l'année d'imposition.

2°. Méthode d'évaluation

De plusieurs techniques qui sont prévues pour évaluer la matière imposable, nous en retenons deux :

- la valeur locative : revenu cadastral des parcelles (sites) à usage personnel, revenu cadastral indexé de 40%[421] pour les propriétés bâties et non bâties prises en location par des personnes physiques et revenu cadastral indexé de 100%[422] pour les propriétés bâties et non bâties à usage personnel appartenant aux personnes morales ;
- Le loyer : loyers pour les bâtiments et terrains loués à des personnes morales.

A titre illustratif, voici comment l'évaluation forfaitaire peut se présenter dans la ville de Lubumbashi :

[421] La majoration de 40% est d'inspiration du droit fiscal belge. Voir article 7 du CIR. Il faut cependant, retenir que nous n'avons pas eu une explication économique pour justifier la majoration de 40%. De toutes les façons, la fixation du taux en matière de détermination de la base imposable, relève dans sa grande partie de la volonté politique.

[422] Le 100% se justifie sur base de la théorie de la capacité contributive, sous l'angle d'équité verticale. La fiscalité étant un instrument au service de la justice sociale, la redistribution des plus riches vers les plus pauvres est socialement souhaitable (principe d'équité verticale selon lequel le taux de prélèvement s'accroît avec le niveau de revenu : les personnes se trouvant dans des situations inégales ou à capacité contributive différente doivent être traitées inégalement).

Communes	Quartiers	Rangs	Val. P USD	RC/H PP 10%	RC/L PPI 40%	RC/H PMI 100%
Lubumbashi	Golf	1er	**10000**	**1000**	**1400**	**2800**
	Lumumba	1er	**10000**	**1000**	**1400**	**2800**
	Makutano	1er	**10000**	**1000**	**1400**	**2800**
	Gambela	2ième	**7000**	**700**	**980**	**1960**
	Kalubwe	2ième	**7000**	**700**	**980**	**1960**
	Kiwele	2ième	**7000**	**700**	**980**	**1960**
	Mampala	2ième	**7000**	**700**	**980**	**1960**
Kampemba	Industriel	1er	**10000**	**1000**	**1400**	**2800**
	Bel air	2ième	**7000**	**700**	**980**	**1960**
	Kampemba	2ième	**7000**	**700**	**980**	**1960**
	Kafubu	3ième	**2500**	**250**	**350**	**700**
	Kigoma	3ième	**2500**	**250**	**350**	**700**
	Bongonga	4ième	**1000**	**100**	**140**	**280**
Annexe	Munua	1er	**10000**	**1000**	**1400**	**2800**
	Kimbeimbe	2ième	**7000**	**700**	**980**	**1960**
	Kasapa	2ième	**7000**	**700**	**980**	**1960**
	Kisanga	3ième	**2500**	**250**	**350**	**700**
	Luwowoshi	4ième	**1000**	**100**	**140**	**280**
	Naviundu	4ième	**1000**	**100**	**140**	**280**
	Kalebuka	4ième	**1000**	**100**	**140**	**280**
	Kasungami	4ième	**1000**	**100**	**140**	**280**
K e n	Lualaba	1er	**3000**	**300**	**420**	**840**

Kamalondo	Luapula	1er	**3000**	**300**	**420**	**840**
	Luvua	1er	**3000**	**300**	**420**	**840**
	Kitumaini	1er	**3000**	**300**	**420**	**840**
	Njanja	1er	**3000**	**300**	**420**	**840**
Katuba	Bukama	1er	**3000**	**300**	**420**	**840**
	Kaponda	1er	**3000**	**300**	**420**	**840**
	Kinyama	1er	**3000**	**300**	**420**	**840**
	Kimilolo	1er	**3000**	**300**	**420**	**840**
	Kisale	1er	**3000**	**300**	**420**	**840**
	Lufira	1er	**3000**	**300**	**420**	**840**
	Musumba	1er	**3000**	**300**	**420**	**840**
	Mwanashaba	1er	**3000**	**300**	**420**	**840**
	Nsele	1er	**3000**	**300**	**420**	**840**
	Upemba	1er	**3000**	**300**	**420**	**840**
Ruashi	Bendera	1er	**3000**	**300**	**420**	**840**
	Matoleo	1er	**3000**	**300**	**420**	**840**
	Kalukuluku	2ième	**2500**	**250**	**350**	**700**
	Shindaika	3ième	**1000**	**100**	**140**	**280**
	Congo	3ième	**1000**	**100**	**140**	**280**

Commentaires :

Les subdivisions des Communes en quartiers et des Quartiers en rangs tient compte de la valeur des parcelles pour chacun des quartiers. Les valeurs données sont juste approximatives et non des valeurs vénales du marché qui dépend, en principe, du jeu de l'offre et de la demande. Ainsi, nous avons les revenus cadastraux ci-après :

- Val. P USD : la valeur de la parcelle chiffrée en USD ;
- RC/H PP 10% : le revenu cadastral d'habitation pour les personnes physiques qui est de 10% la valeur de la parcelle ;
- RC/L PPI 40% : le revenu cadastral de location aux personnes physiques qui est indexé ou majoré de 40% du revenu castral d'habitation ;
- RC/H PMI 100% : le revenu cadastral d'habitation pour les personnes morales qui est indexé ou majoré de 100% du revenu castral de location des personnes physiques.

2. Taux de l'impôt

La première raison pour l'Etat, de collecter l'impôt est qu'il doit naturellement engager les dépenses dont le financement dépend largement des recettes fiscales. Il se pose alors un problème de la hauteur d'imposition, car comme le taux doit être fixé par les pouvoirs publics en fonction des besoins inscrits au budget, il devra, en toute logique, tenir compte du niveau de vie des contribuables, le niveau du prélèvement fiscal (et, dès lors du taux des impôts) étant sans nul doute l'une des questions éminemment politiques qui soit. L'intensité des débats sur les taux de l'impôt illustre cette évidence : « la fixation du niveau optimal de l'impôt repose sur des déterminants économiques, philosophiques, politiques, bref sur des jugements de valeur que le droit n'a pas coutume de régenter »[423].

Cet arbitrage entre équité et efficacité est au centre de toutes les discussions dans les systèmes souhaitables d'imposition, auxquelles, fort heureusement, la théorie de l'analyse économique de l'impôt apporte une solution avec le principe des coûts efficients qui modère le principe de taxation optimale. Le taux à fixer doit donc tenir compte des coûts de mise en conformité de contribuables d'une part et, d'autre part, de coûts administratifs.

L'impôt, on le sait, peut augmenter ou baisser en fonction des besoins de la dépense publique. Et les possibilités d'améliorer son

---

[423] COLLET, M., *L'impôt confisqué*, Collection Corpus, Paris, 2014, p. 49.

impact, engendrent toujours beaucoup de divergences entre les tenants d'un système fiscal juste et ceux qui sont les adeptes des retombées de la théorie économique et de la rationalité[424]. Pour élargir l'assiette fiscale de l'impôt immobilier à tous les contribuables, une simplification dans le réaménagement du taux est indispensable.

Il est donc nécessaire de trouver un équilibre en établissant un taux d'imposition qui produise le niveau de recettes fiscales requises pour supporter le coût des services à fournir, et qui tienne compte de la capacité contributive du contribuable. Un taux d'imposition fixé est trop élevé sera source de mécontentement et de résistance généralisés des contribuables. Par contre, s'il est trop faible, les recettes produites pourraient ne pas être suffisantes pour répondre aux besoins des collectivités locales, ni même justifier le coût d'évaluation et de recouvrement de l'impôt.

Quand bien même la fixation du taux de l'impôt dépendrait de la volonté politique en rapport avec les objectifs poursuivis, nous proposons à titre démonstratif et en tenant compte des spécificités de l'impôt synthétique immobilier, un taux peut être triadique :

- Le taux de 8 % du revenu cadastral des personnes physiques pour usage personnel ;
- Le taux de 11 % du revenu cadastral pour la mise en location au profit des personnes physiques ;
- Et le taux de 22 % du revenu cadastral pour usage personnel des personnes morales et de loyer provenant de la mise en location au profit des personnes morales.

Appliqué à la commune de Lubumbashi, ces taux donneraient le résultat suivant :

---

[424] MIRRLEES, J., *op. cit.*, p. 18.

Communes	Quartiers	Rangs	RC/H PP 10%	Taux 8 % de RC/H PP	RC/L PPI 40%	Taux 11% de RC/L PPI	RC/H PMI 100%	Taux 22% de RC/H PMI
Lubumbashi	Golf	1er	**1000**	**80 us**	**1400**	**154 us**	**2800**	**1047. 2 us**
	Lumumba	1er	**1000**	**80 us**	**1400**	**154 us**	**2800**	**1047.2 us**
	Makutano	1er	**1000**	**80 us**	**1400**	**154 us**	**2800**	**1047.2 us**
	Gambela	2ième	**700**	**56 us**	**980**	**107.8 us**	**1960**	**431.2 us**
	Kalubwe	2ième	**700**	**56 us**	**980**	**107.8 us**		**431.2 us**
	Kiwele	2ième	**700**	**56 us**	**980**	**107.8 us**		**431.2 us**
	Mampala	2ième	**700**	**56 us**	**980**	**107.8 us**		**431.2 us**

Le tableau ci-dessous reprend, à titre de comparaison, ce qu'un contribuable de la Commune de Lubumbashi, entité classifiée dans la localité de premier rang en matière d'impôt foncier subdivise en cinq catégories de bâtiments (villas, maisons à étages, immeubles, appartements et autres immeubles) paierait avec le système d'IRL et d'IF :

Commune	R.L	T.I	Fort. IF	loyer	T. IRL	IRL/an	Tot. IF et IRL
Lubumbashi /Q. Gambela	1er	Autres immeubles : Immeuble standard : 2 chambres, cuisine, salon.	**11 USD**	**150 USD**	**22%**	**396 USD**	**407 USD**
	idem	Autres immeubles : Immeuble de fortune : une chambre, salon, cuisine	**11 USD**	**100 USD**	**22%**	**264 USD**	**275 USD**

Commentaire du tableau :

R.L : rang de localité.

Forf. IF : forfait impôt foncier.

T.I : type d'immeuble : autres immeubles hormis les villas, les appartements et les immeubles à étages.

T.IRL : taux impôt sur les revenus locatifs.

IRL/an : le montant annuel de l'impôt sur les revenus locatifs.

Tot. IF et IRL : le cumul du montant de deux impôts.

De ce tableau, nous dégageons deux situations : les parcelles sans locataire, et celles avec un seul locataire.

- Parcelle sans locataire : le contribuable ne payera que 11 USD au titre d'impôt foncier. Ce montant est inférieur aux 56 USD que nous proposons, avec cette réserve qu'il est rare de voir une parcelle sans aucun locataire dans ce quartier.
- Parcelle avec un seul locataire : le contribuable payera pour l'immeuble que nous qualifions de standard un montant de 407 USD pour les deux impôts. Ce montant est 3 fois supérieur à celui que nous proposons. Par contre, pour l'immeuble que nous qualifions de fortune, il payera un montant cumulé de 275 USD, qui est 2 fois supérieur au montant de l'impôt synthétique immobilier.

Conclusion

Intitulé *Fiscalité provinciale en République démocratique du Congo. Regard sur les mécanismes de mise en œuvre et de performance de la décentralisation fiscale,* cet ouvrage a abordé deux principaux points : la possibilité de fusionner l'impôt sur les revenus locatifs et l'impôt foncier en un seul impôt d'une part, et d'autre part, les problèmes à surmonter liés à la mise en œuvre de cette fusion.

Cette étude sur la fusion de ces deux impôts a révélé que la fiscalité foncière peut jouer un rôle important pour le développement durable des moyens d'existence et des communautés locales et qu'elle constitue une source de recettes de provenance locale très précieuse pour les pouvoirs locaux. Malheureusement, la plupart des réformes qui touchent à cette fiscalité ne vont pas sans problèmes et le nouvel impôt proposé ne fera peut-être pas exception à la règle. L'approche pluridisciplinaire adoptée dans ce travail a permis de déceler autant les possibilités de fusionner les deux impôts qui frappent les propriétés bâties et non bâties ainsi que les revenus qu'elles génèrent en un seul « *impôt synthétique immobilier* » que les problèmes de sa mise en œuvre.

La première étape de cette recherche, celle de la fusion, a démontré que notre système d'imposition foncière est lourd et ne profite pas surtout au contribuable à l'impôt sur les revenus locatifs qui paye, en plus de cet impôt, l'impôt foncier. Ce dernier est une taxe ancienne et la grande expérience acquise dans ce domaine dans de nombreux pays du monde, comme la Belgique, la France et la Suisse, nous a permis d'étudier l'évolution de cette imposition. Point n'est besoin de retenir que l'objectif de la fusion est de répondre au principe de simplification de notre fiscalité foncière.

Pour atteindre cet objectif, deux solutions sont possibles : élaborer un impôt synthétique immobilier calqué sur celui pratiqué dans des pays développés, ou, au contraire, un impôt inspiré de l'expérience des autres, mais adapté à nos propres réalités socio-culturelles et économiques. La seconde option nous a paru la meilleure, la première n'ayant pas donné de fruits escomptés pour la RDC en ce qui concerne l'imposition foncière et immobilière. Faudra rappeler ici, si besoin en était, que les différences d'ordre économique et social ayant marqué les anciennes puissances coloniales et les anciennes colonies expliquent largement la limite de cette première approche et justifient ce besoin d'adaptation des normes fiscales en général, et celles de la fiscalité immobilière en particulier. Cette création de l'impôt synthétique immobilier devra se réaliser à travers les théories mobilisées (les caractéristiques des systèmes fiscaux, l'analyse économique de l'impôt et la décentralisation fiscale).

En effet, la typologie des systèmes fiscaux repose sur plusieurs critères, dont les plus déterminants sont ceux d'ordre socio-économique et c'est ce caractère déterminant qui justifie le lien étroit existant entre la fiscalité et les éléments économiques sur lesquels elle repose. Si, un système fiscal est tributaire du niveau de vie socio-économique, il sera donc, de bonne politique, d'adapter toute la réforme fiscale aux conditions socio-économiques. Ce qui, du reste, est valable pour l'imposition foncière dont la fusion constitue une solution idéale pour alléger la charge fiscale de contribuables vivant dans une économie de subsistance.

Bibliographie

I. Les Textes légaux et Codes

1. Textes légaux

- Constitution de la RDC du 18 février 2006.
- Ordonnance – loi n°69- 009 du 10 février 1969 relative aux impôts cédulaires sur les revenus.
- Ordonnance-loi n° 69-006 du 10 février 1969 relative aux impôts réels.
- Ordonnance-loi n° 69-009 du 10 février 1969 relative aux impôts cédulaires sur les revenus.
- Loi 83-004 du 23 février 1983 modifiant et complétant certaines dispositions de l'ordonnance-loi 69-009 du 10 février 1969 relative aux impôts cédulaires sur les revenus.
- Décret-loi 017-2002 du 3 octobre 2002 portant code de conduite de l'agent public de l'Etat.
- Loi 004-2003 du 13 mars 2003 portant réforme des procédures fiscales.
- Loi organique n° 08/016 du 07 octobre 2008 portant composition, organisation et fonctionnement des Entités Territoriales Décentralisées et leurs rapports avec l'Etat et les Provinces.
- Edit n° 0004 du 25 septembre 2009 portant création de la Direction des Recettes du Katanga.
- Loi n°11/011 du 13 juillet 2011 relative aux finances publiques.
- Ordonnance-loi n°013/001 du 23 février 2013 fixant la nomenclature des impôts, droits, taxes et redevances des provinces et des entités territoriales décentralisées ainsi que leurs modalités de répartition.

2. Codes

- Code congolais des impôts.
- Code congolais de bonne conduite
- Code Civil Congolais Livre III

- Code des impôts sur les revenus.
- Code général des impôts.
- Code suisse des impôts directs.
- Code général des impôts du Bénin.

II. Les ouvrages

1. Ouvrages généraux

- AFSCHRIFT, T., *L'évitement licite de l'impôt et la réalité juridique*, Larcier, Bruxelles, 1994.
- AMIN, S., *La faillite du développement en Afrique et dans le tiers monde*, L'Harmattan, Paris, 1989.
- ARDANT, G., *Théorie sociologique de l'impôt*, S.E.V.P.E.N, Paris, 1965.
- ASHTA, A., *Le fédéralisme fiscal : Australie, Canada, Inde, USA, les aspects fiscaux du droit budgétaire,* ANRT, Paris, 2003.
- BALANDIER, G., *Sociologie actuelle de l'Afrique noire*, PUF, Paris, 1971.
- BARILARI, A., *La modernisation de l'administration*, LGDJ, Paris, 1994.
- BARILARI, A., *Le consentement à l'impôt*, Presses de la Fondation nationale des sciences politiques, coll. La bibliothèque du citoyen, Paris, 2000.
- BARILARI, A. et DRAPE, *Lexique fiscal*, Dalloz, Paris, 1992.
- BAS, C., Le *fait générateur de l'impôt*, l'Harmattan, Paris, 2007.
- BEJEAN, S., MIDY, F., et PEYRON, C., *La rationalité simonienne : interprétations et enjeux épistémologiques*, Credes, en ligne, Bologne, 1999.
- BELTRAME, P., *La fiscalité en France*, Hachette, 9éd, Paris, 2003.
- BAYLAC, C., *Le formalisme du droit fiscal*, L'Harmattan, paris, 2002
- BINET, J., *Psychologie économique africaine. Éléments d'une recherche interdisciplinaire*, Payot, Paris, 1970.
- BIENVENU, JJ.et LAMBERT, T., *Droit fiscal*, PUF, 4e édition revue et augmentée, PUF, Paris, 2003.
- BUGNICOURT, J., *Disparités régionales et aménagement du territoire en Afrique*, éd. A. Colin, Paris, 1971.

- GOTMAN, B., *L'enquête et ses méthodes : l'entretien*, Nathan, Tours, 1992.
- BOBE, B. et LAU, P., *Fiscalité et choix économiques*, Calmann-Lévy, Paris, 1978.
- BOCQUET, C., *La traduction juridique : fondement et méthodologie*, de Boeck, Bruxelles, 2008.
- BOKIE Ndwaya, *Ce qu'il faut savoir pour une bonne gestion des entreprises en RDC*, INA, Kinshasa, 2000.
- BOSEKOTA W'atshia, *Rebâtir le Congo Démocratique : De la Bonne Gouvernance Etatique et du Rôle Clé des PME-PMI !*, éd. Presses Universitaires « BEL CAMPUS », Tome I, Kinshasa, 2004.
- BOUVIER, M., *Introduction au Droit Fiscal Général et à la Théorie de l'Impôt*, 7éd., LGDJ, Paris, 2005.
- BOUVIER, M., *Finances publiques*, LGDJ, Paris, 1995.
- BOUVIER, M., ESCLASSAN, MC., et LASSALE, JP., *Finances publiques*, LGDJ, 8éd., Paris, 2006.
- BOUVIER, M., MARIE, C. et LASSALE, JP., *Finances publiques*, 10éd, LGDJ, Paris, 2010.
- BOUVIER, M. et ESCLASSAN, MC., *L'administration fiscale en France*, PUF, coll. « Que sais-je ? », Paris, 1988.
- CAPELLE, B., LEURQUIN, F. et QUERTAINMONT, P., *Guide des citations, références et abréviation*, Bruylant, Bruxelles, 1990.
- CHENEAU, L., *Enjeux des technologies de la communication en Afrique : du téléphone à Internet*, l'Harmattan, Paris, 2000.
- CIZUNGU M. Nyangezi, *Les infractions de A à Z*, éd. Laurent NYANGEZI, Kinshasa, 2011.
- CLIQUENNOIS, M., *Droit public économique*, éd. Marketing. S.A, Paris, 2001.
- COLLET, M., *L'impôt confisqué*, Collection Corpus, Paris, 2014.
- COLLET, M., *Droit fiscal*, 2e éd., Thémis, Paris, 2009.
- CORNU, G., *Vocabulaire juridique*, PUF, Paris, 1989.
- CROZIER et FREIBERG, *L'acteur et le système*, éd. de seuil, Paris, 1977.
- CROZIER, M., *On ne change pas la société par décret*, Edition Grasset & Fasquelle, Paris 1979.
- DARBON, D. et GAUDUSSON, J., *La création du droit en Afrique*, Karthala, Paris, 1995.

- DELAHAYE, T., *Le choix de la voie la moins imposée*, Edition Bruylant, Bruxelles, 1977.
- DELALANDE, N. et SPIRE, A., *Histoire sociale de l'impôt*, La Découverte, Paris, 2010.
- DELMAS, M., *Droit Pénal des Affaires*, Thémis P.U.F, Paris, 1981.
- DUBOIS, F. et MORSONN, A., *Eléments de législation sociale et fiscale*, 4ème éd. Adwesmael, Paris, 1969.
- DUBERGE, J., *Les français face à l'impôt : essai de psychologie fiscale*, L.G.D.J., Paris, 1990.
- DUVERGER, M., *Finances publiques*, 8ième éd., PUF, Paris, 1975.
- EBEL, R. ET YILMAZ, S., *Concept de la décentralisation fiscale et survol mondial, symposium international,* commission sur le déséquilibre fiscal, Québec, 2001.
- ETOUNGA Manguelle, *L'Afrique a-t-elle besoin d'un programme d'ajustement culturel ?*, éd. Nouvelles du Sud, Irvy-sur-Seine, 1991.
- FORTIN, R., *Comprendre la complexité. Introduction à La Méthode d'Edgar Morin*, L'Harmattan, Paris, 2000.
- GHESTIN, J., *Traité de droit civil, Introduction générale*, 4e éd., LGDJ, Paris, 1994.
- GODBOUT, L., PICARD, J., VIGNEAULT, M., *Approche méthodologique pour une réforme fiscale dans les pays en développement. Etude de cas : la réforme fiscale au Mali*, chaire de recherche en fiscalité et en finances publiques, Université de Sherbrooke, CANADA, 2007.
- GOFFAUX, J., *Problèmes de développement*, CPR, Kinshasa, 1986.
- GONIDEC, PF., *Les droits africains : évolutions et sources*, LGDJ, coll. « Bibliothèque Africaine et Malgache », 2e édition, tome 1, Paris, 1976.
- GOULET, J., *La machine à faire le droit*, Presses de l'Université du Québec, Québec, 1987.
- GRUA F., *Méthode des études de droit*, Dalloz, Paris, 2006.
- GROSCLAUDE, J. et MARCHESSOU, P., *Droit fiscal général*, 6e éd., Dalloz, Paris, 2007.
- GUILLAUME, R., *L'efficience en droit pénal économique, étude du droit positif à la lumière de l'analyse économique du droit*, LGDJ, Paris, 2009.
- GUILLEN, R. et VINCENT, J., *Lexique des termes juridiques*, Tome 1, Dalloz, Paris, 1995.

- GUTTERIDGE, H., *Le droit comparé : Introduction à la méthode comparative dans la recherche juridique et l'étude du droit*, LGDJ, Paris, 1953.
- HECKLY, C., *Fiscalité et mondialisation*, LGDJ, Paris, 2006.
- JACQUES, G. et PHLIPPE, M., *Droit fiscal général*, 6 éd., Dalloz, Paris, 2007.
- JACQUES, S. ET SOUMAH, H.G., *Introduction politique à l'économie du développement*, INEP, Kinshasa, 1977.
- JEZE, G., *Les principes généraux du droit administratif*, Tome 1, 3e édition, Dalloz, Paris, 1925.
- KABUYA, C., *Conflits de l'Est du Zaïre, repères et enjeux*, éd. SECCO, Kinshasa, 1996.
- KALUNGA Tshikala, *Droit des affaires, De l'héritage colonial aux acquis de l'OHADA, Volume 1 : Droit commercial général*, CRESA, Lubumbashi, 2003.
- KELSEN, H. et EISENMANN, C, *Théorie pure du droit*, Bruyant, Bruxelles, 1999.
- KELSEN H., *Théorie pure du droit*, trad. Charles EISENMANN, Dalloz, Paris, 1962.
- KIBANDA MATUNGILA et Cie, *Le monstre appelé corruption*, l'institut des stratégies pour le développement durable, Kinshasa, 2005.
- LAMARQUE, J. et Cie, *Droit fiscal général*, Lexis Nexis, Paris, 2009.
- LAURE, M., *Science fiscale*, PUF, Paris, 1993.
- LAUTIER, B., *L'économie informelle dans le Tiers Monde*, La Découverte, Collection Repères, n°155, Paris, 1994.
- LEBRIS, E., LEINDORFER, E. et LE ROY, E., *Enjeux fonciers en Afrique noire*, Karthala, Paris, 1982.
- LEFEBVRE, F., Suisse : *le système fiscal Suisse et la convention fiscale franco-belge*, éd. Francis Lefebvre, Paris, 1981.
- LEFEBVRE, F., *Mémento pratique fiscale*, éd Francis Lefebvre, Paris, 2000.
- LEFEUVRE, A., *Le paiement en droit fiscal*, l'Harmattan, Paris, 2002.
- LEROY, M., *Mondialisation et fiscalité, La globalisation fiscale*, l'Harmattan, coll. Finances Publiques, Paris, 2006.
- MAES, R., *La décentralisation territoriale*, éd. Diffusion, Bruxelles, 1985.
- MALHERBE, J. et Cie, *Droit fiscal, impôt des personnes physiques et procédure*, UCL Bruxelles, 2001.

- MARGAIRAZ, A, *La fraude fiscale et ses succédanés : comment on échappe à l'impôt*, Edition Blonay, Lausane, 1988.
- MARGAIRAZ, A. et MERKLI, R., *La fuite devant l'impôt et les contrôles du fisc,* éd. Vaudoise, Fribourg, Genève ; Lausanne, 1985.
- MARTINEZ, JC., *La fraude fiscale*, PUF, Paris, 1990.
- MERCIER, J-Y. et PLANNIER, B, *Les impôts en France : Traité de fiscalité 1998-1999*, Editions Francis Lefebvre, Paris, 1999.
- MESSI, M., *Nul n'est censé ignorer la loi fiscale. L'incertitude de la règle applicable*, Tome II, L'Harmattan, Paris, 2007.
- MONNIER, JM., *Les prélèvements obligatoires*, Economica, Paris, 1998.
- MPOY Kadima, *La rationalisation du système fiscal et douanier comme mécanisme relanceur de l'économie. Principes et outils d'une politique fiscale et douanière développementaliste*, Editions Universitaires Africaines Kinshasa, Kinshasa, 2012.
- MUCCHIELLI, A., *Dictionnaire des méthodes qualitatives en sciences humaines*, éd. Armand Colin, 2ième éd., Paris, 2004.
- MUSGRAVE, R.A., *Public Finance in Theory and Practice*, McGraw-Hill, extraits, New York ,1959.
- MUZONG Kodi, *Corruption et gouvernance en RDC durant la Transition (2003-2006)*, Institut D'études de Sécurité, Paris, 2008.
- MUZELLEC, M., *Finances publiques*, 5e éd. Sirey, Paris, 1986.
- MUZELLEC, M. et CONAN M., *Finances locales*, 6e éd. Dalloz, Paris, 2011.
- NAVATTE, B., *La fraude et l'habileté en droit fiscal*, Dalloz, Paris, 1951.
- N'GAKOSSO, A., *Corruption, fraude, évasion fiscale et croissance*, L'Harmattan, Paris, 2009.
- NYABIRUNGU Mwene Songa, *La criminalisation de l'économie Zaïroise*, éd. DES, Kinshasa, 1996.
- OBERSON, X., *Droit fiscal Suisse*, Helbing & Lichtenhan, Munich, 2007.
- OPPETIT, B., *Essai sur la codification*, PUF, Paris, 1998.
- OPPETIT, B., *Droit et économie*, éd. Archives de philosophie du droit, Paris, 1992.
- OULES, F., *Une fiscalité intelligente pour demain : comment les impôts actuels sont fraudés et éludés*, Bruylant, Bruxelles, 1993.
- PAIN, M., *Kinshasa : la ville et la cité*, ORSTOM, Paris, 1984.

- PUIG, P., *Contrats spéciaux*, 2ième éd., Dalloz, Paris, 2007.
- PEAN, P., *L'argent noir : corruption et sous-développement*, Fayard, Paris, 1988.
- PHILIPPE, J., *Fiscalité internationale du patrimoine*, Formation Entreprise, Paris, 2008.
- PILONE, C., *L'autonomie financière des Collectivités locales et le juge constitutionnel*, ATER à l'Université Paul Valéry Montpellier III – UFR IV, 1997.
- QUIVY, R. et CAMPENHOUD, L., *Manuel de recherche en sciences sociales*, éd. Dunond, Paris, 1995.
- ROBBEZ MASSON, C., *La notion d'évasion fiscale en droit interne français*, L.G.D.J., Paris, 1990.
- ROYER, G., *L'efficience en droit pénal économique, étude du droit positif à la lumière de l'analyse économique du droit*, LGDJ, Paris, 2009.
- SALIN, P., *L'arbitraire fiscal*, Edition R. Laffont, Paris, 1985.
- SARASSORO, H., *La corruption des fonctionnaires en Afrique*, Economica, coll. Université d'Abidjan, Paris, 1979.
- SCHMIDT, C., *L'impôt*, 2e éd., Dalloz, Paris, 1995.
- TADDEI, B., *La fraude fiscale,* Librairies Techniques, Paris, 1974.
- TROTABAS, L. et COTTERET, JM., *Droit fiscal*, Dalloz, Paris, 1973.
- VINAY, B., *Épargne, fiscalité et développement*, Armand Colin, Paris, 1968.
- WEBER, L., *L'Etat acteur économique : analyse économique du rôle de l'Etat*, Economica, Paris, 1998.
- ZEMRANI, B., *Fiscalité face au développement économique et social du Maroc*, Édition Laporte Rabat, 1982.

2. Ouvrages spécifiques

- ADEF, *Les enjeux de la fiscalité foncière*, Economica, Paris, 1983
- AMBROISE, C., *Notion du revenu en matière de législation fiscale*, Dalloz, Paris, 1924.
- AZAMA Lana, *Droit fiscal zaïrois*, CADICEC, Kinshasa., 1986.
- BAKANDEJA wa mpungu, *Droit des finances publiques*, éd. Noraf, Kinshasa, 1997.
- BAKANDEJA wa mpungu, *Les finances publiques : pour une meilleure gouvernance économique et financière en RDC*, Larcier, Bruxelles, 2006.

- BASLE, M., *Systèmes fiscaux*, Dalloz, Paris, 1989.
- BAZIADOLY, S., *Systèmes fiscaux comparés*, Ellipses, Paris, 2010.
- BELEAU, A., *Théorie de la taxation optimale et politique de stabilisation : une incompatibilité théorique ?* CNRS, Université Paris I Sorbonne, en ligne, Paris, 2009.
- BELTRAME, P., *Les systèmes fiscaux*, 3éd., PUF, Paris, 1975.
- BELTRAME, P. et MEHL, L., *Techniques, politiques, et institutions fiscales comparées*, 2éd. PUF, Paris, 1997.
- BIFUMANU Nsompi, *Les réformes fiscales actuelles en RDC : la remise en question*, PUL, Kinshasa, 2006.
- BLAFFARD, A. et GODDEVRIENDT, F., *L'essentiel du droit fiscal*, ASP sa, Bruxelles, 2009.
- BOUVIER, M., *Introduction au droit fiscal et à la théorie de l'impôt*, 8é éd., LGDJ, Paris, 2007.
- BOUVIER, M., *Les finances locales*, 14e éd., LGDJ, Paris, 2011.
- BOUVIER, M., *Introduction au droit fiscal général et à la théorie de l'impôt*, 11e éd., LGDJ, Paris, 2012.
- BRACK, J., *La notion du revenu global en théorie et en droit fiscal suisse*, librairie de droit, Lausanne, 1941.
- BUABUA wa Kayembe, *Traité du droit fiscal Zaïrois*, PUZ, Kinshasa, 1993.
- BUABUA wa Kayembe, *La fiscalisation de l'économie informelle au Congo*, PUC, Kinshasa, 1995.
- BUFFAT, MO., *Les taxes liées à la propriété foncière, en particulier dans le canton de Vaud*, Tolochenaz, Université de Lausanne, 1989.
- CAMERON, D, *Property taxes,* Willamette University, College of Law, Oregon, 1999.
- D.G.I., *Manuel des procédures fiscales*, Kinshasa, 2004.
- DAFFLON, B. et MADIES, T., *Décentralisation : quelques principes issus de la théorie du fédéralisme financier*, Agence Française de Développement, Université de Fribourg, Suisse, 2008.
- DASSESSE, M. et MINNE, P., *Droit fiscal, principes généraux et impôts sur les revenus*, 5ième éd., Bruylant, Bruxelles, 2011.
- DEBOUCHE, G., *Impôt sur les personnes : la fiscalité immobilière*, Larcier, Bruxelles, 2006.
- DERYCKE, P., *Economie et planification : Espace urbain*, PUF, Paris, 1979.

- DREZET, V., *Quels impôts pour demain ? Etat de l'impôt et réformes fiscales*, Syllepse, Paris, 2007.
- FOLLIET, P., *Les tarifs d'impôts*, Payot, Lausanne, 1947.
- FOTSING, JB., *Le pouvoir fiscal en Afrique*, LGDJ, Paris, 1995.
- GAPYISI, E., *Le défi urbain en Afrique*, L'Harmattan, Paris, 1989.
- GEFFROY, JB., *Grands problèmes fiscaux contemporains*, PUF, paris, 1993.
- HATOUX, *La notion de valeur vénale réelle en matière fiscale : le contrôle de la Cour de cassation*, étude au rapport annuel de la Cour de cassation de Paris, 1992.
- HICK, PP. et Cie, *L'optimalisation fiscale du patrimoine immobilier : applications pratiques en Belgique et en France,* Arthémis, - Louvain-la-Neuve, 2007.
- JEMMAR, S., *L'évaluation des biens et services en droit fiscal*, l' Harmattan, Paris, 2010.
- LAVIGNE, S., *Le cadastre en France,* PUF, coll. « Que sais-je ? », Paris, 1996.
- LEROY, M., *La sociologie de l'impôt*, PUF, 1e éd., coll. « Que sais-je ? », Paris, 2002.
- LIEGEOIS, M., *La décentralisation en RDC : enjeux et défis*, GRIP, Bruxelles, 2008.
- LUCIANO, F., *Le consentement à l'impôt au regard de la théorie de l'effectivité des normes constitutionnelles, Passages de Paris Édition Spéciale*, Paris, 2009.
- MACKAAY, E. et POUSSEAU, S., *Analyse économique du droit*, édition Dalloz, Paris, 2008.
- MARGAIRAZ, A. et MERKLI, R., *La fuite devant l'impôt et contrôle fiscal*, Librairie Marguerat, Lausanne, 1985.
- MARSTBOOM, L., *Le cadastre et l'impôt,* Wester, Bruxelles, 1946.
- MARSTBOOM, L. et Cie, *Le cadastre et l'impôt foncier,* Lielens, Bruxelles, 1956.
- MARTINEZ, JC., *Le statut du contribuable*, Tome1, LGDJ, coll. Bibliothèque de science financière, Paris, 1980.
- MARTINEZ, JC., *La fraude fiscale*, PUF, coll. « Que sais-je ? », 1984.
- MARTINEZ, JC. et DI MALTA, P., *Droit fiscal contemporain : l'impôt, le fisc, le contribuable*, T1, Litec, Paris, 1986.
- MEHL, L., *Science et technique fiscale*, PUF, Paris, 1959.
- MILLAN, P., *Le consentement à l'impôt*, ANRT, Paris, 1996.

- MORSELLI, E. et TROTABAS, L., *Enquête sur les tarifs d'impôts*, LGDJ, Paris, 1964.
- NGOASYVATHN, P., *Le rôle de l'impôt dans les pays en voie de développement*, Tome1 LGDJ, Paris, 1974.
- PASCHOUD, JB., *L'imposition des immeubles et de leur rendement en droit fiscal intercantonal,* Pont, Lausanne, 1970.
- PASCHOUD, JB., *L'impôt sur les gains immobiliers en droit vaudois*, Université de Lausanne, Lausanne, 1981.
- PASCHOUD, JB., *L'imposition des immeubles et de leur rendement en droit fiscal international : étude critique de jurisprudence,* Imprimerie pont frères, Lausanne, 2003.
- PAYS, B., *Guide fiscal des locations 2011,* Edilaix, Bruxelles, 2011.
- POLIGNAC, MONCEAU, JP., et de CUSSAC, X., *Expertise immobilière,* EYROLLES, 4e Edition, 2007.
- RAHERIMAMPIONONA, T., *Harmonisation de la valeur locative*, ENAM, Madagascar, 2005.
- RIVIER, JM., *Droit fiscal Suisse : l'imposition du revenu et de la fortune*, Neuchâtel : Ides et Calendes, Suisse, 1980.
- RUSCONI, C., *L'imposition de la valeur locative*, thèse, Chabloz, Suisse, 1988.
- SALANIE, B., *Théorie économique de la fiscalité*, Economica, Paris, 2002.
- CAILTEUR, C., *Le devoir fiscal*, Desclée de Brouwer, Bruxelles, 1950.
- SCAILTEUR, C., *Le contribuable et l'Etat*, SEMSJ, Bruxelles, 1961.
- SCHMIDT, J. et KORNPROBST E., *Fiscalité immobilière*, 10e éd, Litec, Paris 2009.
- STEICHEN, A., *La justice dans l'impôt,* Cahiers de droit, Luxembourg, 1994.
- THIERRY, R., *La théorie des jeux et les outils d'analyse des comportements*, Université de Rennes 1, CREM, en ligne, 2004.
- TREMBLAY, P. et LACHAPELLE, G., *Le contribuable : héros ou malfaiteur,* Presses de l'Université du Québec, Sainte-Foy, 1996.
- TROSCH, A., *Recension : Les systèmes fiscaux*, Pyramides, Paris 2001.
- VAN LIERDE, C., *Notions de législation sociale des finances publiques et de droit fiscal*, CRP, Kinshasa, 2000.
- VIEIRA, IP., *La valeur en droit fiscal et douanier*, LGDJ, Paris, 2012.
- WIBAULT H., *L'évolution de la notion de revenu imposable en droit fiscal belge*, Bruylant, Bruxelles, 1965.

III. Articles

- BARILARI, A., « Des rapports compliqués de la liberté et de l'impôt à travers des théories de l'impôt », in *Réforme des finances publiques et mondialisation de l'administration*, economica, Paris, 2011.
- BELEAU, A., « Théorie de la taxation optimale et politique de stabilisation : Une incompatibilité théorique », in *Centre d'économie de la Sorbonne*, Université Paris I Panthéon-Sorbonne, Paris, 2009.
- BELTRAME, P. et MUSSELIN, C., « Les enjeux de la communication interne dans les administrations financières », in *Revue Française de Finances Publiques*, n°57, Paris, 1997.
- BELTRAME, P., « Le consentement à l'impôt. Devenir d'un grand principe », in *RFFP,* 1995.
- BELTRAME, P., « Idéologies politiques et réforme fiscale », in *Revue Française de Finances Publiques*, n°60, Budget et fiscalité quelles réformes ?, Paris, 1997.
- BIRD, R. et VAILLANCOURT, F., « Décentralisation financière et pays en développement : concepts, mesure et évaluation », in *Actualité économique*, vol. 74, n° 3, 1998.
- BLUNDO, G. et OLIVIER, JP., « La corruption comme terrain pour une approche socio anthropologique », in *Monnayer les pouvoirs*, P.U.F., Paris, 2000.
- BOKO, S., « Un aperçu sur la décentralisation fiscale et les finances locales en Afrique francophone », in *Forum d'Action pour la Gouvernance Locale en Afrique Francophone*, 2008.
- BRAIBANT, G., « Utilité et difficultés de la codification », in *Droits*, n° 24, décembre 1996.
- BOURGEOIS, M., « La décentralisation fiscale et financière en République Démocratique du Congo : éléments économiques et juridiques », in *Doctrine*, Larcier, Bruxelles, 2011.
- CAHIER AFRICAIN, « Manière de vivre, économie de la débrouille dans les villes du Congo/Zaïre », in *Cahier Africain*, n° 49-50, éd. Harmattan, Paris ,2002.
- CHAMBAS, G., BRUN, JF., ROTA GRAZIOSI, G., « La mobilisation de ressources propres locales en Afrique, l'atelier de renforcement des capacités » in *Gouvernances locales et Décentralisation,* Vienne, 2007.
- CHEROT, JY., « Le concept de droit Hartien et l'analyse économique du droit », in *Revue de la recherche juridique droit prospectif*, n° spécial, Presses Universitaires d'Aix Marseille, Marseille, 2008.
- CHEVRIER, J., « La spécialité de la problématique », in *La recherche sociale : de la problématique à la collecte des données*, 5éd., PUQ, Québec, 2008.

- CHRISTINE, M., « Mieux adapter la contrainte fiscale, l'essor des diapositifs d'essence contractualiste en droit fiscal français », in *Réforme des finances publiques et mondialisation de l'administration*, economica, Paris, 2001.
- CORDONNIER, L., « Eclairages sur la notion de biens communs », in *A theory of Public Finan*ce, New York, Mc Graw Hill, 1959.
- CROZIER, M., « Crise et renouveau dans l'administration française », in *Sociologie du travail*, 1966.
- DARBON, D., « Réformer les Administrations projetées des Afriques ? Entre routine anti politique et ingénierie politique contextuelle » in *Revue française d'Administration Publique*, n° 105/106, 2003.
- DE LA MARDIERE, C., « Pour tenter d'en finir avec l'autonomie et le réalisme du Droit fiscal », in *Ecrits de fiscalité des entreprises, étude à la mémoire du professeur MAURICE COZIAN*, LexisNexis, Bruxelles, 2009.
- DEFFAINS, B. et LANGLAIS, E., « Introduction générale », in *Analyse économique du droit : principes, méthodes, résultats,* de Boeck, 2009.
- KAMTO, M., « Réaffirmation des valeurs et du professionnalisme de l'administration », in *Revue Internationale Des Sciences Administratives*, n° 3, Bruxelles, 1997.
- KIRAT, T., « de l'analyse économique du droit à de nouvelles alliances ? », in *Revue économique*, vol. 49, n°4, Paris, 1998.
- KOLEVA, K. et MATISSE, « A la recherche de l'administration fiscale optimale : l'approche par les coûts d'efficience », in *Cahier de la Maison des Sciences Economiques*, Paris, 2005.
- KOLEVA, K. et MONNIER, JM., « la nature juridique de l'impôt dans l'ancienne et nouvelle économie du droit fiscal », in *Cahier de la Maison des Sciences Economiques*, Paris, 2006.
- KOLEVA, K. et MONNIER, JM., « La représentation de l'impôt dans l'analyse économique de l'impôt et dans l'économie des dispositifs fiscaux », in *Cahier de la Maison des Sciences Economiques*, Paris, 2006.
- LARRERE, C., « L'égalité fiscale : une invention Républicaine », in *Penser le droit*, Bruylant, Bruxelles, 2006.
- LAPERRIERE, A., « L'observation directe », in *Recherche en science sociale, de la problématique à la collecte des données*, P.U.Q., Québec, 1987.
- LEROY, M., « Découvrir la sociologie fiscale », in *Regards croisés sur l'économie*, n° 1, Paris, 2007.
- LIEGEOIS, M., « Acteurs et enjeux du processus de décentralisation » : *in Réforme au Congo (RDC) : attentes et désillusions*, Cahier Africa, n°76, Harmattan, Paris, 2009.

- LOUIT, C., « Les pouvoirs de l'administration fiscale dans la perception et le recouvrement de l'impôt : mythes et réalités », in *Les Cahiers de droit*, vol. 24, n° 3, 1983.
- LWANGO, T., « Analyse du code foncier et évolution de la législation foncière en RDC », in *La problématique foncière et ses enjeux dans la province du Sud-Kivu, RDC actes de la table ronde* organisée à Bukavu du 10 au 11 mai 2010, IFDP, 2010.
- MACKAAY, E. et POUSSEAU, S., 1, « Analyse économique du droit » in *Revue de la recherche juridique droit prospective*, n° spécial, Presses Universitaires d'Aix Marseille, Marseille, 2008.
- MEHL, L., « Les résistances à l'impôt, avant-propos », in *Revue Française de Finances Publiques*, n°5, Paris, 1984.
- MIRRLEES, J., « Les impôts, Pourquoi ? Combien ? », in: *Revue française d'économie*. Volume 15 N°4, 2001.
- MONGIN, P., « Le positif et le normatif en économie », in *Dictionnaire des sciences économiques*, en ligne, PUF, 2001.
- MONNIER, JM., « La politique fiscale : objectif et contraintes », in *Centre d'économie de la Sorbonne*, Paris, 2003.
- MONNIER, JM., « L'équivalence fiscale des revenus et la réforme de l'impôt sur le Revenu », in *Revue Française de Finances Publiques*, n° 69, Paris, 2000.
- MOUGEOT, M., « Economie publique locale et théorie économique », in *Revue économique*, vol. 41, n°1,1990.
- NEUMARK, F., « L'importance du droit comparé pour la science des finances », in *Introduction à l'étude du droit comparé, Recueil d'études en l'honneur d'Édouard Lambert*, Tome 1, Sirey-LGDJ, Paris 1938.
- NTAGOMA Kushinganine et BALYAHAMWABO Tulinabo, « Problématique de la décentralisation des finances publiques au Sud-Kivu », in *Afrique des grands lacs*, annuaire 2008-2009.
- PAULTRE de LAMOTTE, J., « Les sanctions fiscales », in *Les Sanctions fiscales,* n°65, L.G.D.J., Paris, 1999.
- PIRES, A., « De quelques enjeux épistémologiques d'une méthodologie générale pour les sciences sociales », in *La recherche qualitative, enjeux épistémologiques et méthodologiques*, éd. Chenelire education, Montréal, 1997.
- PFERSMANN, O., « Le droit comparé comme interprétation et comme théorie du droit », in *Revue Internationale de Droit Comparé*, 2, Paris, 2001.
- PROUZET M. et CLAVER KOBO P., « Le problème foncier en milieu péri-urbain », in *Systèmes fonciers à la ville et au village*, L'Harmattan, Paris, 1986.

- RAMBOURG, M., « L'échec des réformes en Afrique. Le cas des pays francophones au sud du Sahara », in *Revue Française d'Administration Publique*, juillet-septembre 1998.
- REYNAUD, PL., « Psychologie économique et finances publiques », in *La psychologie économique*, n°1124, Que sais-je, Paris, 1964.
- ROIG, C., « Théorie et réalité de la décentralisation », in *Revue française de science politique*, 16e année, n°3, Paris, 1966.
- RUBBERS, B., « Retour sur le « secteur informel ». L'économie du Katanga (Congo-Zaïre) face à la falsification de la loi », in *Sociologie du travail*, vol. 49, n°3, Elsevier Masson SAS All, 2007.
- SAEZ, E., « Les développements de la théorie de la fiscalité optimale. Contribution », in *Economica*, Paris, 2010.
- SEPULCHRE, V., « Le principe d'égalité devant l'impôt », in *L'évolution des principes généraux du droit fiscal*, 20é anniversaire de la maitrise en gestion fiscale, Larcier, Bruxelles, 2009.
- SHAH, A., « Quelques réflexions comparatives quant aux nouveaux défis posés au fédéralisme fiscal », in *Dialogue sur la pratique du fédéralisme fiscal, perspectives comparatives*, éd. Forum des fédérations et IACFS, Montréal, 2007.
- SILVANT, C., « Fiscalité et calcul économique au milieu du XIXe siècle Français », in *Revue d'économie politique*, Vol.120, Paris, 2010.
- SIMULA, L., « Imposition optimale sur le revenu et théorie des incitations : chassé-croisé », in *Regards croisés sur l'économie*, Paris, 2007.
- SUSSET, E., « Les enjeux de l'analyse économique du droit », in *Labyrinthe,* Actualité de la recherche, n° 9, Paris, 2001.
- TSHITAMBWA Kazadi, « Quelques réflexions sur l'acte constitutionnel de la transition du 09/04/1994 et l'acte constitutionnel proclamé par la CNS », in *Justicia*, VOL II, PUL, 1999.
- VANDOR, F., « La fiscalité des revenus d'immeubles en Belgique et en France », in *Fiscalité européenne et droit international des affaires*, n° 141, 2005.
- WAGEMAKERS, I., MAKANGU DIKI, T., DE HERDT et KITSHIABA, « Lutte foncière dans la ville : gouvernance de la terre agricole urbaine à Kinshasa et Kikwit », in *A la recherche de l'Etat en RDC : acteurs et enjeux d'une reconstruction post-conflit*, L'harmattan, Paris, 2011.

IV. Les Thèses de Doctorat et Mémoires de DEA

- BONGO, A., « L'élaboration et la mise en œuvre de la fiscalité dans les pays de la Communauté économique et monétaire de l'Afrique centrale (CEMAC) », *Thèse de doctorat en Droit*, Université Jean Moulin Lyon 3, 2009.
- BUABUA wa Kayembe, *De la théorie et de la pratique du contrôle en droit fiscal zaïrois*, Tome I et Tome II, Thèse de doctorat en Droit, Unilu, Lubumbashi, 1994.
- ESTIVIE, S., « Allocation de Ressources Multi-Agents : Théorie et Pratique », *Thèse de Doctorat*, Université Paris dauphine, Paris, 2006.
- GILBERT, G., « Economie politique des structures fiscales : une approche en termes de modèle politico-économique », *Thèse de doctorat en Sciences Economiques*, Université de PARIS-X-Nanterre, Paris, 1979.
- KITOPI Kimpinde, « Des comportements économiques et manifestations de la résistance à l'impôt et de la nécessité des réformes fiscales et économiques en RDC », *Thèse de Doctorat en Droit*, Unilu, Lubumbashi 2010.
- MABIALA Umba di Kamba Beti, « La fiscalité des pays de l'Afrique subsaharienne : problématique de leur rendement et solutions à l'inadaptation des systèmes », *Thèse de doctorat en Droit public,* Paris 2, 2001.
- MAMPOUYA, Z., « Les facteurs déterminants de la structure fiscale dans les pays en voie de développement », *Thèse de doctorat en Sciences économiques*, Clermont-Ferrand 1, 1981.
- MPOYI Kabeya, « Impôt et développement, analyse de la fiscalisation de la force de travail en vue du développement autocentré du Congo Kinshasa », *Thèse de Doctorat en Droit*, Unilu, Lubumbashi, 2008.
- TSHIBANDA Kalala, « L'incidence de la valeur foncière en milieu urbain : enjeux et perspectives à Lubumbashi », *Mémoire de DEA*, CCPGU, Unilu, Lubumbashi 2003.

V. Les rapports

- BANQUE MONDIALE, indicateurs du développement dans le monde 2012.
- BANQUE MONDIALE, Decentralization, Fiscal Systems, and Rural Development.

- BANQUE AFRICAINE DE DEVELOPPEMENT, Etude économique et sectorielle développement économique régional au Bas Congo dans le contexte de la décentralisation en RDC, ORCE, 2009.
- MWANDO NSIMBA KABULO, C., *Analyse de la situation de la Direction des Recettes du Katanga*, Ministère Provincial des finances, économie et commerce, Province du Katanga, Lubumbashi, 2014.
- NATIONS UNIES (ASSEMBLEE GENERALE DU CONSEIL ECONOMIQUE ET SOCIAL), Le rôle de l'administration publique dans l'application de la Déclaration du Millénaire, Rapport du Secrétaire général, Session de fond de 2002, Point 13 g de l'ordre du jour, New York, 1er -26 juillet 2002.
- OCDE, Impôts sur la propriété immobilière, Paris, 1983.
- OCDE, rapport sur les perspectives économiques, 2011.
- PNUD, rapport sur le développement humain de 2013.
- TRANSPARENCY INTERNATIONAL, *Combattre la corruption. Enjeux et perspectives*, Adapté du Transparency International, Sources Book, 2000.
- TRANSPARENCY INTERNATIONAL, rapport sur la corruption : classement mondial 2013.

VI. Autres documents

- BIFUMANU Nsompi, Réflexion sur La faiblesse du système fiscal de la RDC comme la cause la plus importante du sous- développement du pays, Kinshasa, 2007.
- COMMISSION INTER CANTONALE D'INFORMATION FISCALE, *L'imposition de la valeur locative*, Berne, 1999.
- CHAMBAS, G. et DURET, E., *La mobilisation des ressources locales au niveau des municipalités d'Afrique subsaharienne*, Etude réalisée à la demande du Ministère des Affaires Étrangères (Direction Générale de la Coopération Internationale et du Développement , avril 2000.
- KARIMI LATIFA, Culture de civisme fiscal, Management Public, et intégration euro-méditerranéenne : Le cas des réformes fiscales au Maroc, Quatrième Dialogue Euro-Méditerranéen de Management Public, 2011.

- KEITH S. et MCCLUSKY W., *La décentralisation et l'impôt sur la propriété rurale*, Organisation des Nations Unies pour l'Alimentation et l'Agriculture, Rome, 2004 Paris, 1983.
- NONORGUES, H., *La fiscalité et le développement des pays du Tiers monde*, Secrétariat d'État aux affaires étrangères, Paris, 1974.
- Programme des Nations Unies pour les Établissements Humains, Bureau Régional pour l'Afrique et les Pays Arabes, document de programme-pays 2008 – 2009.
- SUZANNE R., Quelques réflexions sur la décentralisation et le développement démocratique en guinée : le cas d'un projet pilote d'appui aux collectivités décentralisées, Centre canadien d'Études et de Coopération Internationale, Montréal.
- VERGNE C., *Décentralisation Fiscale en Afrique Francophone : Note sur les Transferts Intergouvernementaux*, Division Réforme du Secteur Public en Renforcement des Capacités (AFTPR), Région Afrique, 2009.

VII. Webographie

- http://www.imf.org (Site du Fonds Monétaire International).
- http://www.worldbank.org (Site de la Banque mondiale).
- http://www.cemac.cf/ (site officiel de la CEMAC).
- http://droit.francophonie.org (portail de diffusion libre du droit de l'Agence intergouvernementale de la francophonie).
- http://www.safpf.org/ (Site de la Société Africaine de Finances Publiques et de Fiscalité).
- http://www.droit-afrique.com (site consacré au droit des affaires et à la fiscalité des pays de l'Afrique francophone).
- http://www.afritaxes.com/ (site qui se propose de « réconcilier l'activité économique et l'impôt en Afrique »).
- www.impots.gov.cm/www.impots.cm (sites de la Direction des Impôts du Cameroun).
- http://www.legicongo.net/ (site proposant quelques journaux officiels de la RDC.

Table des matières

Structures éditoriales du groupe L'Harmattan

L'Harmattan Italie
Via degli Artisti, 15
10124 Torino
harmattan.italia@gmail.com

L'Harmattan Hongrie
Kossuth l. u. 14-16.
1053 Budapest
harmattan@harmattan.hu

L'Harmattan Sénégal
10 VDN en face Mermoz
BP 45034 Dakar-Fann
senharmattan@gmail.com

L'Harmattan Cameroun
TSINGA/FECAFOOT
BP 11486 Yaoundé
inkoukam@gmail.com

L'Harmattan Burkina Faso
Achille Somé – tengnule@hotmail.fr

L'Harmattan Guinée
Almamya, rue KA 028 OKB Agency
BP 3470 Conakry
harmattanguinee@yahoo.fr

L'Harmattan RDC
185, avenue Nyangwe
Commune de Lingwala – Kinshasa
matangilamusadila@yahoo.fr

L'Harmattan Congo
67, boulevard Denis-Sassou-N'Guesso
BP 2874 Brazzaville
harmattan.congo@yahoo.fr

L'Harmattan Mali
ACI 2000 - Immeuble Mgr Jean Marie Cisse
Bureau 10
BP 145 Bamako-Mali
mali@harmattan.fr

L'Harmattan Togo
Djidjole – Lomé
Maison Amela
face EPP BATOME
ddamela@aol.com

L'Harmattan Côte d'Ivoire
Résidence Karl – Cité des Arts
Abidjan-Cocody
03 BP 1588 Abidjan
espace_harmattan.ci@hotmail.fr

Nos librairies en France

Librairie internationale
16, rue des Écoles
75005 Paris
librairie.internationale@harmattan.fr
01 40 46 79 11
www.librairieharmattan.com

Librairie des savoirs
21, rue des Écoles
75005 Paris
librairie.sh@harmattan.fr
01 46 34 13 71
www.librairieharmattansh.com

Librairie Le Lucernaire
53, rue Notre-Dame-des-Champs
75006 Paris
librairie@lucernaire.fr
01 42 22 67 13

www.ingramcontent.com/pod-product-compliance
Lightning Source LLC
LaVergne TN
LVHW011312061026
849535LV00005B/1530